한 권으로 마스터하는 미국 취업의 Know-How

한 권으로 끝내는 미국 취업

이윤주 지음

The best guide for getting
a great job in the UNITED STATES

더 이상 아메리카 드림은 없다.
다만 경계 없는 정보의 싸움이 있을 뿐이다

미국 온지 벌써 5년. 수없이 많은 인터뷰를 하고 채용하고 평가하는 일들이 나의 일상이 되어 버렸다.

내가 미국에 처음 왔을 때에는 몇 권의 여행관련 서적과 어학 연수 수기집을 읽은 것이 다였다. 지금 생각하면 아무런 계획 없이 아무런 정보 없이 무작정 미국에 온 것이나 다름없었다.

미국에서 학교를 졸업하지 않아서 인맥이 없었을 뿐 아니라 미국 사회 자체에 대한 이해가 많이 부족했었다. 그리고 외국인으로 미국에서의 취직이 가능하다고 생각조차 하지 못했다.

이런 나에게 외국인으로 미국에서 취직을 한다는 것은 생각보다 많은 어려움이 있었다. 크게는 법률적인 비자 문제에서부터 언어문제, 작게는 이력서 작성법과 인터뷰 준비 등등 제대로 알고 있는 정보가 거의 없었다.

이렇게 아무런 정보도 없이 안 되더라도 '경험상 지원해보자'라는 생각에 허겁지겁 인터넷 검색을 통해 영문 이력서를 겨우 작성하고 지원하게 된 헤드 헌터 포지션에 인터뷰를 하게 되었고, 이후 취업 확정 전화를 받았을 때의 기쁨은 말로 표현할 수 없었다.

지금 생각해보면 준비도 없이 시도한 취업에서 적성에 맞는 직업을 가지게 된 것은 로또에 당첨된 것과 같은 행운인 것이었다. 이렇게 이루어진 미국에서의 첫 취업 이후 채용 관련해서 많은 경험을 하게 되었다.

2008년 5월, 미국 New Jersey, Teaneck에 위치한 Marriott Hotel에서 열리는 취업 박람회에 회사 채용담당자로 참석하게 되었다. 오전 9시부터 오후 4시까지 점심 먹을 여유도 없이 하루 종일 인터뷰를 하였다. 너무나 놀라운 것은 취업 박람회에 온 후보자들 중 유독 한국인만 "인터뷰 중에 이력서는 어떻게 써야 하나요? 인터뷰는 어떻게 준비해야 하나요? 제 비자는 어떻게 되나요? 연봉은 얼마 정도 되나요?"와 같은 기본적인 질문을 하는 것이었다.

인터뷰는 이 모든 것이 완벽하게 준비된 상태에서 참석해야 하는 것인데, 취업에 대해 아무런 준비가 되지 않은 것 같은 질문을 하는 후보자들은 총알이 빗발치는 전쟁터에 총조차 가지고 가지 않는 것과 같이 불안해 보였다. 어떠한 채용 담당자도 후보자가 이러한 기본적인 정보 조사도 하지 않고 인터뷰를 하러 온다면, 그 후보자의 채용결정을 하지 않을 것이다. 더군다나 좋은 후보자는 인터뷰 장에서 이런 질문을 하지 않는다.

우연한 기회가 되어서 미국 취업 관련 정보를 찾게 되었는데, 놀란 것은 이렇게 미국 취업을 꿈꾸는 사람들이 많은 반면에 그와 관련된 전문적인 정보를 찾기가 너무나 어렵다는 것이다. 또한 미국 취업에 대한 정보를 제공하는 서적조차 없다는 것이 나를 무척 당황하게 만들었다.

이후에 뉴욕 인근의 다국적 기업에서 사내 미국 및 해외 지사 채용 담당자로 일하지 않겠느냐는 스카우트 제의가 들어왔고, 이에 수락하게 되었다. 이 당시 미국 채용은 물론 네덜란드, 일본, 호주, 캐나다 등 많은 포지션 관련해서 인터뷰를 하고 평가하고 채용하는 일을 하게 되었다.

일을 하면서 여전히 따라오는 의문은 왜 한국인 후보자들의 영문 이력서는 이리 엉망일까 하는 것이었다. 단순히 영어의 문제가 아니었다. 하루에도 수백 장의 이력서를 보고 분석하는 일을 하는 나로서는 좋은 경력이 있음에도 불구하고 엉터리 포맷의 영문 이력서를 제출하는 한국인 후보자들이 너무나 안타깝게 느껴졌다.

한국 이력서를 볼 때에는 분명 이사급 이상의 후보자인데, 부족한 영문 표기와 엉터리 이력서 포맷은 유명 대학을 졸업하고 좋은 경력을 가진 후보자를 채용하기 힘들 정도의 후보자로 전락 시켰으며, 당연히 그 이력서는 서류 심사에서도 채택되지 않았다.

꿈에 대한 용기와 실천은 있었지만 올바른 방법을 몰랐던 것이었다.

미국은 생각하는 것보다 넓다. 그만큼 많은 기회가 있다는 의미가 되고, 또한 다양성을 인정해준다는 것을 의미한다.

물론 외국인으로써 미국에 취업한다는 것이 많은 제약을 가지고 있지만, 또한 그것들로 인해 또 다른 많은 기회들을 가질 수 있다는 것을 잊지 말아야 한다. 이러한 기회는 주어지는 것이 아니라 스스로 만들어 가는 것이다.

일 년에 2~3회 정도 한국 정부에서 지원하는 인턴 프로그램에서 인턴 후보자들의 이력서들을 에이전트를 통해서 받곤 한다.

인사부와 담당부서에서의 서류 심사를 통해 그 중 몇몇 후보자를 채택하고, 회사 실무담당 매니저들과 한국에 있는 후보자들과의 인터넷 화상 인터뷰를 통해 2명의 인턴 직원의 채용이 결정 되었다.

그 후 서류 수속 및 취업 준비를 위한 1달이 지난 후에 채용된 인턴직원들이 출근하게 되었다.

놀라운 것은 생각보다 업무이해 능력과 실무 영어 실력이 좋았다는 것이다. 다들 대학을 졸업하였고 일 년 가량 회사 경력을 가지고 있어서, 업무 진행 능력에 있어서는 미국인 정직원들과 비교했을 때 큰 차이가 없었다. 정직원 못지않은 실력과 경력을 가졌음에도 불구하고 인턴 직원으로 채용된 것이다. 채용이 확정된 인턴 후보자들의 인터뷰와 채용은 무사히 잘 진행되었지만 한 가지 아쉬운 점이 있었다.

그들은 미국에서의 채용에 대한 이해가 전혀 없었으며 이력서도 에이전트에서 전해준 추천서가 다였다. Cover Letter, Resume, 추천서가 무엇인지도 모른 채 에이전트의 도움으로만 미국에 온 것이다. 물론 에이전트의 정보만으로 미국에 왔다는 것을 질타하는 것은 아니다. 하지만 능력이 있음에도 불구하고 스스로의 많은 기회들을 포기한 것에 대한 아쉬움은 남는다. 이들 인턴 직원 채용 확정자들은 스스로 사전 조사 없이 미국에 어떤 포지션이 있는지 알아보지도 않은 채, 에이전트를 통해 에이전트가 가지고 있는 채용정보가 미국의 채용정보의 전부인 것으로 알고 있는 것이다.

너무나 긍정적인, 아무런 거래 없이 인터뷰가 끝나고 채용이 확정 된 것이다. 채용이 결정된 것은 취업을 원하는 후보자의 입장에서는 기쁜 일인 것이다. 하지만 나의 생각은 다르다. 후보자는 인터뷰 중에 본인의 의사와는 상관없이 에이전트에서 시키는 대로 무조건 회사 입장을 위한 대답을 하는 인터뷰를 한 것이다. 그들 또한 취업에 성공하긴 했지만, 그들이 회사와 작성한 것은 그 포지션에 대한 Contract가 아닌 시켜주신다면 뭐든지 다 하겠다는 노비 문서를 작성한 것이다.

유교정신이 뿌리 깊게 박혀 있는 한국식 직업 문화와 철저하게 분업화 개인화 되어 있는 미국식 직업 문화는 생각의 시작 자체부터 다른 것이다. "일을 시켜만 주십시오."가 아닌 나의 실력을 제대로 어필하고, 자신 있게 인터뷰하고, 제대로 된 대우를 받자가 미국식 채용인 것이다.

실질적으로 미국인들과의 인터뷰는 채용을 당하고 채용을 하는 상하 관계가 아닌 일종의 계약이 성립되는 자리인 것이다. "빨리 취업을 해야 한다"는 생각, 그리고 "구하기 힘든 비자 스폰서를 구해야 된다."라는 생각에 능력을 제대로 평가받지 못한 불리한 계약으로 미국취업이 시작된다면, 원래의 능력을 인정받는 포지션을 가지기까지는 상당한 시간이 걸릴 것이다. 그리고 능력을 인정받지 못한 대우를 받고 일을 하게 되면 불만이 쌓이는 것은 당연한 일인 것이다.

실질적으로 유급 인턴 직원과 정직원 사이의 연봉은 2배 정도의 차이가 난다. 인턴 직원에게 보험이나 휴가 등의 혜택은 말할 것도 없이 주어지지 않는다. 그 말은 의료비가 상당히 비싼 미국에서 아프더라도 웬만해선 병원에 가지 못한다는 것을 의미한다. 참고로 미국에서 의사의 기본 진료만 받는데 보통 $200 이상 든다. 그리고 부수적인 치료를 받을 경우, 의료비는 기하

급수적으로 늘어나기 때문에 보험 없이는 병원에 가기 힘들다는 것이다.

시간이 걸리더라도 자세히 알아보고 잘 따져서 제대로 된 취업을 하여야 한다. 빨리 한다고 먼저 가는 것은 절대 아니다.

이 경우와 같이 본인의 커리어를 시작하는 시점에서 인턴 직원 후보자들은 포지션 선택의 여지가 전혀 없었다. 미국에는 어떤 부류의 회사가 있고, 어떤 일들을 하고 싶은지 선택할 수 없었을 것이다. 비자지원 여부에 쫓기고, 부족한 정보에 쫓기고, 에이전트에 밀려서 취업한 것이다. 이 모든 것이 정보의 준비가 되어 있지 않아서이다.

미국 취업에 실패한 다른 예를 보면, 한국에서 좋은 학교를 졸업하고 영어실력도 좋음에도 불구하고, 미국 시골의 스파에서 바닥 청소나 기본적인 노동일을 한다는 이야기를 들었다. 노동 일이 나쁘다는 것이 아니다. 한국에서 열심히 영어 공부를 하고 실력을 쌓은 것은, 자기 나름대로 미국에서 전문 직종에 종사하며 경력을 쌓고 싶다는 꿈을 가지고 있었을 것이다.

물론 여기서 비자 스폰서를 구하기 힘들어서 기본적인 노동일을 해야 된다는 핑계의 말은 하지 말아야 한다. 지금도 많은 한국인 후보자들이 원하는 전문 직종에서 비자 지원을 받으며 근무 준비를 하고 있으니 말이다.

미국 취업에서 실패한 후보자들은 단지 전문직종의 취업에 대한 체계적인 계획이나 사전 조사를 전혀 하지 않은 것이다. 스스로 조금만 준비를 한다면 이렇게 제대로 된 취업에 실패하지는 않을 텐데 말이다.

오늘날 한국 정부는 미국에서의 인턴과정을 지원하고 있으며, 많은 구직자들이 미국에서의 취업에 도전하고 있다. 실질적으로 미국 내 거주하는 한인 인구 또한 143만 명 정도로 10년간 30% 이상 증가 하였다. 이렇게 미국 취업에 관심이 많은 시점에 미국 채용 관련 정보는 찾기가 너무나 힘이 든다.

일일이 인터넷 검색을 하여 흩어져 있는 정보를 모아도 어떤 정보가 구체적이며 실질적으로 사용되는지 구분하기 힘들다. 나 또한 첫 영문 이력서 작성을 인터넷 검색의 도움을 받았던 기억이 난다. 이렇다 보니 후보자들 중에는 미국 채용 방식과 회사 구조 등 아무런 정보도 전혀 모르는 상태에서 인터뷰를 하러 오는 경우가 많았던 것이다.

실력과 꿈이 있지만 미국 채용시장의 정보가 없다면, 제대로 된 구직 활동을 할 수 없는 것이 현실이다.

그래서 그동안 정리해왔던 미국 채용 시장의 전문적인 자료들을 묶어서, 미국 취업을 준비하는 사람들에게 실질적인 도움이 되는 책을 써야겠다는 생각을 하게 되었다.

미국의 앨라배마에 위치한 자동차 관련 공장의 인사 과장으로써 내 인생의 또 다른 한 획을 그을 이 시점쯤에, 그동안 직접 경험하고 모아왔던 자료들을 책으로 만들어 또 다른 아메리카 드림을 꿈꾸는 사람들을 위한 취업 준비에 도움이 되었으면 한다.

이렇게 넓고 광대한 대륙 미국이지만, 미국의 취업도 알고 준비한다면 이전의 행운의 기회만을 꿈꾸던 아메리카 드림과 다른, 나의 실력과 꿈을 키워나갈 수 있는 아메리카 드림은 존재하게 될 것이다.

미국 앨라배마 에서
이 윤 주 올림

2장 미국 취업 준비, 어디서부터 해야 하나

나는 미국에서 취업한다

1 나는 미국에서 취업한다

1. 미국 취업 기초부터 따라 잡기

미국은 정말 넓다. 그리고 생각보다 많은 기회가 있으며 많은 사람들이 이미 그 기회를 잡으려고 나아가고 있다.

뉴욕……. 매년 많은 한국 사람들이 John F. Kennedy International Airport에 도착하고 그리고 떠난다. 내가 5년 전에 그랬듯이 말이다. 아무런 정보도 없이 무작정 도착한 미국. 커다란 가방 하나에 자신의 꿈을 안고 도착하는 것이다. 하지만 미국에서의 삶은 상상하고 있는 것 같이 그리 쉽지만은 않다는 것을 도착한 이후 1시간이면 깨닫게 되는 것이다.

미국에서의 취업에 성공해서 전문 경력을 쌓으며 미국에 남은 사람이 있는 반면에, 대부분이 잘못된 선택이나 제대로 된 정보 부족으로 돈, 시간, 젊은 열정을 모두 잃어버린 채 한국으로 돌아가는 사람이 많다는 것이다. 학력, 경력, 능력 이런 것들이 부족해서는 절대 아니다. 단지 어떤 식으로 취업하는지에 대한 방법을 몰랐기 때문이다. 그저 요령 없이 무작정 부딮혀 모든 것을 잃어버린 것이다. 미국 취업을 하기 위한 제대로 된 정보만 있으면 그리 어려운 일도 힘든 일도 아니라는 것을 알게 될 것인데 말이다.

무엇보다 미국 취업을 준비하기 전에 나의 능력에 대한 객관적인 분석이 제일 중요하다. 현실적이고 정확한 분석으로 내가 하고 싶은 일과 내가 할 수 있는 일들을 구분하고, 현실적으로 취업 준비를 해야 한다. 업무를 감당해 나갈 실력이 없으면서 막연히 하고 싶은 일들만 계속해서 나열한다면, 자연히 취업과는 거리가 멀어질 것이며, 설사 취업이 되더라도 스스로 감당하지 못해 회사를 그만두게 될 것이다.

현재 내가 잘 할 수 있는 일들이 무엇인지, 나의 조건이 어떠한지 스스로를 분석하여야 한다. 내가 다룰 수 있는 시스템 혹은 프로그램들, 영어 실력, 취업해서 급여를 받을 때까지 사용할 수 있는 금전적인 여유, 실질적으로 인터뷰와 취업을 준비할 수 있는 기간 등등 현실적으로 생각하자는 것이다.

우선 내가 어떤 조건들을 가지고 있는지 체크해 보자.

① 제일 먼저 확인해야 하는 것은 영어 실력, 네이티브 수준을 요구하는 것은 아니지만, 중학교 이상 수준의 영어 문법실력과 기본적인 단어들 정도는 구사할 줄 알아야 한다. 여기서 기본적인 단어란 일상생활에 쓰이는 수준을 이야기 한다. 하지만 내가 취업하고 싶은 분야가 매우 전문적이고 상당 실력의 영어를 요구한다면 미리 준비하여야 한다. 미국에서 영어 학

원을 다니면서 동시에 실무 경력을 쌓는 것은 상당히 어려운 일인 것이다. 더군다나 비싼 학원비를 내며, 에어컨이 나오는 실내에서 강사가 강의해 주는 문구들만을 정리하고 있다면, 맨해튼에서 버스 노선을 물어보는 기본적인 영어도 하지 못하게 될 것이다.

◉ 실질적인 영어 실력을 키우고 싶다면 현실과 부딪히며 생활하자.

미국인과 이야기 할 일이 생긴다면 적극적으로 그리고 구체적으로 이야기하는 습관을 키우자. 매번 디테일한 부분을 영어로 설명하려고 시도한다면, 자신도 모르는 사이에 영어 실력이 많이 향상 되어 있을 것이다. 물론 처음부터 영어를 잘하는 사람은 없다. 미국인과 많이 이야기해보고 실수 또한 많이 해봐야 한다. 이렇게 수많은 시행착오를 하다 보면 어느덧 자신도 모르는 사이에 자신감 있게 미국인 친구와 떠들며 웃고 있는 자신을 발견하게 될 것이다.

② 내가 미국에서 하고 싶은 일들이 어떤 일인지 구체적인 관련 정보들에 대해 조사해 보아야 한다. 그리고 미국 내에서 그 포지션을 가지기 위해서는 어떤 요건들이 필요한지, 비자 문제에서부터 자격증 그리고 미국 내 회사의 종류, 연봉 등의 구체적인 사안들에 대해 꼼꼼하게 알아보자.

예를 들어, 미국 CPA자격증인 경우, 한국에서의 사설 기관의 교육이 미국에서 수업을 듣는 것 보다 효과적이며 합격률 또한 높다. 미국에서 많은 CPA 후보자들이 자격증을 따기 위해 한국 학원 수강을 목적으로 한국에 다녀가거나, 혹은 한국 학원에서 사용되는 교재 및 인터넷 수업을 찾아 듣는 것이 현실이다.

한국이 사설 기관이나 자격증 관련 교육내용이 잘 정리되어 있어서, 한국에서 자격증을 취득하고 미국으로 가는 것이 원하는 포지션에서 근무하는데 걸리는 시간들을 단축시켜 줄 수도 있는 것이다. 그리고 워킹 비자일 경우, 대학교의 전공 혹은 한국에서의 경력에 따라 할 수 있는 일들에 제한이 있다. 미국에서의 취업은 한국과는 달리 많은 법률적인 문제를 수반하기 때문에 비자는 어떤 비자를 받을 수 있으며, 어떤 조건들이 필요한지 자세히 알아볼 필요가 있다. 많은 사람들이 법률적인 부분을 간과해 버려 미국에서 불법 체류하는 경우가 많다는 것을 잊지 말아야 한다. 이처럼 간단한 정보는 알아보고 가야 한다. 취업이 아닌 미국 여행을 위한 것처럼 무작정 짐을 싸고 에이전시를 방문해서 미국에 입국해버리는 것은, 너무나 많은 시행착오를 수반하게 되는 것이다.

처음에는 누구나 낯설고 어렵다. 하지만 스스로 해결하지 않고 지나가 버린다면, 그 숙제는 여전히 남아 있을 뿐만 아니라 문제는 더 악화될 뿐이다.

③ 재정적인 부분을 간과해선 안 된다. 미국은 모든 것이 한국 보다 몇 배 이상 비싸다. 물론 지역에 따라 조금씩 차이가 있지만 말이다. 기본적으로 생활을 하기 위해서는 렌트비, 교통비, 식비 등을 위해 매달 기본적으로 $2,000 이상 정도가 사용된다. 개인의 차이 및 지역의 차이가 있지만, 말 그대로 시간이 돈인 것이다. 적은 월급이라도 직접 벌면서 생활하는 것과,

모아두었던 돈을 쓰기만 하는 것은 많은 차이가 있다는 것을 누구나 알 것
이다.

　재정적인 여유가 없다면, 한국에서 미국의 직장을 구해 놓고 입국 하여
야 한다. 아니 적어도 많은 포지션에 지원해서 몇 군데의 회사와 인터뷰
스케줄을 잡아 놓고 입국하여야 한다. 그러기 위해서는 발 빠른 준비들이
필요하다. 미국에서의 적응은 일하면서도 충분히 할 수 있다.

◉ 미국 취업은 꿈이나 이상이 아닌 현실이다.

미국에서의 취업이나 직장 생활에서 실패하는 대부분의 경우는, 현실 인
지를 하지 못하는 것에서 시작된다. 꿈은 맨해튼의 월가의 View가 좋은
오피스에서 근무하며, 허드슨 강이 보이는 콘도에서 보스턴 테리어 강아
지와 사는 것일지 모른다.

　하지만 현실은 너무나 다르다. 나의 재정적인 능력이 된다면 꿈이 아니
라 현실이겠지만, 대부분의 구직자들에게 미국 취업이라는 것은 미국 사
회의 첫 계단부터 다시 시작해야 하는 것일지 모른다. 익숙하지 못한 음식
과 문화들, 그리고 언어, 집을 구하는 방법에서부터 교통편 이용하는 방법
등 하나에서 열까지 다 처음부터 배우면서 다시 시작해야 하는 것이다. 제
대로 된 준비와 각오 없이는 바닥에서 하나의 계단도 오르지 못한 채, 시
간과 돈 그리고 열정만을 낭비한 채 늘어나 버린 뱃살과 함께 한국으로 다
시 돌아가야 할지도 모를 일이다.

　거품을 제거한 나의 실체에 대한 준비를 철저히 하여야 한다. 이런 나에

대한 현실적인 준비를 시작할 수 있는 것부터가 미국에서의 꿈이 이루어지고 있는 것일지 모를 일이다.

미국 취업, 인생의 무한한 잠재력을 키우는 일인지 모른다. 하지만 아무것도 하지 못하고 허세만 키운 인생의 낙오자로 남을 수도 있다는 것을 잊지 말아야 한다. 실질적으로 미국의 대도시에는 많은 한국 사람들이 전문직종에서 높은 연봉을 받으며 일을 하고 있다. 하지만 그 이면에는 아직도 자신의 현실을 망각한 채 아무런 준비도 노력도 하지 않으면서, 그저 맨해튼에서 높은 연봉으로 취업될 것이라는 꿈만을 꾸면서 살아가는 사람들도 많다는 것을 잊지 말아야 한다.

미국 취업은 많은 기회가 주어지지만 그만큼 경쟁이 치열하다는 것을 알아야 한다. 한국에서 한국인들과의 경쟁을 하는 취업과는 많이 다르다. 전 세계의 수많은 사람들이 지금도 미국으로 그들만의 꿈을 찾아오고 있는 것이다.

맛있는 샌드위치를 먹는 피크닉 가는 기분으로 미국 취업을 준비한다면, 지금 그만두는 것이 스스로의 인생을 구하는 길이다. 미국 취업을 준비하는 것은 마치 전쟁이 시작된 것과 같다. 보이지 않는 무수히 많은 적들이 존재하는, 언제 어디서 포격이 떨어질지 모르는 곳으로 나아가는 것이다. 항상 긴장하여야 한다.

1) 영어

영어를 잘한다면, 우선 이 부분은 대충 읽고 넘어가도 될 것이다.

- 미국 취업에서 중요한 것은 실질적인 영어 실력이다.
- 단순히 토플이나 토익 점수는 잊어라.
- 취직은 시험이 아니라 현실이다.

영어 실력이라고 하는 것은 토익 몇 점, 토플 몇 점 이런 것이 아니다. 미국인들과 우리 회사의 상품에 대해 설명할 수 있는지, 내가 디자인한 것에 대한 의미를 어느 정도 이야기할 수 있는지와 같은 실질적인 것이다. 영어능력시험 성적은 말 그대로 시험 성적에 불과하다. 미국에서 대학이나 대학원을 진학하려는 목적이 있으면 필요하겠지만, 취업의 경우는 많이 다르다.

영어능력평가시험 성적이 좋지만, 외국인과 영어로 한 마디도 못하는 사람이 많다는 것은 구지 설명하지 않아도 알 것이다.

2006년도 미국에서 헤드 헌터 일을 시작한지 얼마 되지 않아서의 일이다. 그 당시 내가 담당한 대부분의 업무는 인터뷰를 보고 평가서에 기입하는 일을 하는 것이었다.

하루에 평균 30명 이상의 폰 인터뷰[타 지역 후보자 인터뷰 시 많이 활용한다]와 8명 이상의 On-Site Interview[후보자가 직접 오피스를 방문해서 보는 인터뷰]를 통해 후보자를 선별하는 작업을 하는 것이었다. 미국 경험이 그리 많지 않은 나에게는 인상 깊은 일이었다. 미국에서의 구직활동을 하는 후보자들을 직접 피부로 느낄 수 있기 때문이었다.

한 번은 한국의 무역회사에서 물류관련 5년 정도의 경력이 있으며, 미국 애리조나의 명문 MBA 과정을 졸업한 후보자 A씨[38세, 애리조나]와 인터뷰를 하였다. 후보자 A씨가 명문 MBA를 졸업했다는 생각에 인터뷰 전에 내심 여러 가지 능력 면에 있어서 기대를 많이 하고 있었다. 후보자 A씨 또한 맨해튼 지역에 관심이 많아 3번 이상의 전화 인터뷰와 2번의 방문을 하였다.

놀라운 것은 미국에서 명문 MBA를 졸업했음에도 불구하고, 영어를 잘 못한다는 것이었다. 기본적인 직장 경력과 전공에 대한 설명조차 제대로 하지 못하는 것이었다.

후보자 A씨는 A씨가 졸업한 대학이 이전에 명문 MBA라는 소문이 한국에 많이 나서, 지금은 MBA 학생의 80% 정도가 한국인이고, 굳이 영어를 많이 사용하지 않아도 한국인들과 한국어만 사용하고 생활할 수 있다고 언급했다.

이처럼 미국에서 학교를 졸업한다고 영어를 잘하는 것은 아니었다. 물론 영어를 미국 현지인들보다 잘하는 사람도 많지만 말이다.

여기서 이야기하고 있는 영어가 영어 문법을 이야기하는 것이 아니라, 실질적인 영어 실력을 이야기하는 것이다. 영어 문법이야 미국인들도 많이 틀린다. 영어 시험 점수나 학력보다 얼마나 미국 문화를 잘 이해하고, 미국인들과 실질적인 이야기를 할 수 있는지의 문제인 것이다. English Native Speaker 정도의 실력이 아니어도 좋다. 하지만 실무를 할 때 영어로 업무를 진행할 수 있을 정도는 되어야 한다.

중학생 정도의 영어문법 실력과 자신감만 있어도 미국에서 취업할 수 있다. 영어 공부를 많이 하고도 영어를 한마디도 못하는 것은 영어 문법을 잘 몰라서가 아니라, 실무적인 내용을 모르거나 내용에 관심이 없어서 할 이야기가 없는 것이다. 실무 내용을 알고 전문 용어들을 잘 이해하고 있다면, 미국에서 직장생활 하는데 큰 지장은 없다. 영어 실력을 많이 요구하는 몇몇 포지션을 제외하고 말이다. 여기서 기억해야 할 것은 미국이 이민자의 나라라는 것이다. 대부분의 미국인들이 다른 나라에서 이민 오거나 이민 세대의 자손인 것이다. 각 나라별로 악센트가 있고, 대화 할 때 문법적인 부분에서 완벽하지 않다. 자신감, 적극성 그리고 약간의 영어 실력만 있다면 미국에서 전문직에 종사할 수 있는 것이다.

참고로 미국에선 당당한 모습에 긍정적이다. 소심하고 내성적인 모습은 뭔가 나쁜 것들을 숨기고 있다고 생각하기 때문에, 모든 부분에 있어서 부정적인 의심을 받게 되는 영향을 미치게 된다. 영어로 설명을 잘 못하더라도 당당하게 이야기할 수 있어야 한다. 당당하게 생활을 할 수 있다면 충분히 미국에서의 생활을 시작할 수 있는 것이다.

내가 미국에 처음 도착한 곳은 뉴욕의 맨해튼 이였다. 한국에서 출국 이전에 어학원도 다녀서 나름 영어에 자신이 있었다. 하지만 현실은 생각과는 많이 달랐다. 물론 맨해튼의 한인 타운에서는 다들 한국어를 사용하지만, 불과 한인 타운에서 한두 블록만 나오면 영어로 말하며 생존해야 한다.

미국에 도착한 첫날 점심시간 이였다. 마땅히 식당을 찾지 못해 눈에 익숙한 맥도날드에 들렀다. 점원들이 흑인이었으며 당연히 흑인 악센트가 있는 영어로 주문을 받았는데, 난생처음 만난 미국 흑인의 라이브 영어는 나를 주눅 들게 만들기 충분했었다. 기본적인 음식 주문하는 것도 무슨 이야기인지 알아듣지 못해 주눅이 들어서 말을 더듬으며 겨우 메뉴판의 넘버만 말했던 기억이 있다. 물론 미국 도착 며칠 동안이지만 말이다. 그때 들었던 생각은 '영어 헛배웠구나!'이었다. 그렇게 미국에 적응하는 시간이 지나고 자연스럽게 미국 사회를 알아가니 영어도 어느 정도 자연스럽게 말할 수 있게 되었고, 미국 사람들도 어느 정도 경험하고 나니 말하는 그들의 이야기들이 들리기 시작했던 기억이 있다.

– 우선 영어로 미국 사회와 부딪히자.

미국 사회와 자신 있게 부딪히다 보면 영어 실력은 그 사회에서의 경험과 이해로부터 길러지는 것이다. 모른다고 부끄러워하거나 한인 특유의 악센트로 영어를 한다고 해서 기죽을 필요가 없다. 당당하자. 당당하게 이야기하고 모르는 것 또한 자신 있게 물어보는 것이다. 이런 태도가 있다면 이미 미국 생활의 3분의 1은 성공한 것이다.

미국 취업을 준비하는데 있어서 대학교를 막 졸업해서 실무적인 경력이 없는 것이 걱정 된다면, 미국에서의 인턴경력부터 먼저 쌓아 보아야 한다. 일정 기간의 인턴 경력 이후 정직원으로 채용되는 경우도 상당수 많으니 말이다.

2) Internship

한국의 많은 대학생들이 방학이면 경험을 쌓기 위해 해외로 나가는 것이 일반적인 일이 되어버린 지 오래다. 아르바이트를 하고 과외를 해서 경비를 마련하고, 호주나 필리핀 등지로 영어 캠프를 가거나, 또는 농장 및 공장 등에서 일을 하며 영어권에서 생활을 하고 들어온다.

대학을 갓 졸업해서 혹은 방학 동안 미국에서 실무 경력을 쌓고 싶다면, 미국에서의 인턴직원 경험을 추천한다. 물론 호주나 필리핀 등에 위치한 농장 및 공장에서 아르바이트를 하면서 어학연수를 할 수 있는 많은 프로그램도 있지만 말이다.

여기서 인턴이라고 하는 것은 미국에 위치한 회사의 사무실에서 전문적인 분야에 근무하는 담당자의 보조적인 역할을 하는 것을 말한다.

예를 들어, 생활가전 회사에 있는 마케팅 부서의 인턴으로 채용되었다면, 동종 업계의 경쟁 회사들의 신규 제품의 디자인 및 가격 등을 조사하거나 광고나 홍보에 들어갈 Concept에 대한 의견을 제시하는 등 담당 부서의 보조적인 역할들을 경험하게 될 것이다. 물론 회사나 부서에 따라 여러 가지 일들을 하겠지만, 말 그대로 미래의 직업을 위해 예비 사원으로써의 회사 혹은 전문 분야에서 졸업 이전에 직장 경험을 실제로 해보는 것을 말하는 것이다.

물론 단순 노동으로 달러를 벌고 영어를 배우는 것도 좋지만, 시골의 말 농장 혹은 영어 캠프 등에서 배우는 영어는 한계가 있지 않을까 라는 생각이 든다. 단순 노동을 하면서 단지 영어권 사회에 머물렀었다는 것은 더 이상 취업 경쟁을 위한 경력 쌓기 위한 것으로는 그리 좋은 방법으로 보이지는 않는다.

대학교를 다니고, 영어 공부를 하고, 전공 공부를 하며 미래의 전문인을 꿈꾼다면, 인턴 경력 하나도 꼼꼼하게 계획하고 미래의 직장을 정하는데 도움이 되는 경험을 쌓도록 하자.

미래에 말 농장이나 닭 공장을 운영할 것이 아니라면 말이다.

다른 영어권 인턴들과 비교했을 때 실력이나 능력, 태도에 있어서 전혀 부족함이 없는 것 또한 한국 인턴 후보자들인 것이다. 혹시 영어 실력이 걱정되어 미국 취업을 망설인다면, 자신만의 성실함과 자신감을 더해 스스로의 자격 요건을 만들어야 한다. 영어권 인턴들 또한 자신이 잘 알지 못하는 전문 분야에서는 말을 잘 알아듣지 못하는 경우도 상당수 많다. 용어나 내용들이 전문적이어서 낯설기 때문인 것이다. 이처럼 영어공부를 했음에도 불구하고 영어 구사를 못한다는 것은 언어의 장벽이 아니라, 실무경험 부족과 전문 언어를 알지 못한 것 때문이기도 한 것이다. 미국에서의 인턴직원으로 근무하게 되면 미국 사회의 이해를 통해 실무 영어와 미래 직업에 경력으로 인정될 수 있는 업무 내용을 동시에 배울 수 있는 것이다.

예를 들어, 건설 회사에서 인턴을 하게 된다면 대부분 하는 일들은 서류를 복사하거나 자료 수집 정도의 기본적인 일들이겠지만, Mock-up이 실물을 만들기 전에 실물과 같은 모형을 만드는 작업이고, Zinc Glass란 말이 디자인된 모양이 포함되어 있는 유리를 말한다는 것을 알게 될 것이다. 이처럼 회화수업에서 배울 수 있는 영어와 실질적인 업무에서 배울 수 있는 영어는 많이 다르다.

그리고 영어를 잘 못하지만 실무를 많이 알고 있다면 실무 영어도 빨리 배울 수 있다. 실무 내용을 안다면 영어로 설명하는 것 또한 쉬워지는 것은 당연한 일인 것이다.

미국의 대부분의 대학생들은 학교를 다니면서 보통 3~5개 정도의 인턴 경험을 하고 졸업한다. 회사에서도 신입사원을 채용할 때 인턴 경험을 보고 채용하는 경우가 일반화되어 있다. 채용 담당자들 또한 회사업무에 대해서 아무것도 모르는 후보자보다 많은 인턴경력으로 실무를 해본 경력이 있는 후보자를 더 선호한다. 일일이 기본적인 전문 단어부터 설명해야 하는 부담감을 덜 수 있기 때문이다. 영어 실력이 많이 모자라고 미국 사회를 잘 모를 경우에는 인턴사원으로 실력과 안목을 키운 후에 취업을 하는 것도 좋은 방법이다.

뉴저지에 위치한 전자 회사에서 인사부 신입사원 채용 인터뷰를 할 때였다. 하버드를 졸업하고 인턴 경험이 전혀 없는 후보자 B군 (25세, 뉴욕: 학교 졸업 후 파트타임 학원 강사로 근무)과 작은 시골의 시립 대학을 졸업하고 매 방학마다 인사 관련 인턴을 해서 6번 이상의 인턴 경력을 가진 후보자 C양(23세, 필라델피아: 대학졸업예정)이 있었다. 두 후보자와의 여러 차례 인터뷰 이후 회사에서는 인사 관련의 다양한 인턴 경력이 많은 C양의 경력을 인정해주어서 신입보다 높은 연봉으로 C양의 채용을 결정하였다. 역시나 회사의 선택은 틀리지 않았다. 그 후보자는 입사 이후 다른 신입보다 업무 파악을 빨리 하였으며, 업무 실적 또한 우수하다는 이야기를 채용 담당자로부터 들었다. 물론 일 잘하는 명문대 생들도 많다. 하지만 잘 계획된 인턴 경력은 채용 시에 경력으로 인정될 만큼 중요하게 여겨진다는 것을 말하고 있는 것이다.

미국사회에 대한 이해 없이 바로 미국회사에서의 취업준비가 걱정이 된다면, 미국 내 한국 관련 회사에서 경력을 시작하는 것도 나쁘지 않다. 오늘날 미국 내 위치한 많은 한국 관련 기업에서 인턴들을 채용하고 있으며, 회사에서는 영어와 한국어로 되어 있는 자료들의 시장 조사 및 서류 정리 등 업무의 보조적인 역할이 매우 필요하기 때문에 영어와 한국어를 모두 사용할 수 있는 Bilingual 후보자라면, 미국 내 한국 회사에서의 인턴사원 채용의 경쟁에서 상당한 경쟁력을 가진 후보자가 될 수 있는 것이다.

인턴 포지션을 구하는 방법에 대해 알아보자.

① 인턴 포지션을 지원하기 전에 먼저 실질적인 계획을 세우자

모든 일에는 전략이 필요하다. 미국에는 어떤 분야의 회사가 있는지 그리고 회사 안에는 어떤 포지션들이 있는지에 대해서 사전조사를 해야 한다.

어떤 일들이 있는지, 어떤 포지션에 지원을 할 것인지 구체적인 목표를 세우고 계획한 다음 진행을 해야 제한된 시간을 최대한 효율적으로 사용할 수 있는 것이다. 무작정 되는대로 인생을 결정하고 산다면 수많은 시행착오와 실패만이 따라올 뿐이다.

한국의 포지션과 미국의 포지션은 많은 차이가 있으며 회사에 따라 하는 일 또한 달라진다. 전공과 관련된 포지션인지, 다른 분야로 지원하고 싶은지, 지원은 가능한지에 대한 조사 또한 필요하다. 참고로 외국인으로써의 미국 취업은 비자 스폰서가 필요하기 때문에 전공에 따라 지원 가능한 포지션의 제한이 있기 때문이다.

예를 들어, 경영학과를 졸업했다면 많은 비즈니스 관련 포지션에 지원이 가능하지만, 엔지니어 전공이라면 회계포지션이라든지, 마케팅 관련 포지션을 지원할 때 많은 제한이 따르거나 엔지니어와 관련이 없다면 지원할 수 없다. 대부분의 외국인 취업자들이 미국에서 취업을 위해 받는 H비자 혹은 J비자일 경우에는 전공과 관련된 직종의 취업을 지원하기 때문이다. 이처럼 어떤 분야에서 경력을 쌓고 싶은지, 그러기 위해서는 어떤 조건이나 제약이 있는지 자세한 정보들을 알아본 후 인턴 계획을 시작해야 한다. 에이전시를 통하지 않아 비자 문제가 걱정 된다면 관련 변호사와 직접 이야기해보거나, 한국 내에서 비자 관련 컨설팅을 하는 곳에서 자세한 정보를 얻어 보아야 한다. 비자와 관련된 기본적인 정보는 스스로 찾아볼 수 있지만 법률 서류를 작성하거나 진행을 할 때에는 전문가와 진행하는 것이 바람직하다.

비자나 체류 신분에 문제가 생겨버리면 미국에서 취업을 할 수 없는 것이다.

　기간은 어느 정도로 할 것인지 정해야 한다. 방학 동안 짧게 할 것인지, 졸업 후 취업으로 연결될 수 있는 시기에 할 것인지, 정직원으로 할지, Part Time Employee으로 할지, 우선 이런 디테일한 사항을 우선 정해야 하는 것이다. 기간이 구체적으로 정해지면 재정적인 부분에 대한 체크도 필요한 것이다. 미국은 기본적인 렌트비와 생활비가 많이 든다. 또한 유급 인턴 직원으로 채용되더라도 받은 임금은 그리 넉넉하지는 않을 것이다. 지원 받을 수 있는 자금은 어느 정도인지, 유급인지 무급인지, 얼마 동안 인턴 경험을 쌓을 것인지, 이런 여러 가지에 대해 계획하고 포지션에 지원해야 한다.

　인턴 경력을 위한 구체적인 계획이 있다면 그 다음에는 미국의 어느 도시에서 어떤 종류의 회사에 취업을 해야 할지에 대해 알아보자. 에이전트를 통해서 쉽게 자료를 얻을 수도 있겠지만, 에이전트 또한 여러 가지 이유로 가지고 있는 취업 자료는 매우 제한적일 수밖에 없다. 간단한 자료는 스스로 준비해야 한다. 자료를 준비하는 동안 미국 회사의 정보 그리고 포지션들의 업무내용 파악 등은 미국 사회를 이해하는데 많은 도움이 될 것이다. 자료 준비를 위해 시간을 많이 들일수록 미국에서 겪을 시행착오의 횟수는 줄어들 것이다. "잘 알지 못해서 그랬어."라는 변명으로 넘기기는 자료 준비 부족으로 인해 놓쳐버린 시간들과 열정을 덮어 버리기엔 미국에서 낭비되어진 자신의 희생이 너무나 커져버릴 것이다.

인턴 경험 또한 자신의 Career에서 전문성을 키우는 좋은 기회가 될 수 있다는 것을 생각하지 못하는 후보자들이 많다. 하지만 짧은 기간이지만 잘 계획되어 짜진 인턴 경력은 채용 담당자들의 관심을 충분히 끌만큼 전문성을 보일 수도 있다는 것을 알아야 한다.

실질적으로 인턴을 할 수 있는 기간은 별로 길지 않다. 방학, 휴학 기간 그리고 졸업 후 정직원 채용 전까지의 기간이 전부이기 때문이다. 경험은 다양하게 많을수록 좋다는 생각에 마케팅 부서, 회계 부서, 기획 부서 등 포지션에 상관없이 닥치는 대로 지원하고 근무하는 일은 하지 말아야 한다. 제한된 시간과 에너지를 효율적으로 사용하기 위해 계획된 인턴 경험을 쌓아 나가야 한다. 효율적인 계획으로 원하는 분야에서 원하는 포지션에 대한 인턴 경력을 쌓아야 하는 것이다. 조금의 노력과 시간을 투자하면 그리 어려운 일도 아닌 것이다.

인턴에 대한 결정을 할 때 먼저 우선순위를 생각하면서 준비를 해야 한다. 미국의 전문분야에서 전문성을 인정받으면서 근무하고 싶다면 경력에 전문성을 키워야 한다. 미국 취업에서의 첫 단추를 끼우는 작업이 인턴 사원으로써의 채용이라면 처음부터 전문성을 키우기 위해 노력하여야 한다. 미국에서는 '모든 일을 잘 할 수 있는 사람'이라는 말은 자신의 전문분야가 없어서 어떤 일도 제대로 할 수 없다고 생각되기 쉽다. 채용 담당자로 하여금 이력서를 봤을 때 '이 사람은 어느 분야의 전문가이다.'라는 그림이 그려질 수 있는 경력을 쌓아갈 수 있도록 계획하고 경력들을 쌓아가야 한다.

물론 미국에서 비자 스폰서를 지원 받고 돈을 버는 것도 중요하지만, 이처럼 제대로 계획된 인턴 경력은 직장 경력을 쌓는데 있어서 보다 많은 이익을 가져다준다는 것을 명심해야 한다.

미국 취업 지원자들이 잘못된 선택을 하는 대부분의 이유 중에 하나가 비자 스폰서를 구하기 힘들다는 것 때문이다.

물론 미국 경기가 좋지 않고, 이민법의 많은 제약이 따르기 때문에 비자 스폰서를 구하기가 쉽지는 않다. 하지만 중요한 사실은 많은 회사들이 매년 비자를 지원하고 승인을 얻어 외국인 근로자를 채용한다는 것이다.

정확한 정보와 제대로 된 방법으로 지원한다면 회사에 채용될 것이며, 나머지 문제들은 자동적으로 해결된다. 회사에서 그 후보자를 채용하기 위해 투자를 할 테니 말이다.

회사에 가서 채용해 달라고 매달릴 준비를 하지 말고, 회사에서 모든 문제를 해결해줄 테니 같이 일하자라고 채용 담당자가 붙잡을 수 있는 전문적인 능력을 키워야 한다.

② 미국 인턴 채용시장 조사

미국의 대부분 회사에서는 매년 인턴들을 채용하는 프로그램을 제공하고 있다. 약간의 인터넷 서치를 통해서 기업의 인턴 채용 정보를 찾을 수 있으며 실질적으로 온라인 지원이 가능하다. 한국의 많은 대학생들이 인턴 취업을 도와주는 에이전트에 300만원에서 600만원 가량의 비자 수속료 및 수수료를 지급하고, 미국에 있는 한국 관련 회사에 인턴 취업을 하고 있는 것을 볼 수 있다.

인턴을 지원하는 J 비자일 경우 다른 비자에 비해 수속 기간이나 비용이 저렴한 편이라 비자 수속은 변호사 사무실과 간단하게 진행할 수 있으며, 스폰서 회사 또한 미국의 인턴모집 채용 광고에 대한 간단한 조사로 직접 지원한다면, 에이전트를 통한 지원보다 저렴한 비용으로 많은 채용의 기회를 가질 수 있을 것이다.

사회일반 미국 인턴용 비자 300~600만원 '묻지마 수수료'

■ 미국 J-1 비자 발급 절차

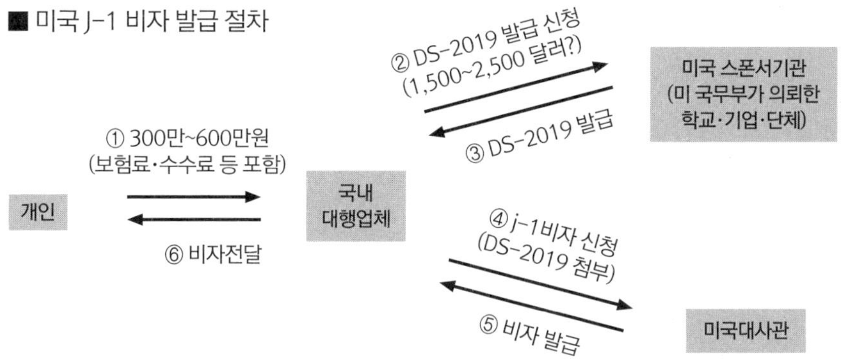

'J-1비자' 발급 수수료 10배나 비싸 취업생들 골탕

신원보증서 서류 국내대행업체 70곳…폭리의혹도

내년 1월부터 미국의 한 회사에서 1년 동안 인턴 과정을 밟을 계획인 권아무개(25) 씨는 큰 걱정거리가 생겼다. 비자 발급에만 수백만 원을 써야 하기 때문이다. 권 씨는 "비자 발급 대행업체 여러 곳을 알아봤는데, 싼 곳은 300만~400만원, 비싼 곳은 500만~600만원을 요구했다”며 “비자 발급 비용이 왜 이렇게 비싼지 이해가 안 된다”고 말했다.

국외에서 인턴 경력을 쌓으려는 취업 준비생들이 지나치게 비싼 비자 발급 수수료 탓에 골탕을 먹고 있다.

미국에서 인턴 과정을 밟기 위해서는 직업 연수, 문화 교류 등 목적의 입국 때 발급되는‘제이(J)-1’비자를 받아야 하는데, 다른 비자에 견줘 발급 수수료가 10배 이상 비싸다. 이유는 비자를 신청할 때 제출해야 하는‘디에스(DS)-2019’라는 서류 때문이다. 일종의‘신원보증서’인 이 서류는 미 국무부의 의뢰를 받은 미국 내 단체나 학교 등 이른바 ‘스폰서 기관’이 발급하게 돼 있는데, 이들과 계약을 맺은 국내 대행업체 70여 곳이 국내에서 발급 업무를 보고 있다.

국내 대행업체인 ㅎ사의 한 관계자는“1년 체류하는 제이-1 비자를 발급 받을 경우 수수료로 400만원을 받는데, 이 가운데 순수 비자 발급 비용은 20만원이고 나머지 380만원에는 디에스-2019 서류 발급 신청비용과 보험료 50만원 가량, 대행사 수수료 등이 포함돼 있다”고 밝혔다. 대행업체들은 체류 기간 1년 기준으로 디에스-2019 서류를 받기 위해 미국 내 스폰서 기관에 내는 비용이 1,500~2,500달러(약 135만~225만원) 가량이라고 밝히고 있다.

하지만 국내 대행업체들이 폭리를 취하고 있다는 의혹도 있다. 인터넷 카페‘해외인턴십 피해를 막기 위한 모임’운영자인 김 아무개 씨는 “씨아이씨디(CICD: Center for International Career Development)라는 미국 내 한 스폰서 기관의 홈페이지를 봤더니 1년 기준 디에스-2019 서류 발급 신청비와 보험료가 모두 합해 1,520달러(약 137만원)로 나와 있다”고 말했다. 이런 이유 때문에 적지 않은 국외 인턴 준비생들은 국내 대행업체들에 정확한 비용 내역을 문의하지만, 해당 업체들은 업무상 비밀이라며 공개를 거부하고 있다.

김씨는 "미국 내 스폰서 기관과 국내 대행업체가 정확히 어떤 내용의 계약을 맺었는지 모르지만, 두 곳 모두 폭리를 취하고 있는 것은 분명해 보인다."며"결국 애꿎은 취업준비생들만 피해를 보고 있다"고 말했다.

[한겨레] 이순혁 기자 hyuk@hani.co.kr

미국의 회사들이 인턴을 채용하고 있으며, 인턴 지원자가 직접 지원하고 채용될 경우 소개비가 포함된 수수료를 지불하지 않아도 된다. 비자 관련 문제가 걱정이 된다면 미국 내 한인 변호사와 상담한 후 진행할 수 있다. 보통 J1 비자일 경우 본인 스스로 관련 웹사이트 : http://j1visa.state.gov 에서 수속을 할 수 있다.

스스로 할 경우 스폰서 회사에서 관련 자료를 받아 수속하면 되고, 만약 변호사를 통해 수속을 진행할 경우 $1,000~$1,500 정도의 변호사 비용과 우편료를 받으며, 일주일 정도의 준비 기간과 인터뷰 이후 바로 근무를 할 수 있다. 변호사를 위임할 경우 미국 내 변호사의 수수료 또한 천차만별이므로, 여러 군데 전화 및 이메일 상담 후 의뢰하는 것이 비용을 절약하는 방법 중 하나 일 것이다. 에이전트에 내야 하는 근거 없는 수수료를 줄일 수 있는 것이다.

미국 내 한인 변호사

최영수 변호사(뉴욕)

Tel 718)939-0209

158-14 Northern Blvd. # ML- 5A, Flushing, NY 11358

www.byunho.com

남수은 이민 전문 변호사(뉴저지)

Tel 212)725-7360

One Bridge Plaza Suite #275 Fort Lee, NJ 07024

www.nyimmigration.com

김도경 변호사(뉴욕)

Tel 212)564-8674

25 W. 32nd St. Suite #603, New York, NY 10001

김&차합동법률사무소(뉴욕)

Tel 212)213-4400

303 Fifth avenue Suite #806, New York, NY 10016

www.kimchalaw.com

김&배법무법인(뉴저지)

Tel 201)585-2288

2160 N. Central Rd. # 303 Fort Lee, 07024

www.kimbae.com

LMG LAW GROUP(캘리포니아)

Tel 949)477-2244

20101 SW Birch Street #210 Newport Beach, CA 92660

www.lawmlee.com

김영옥 종합법률그룹(캘리포니아)

Tel 213)381-2900

3700 Wilshire Bl. #500 Los Angeles, CA 90010

www.kimyoungoklaw.com

데렌실버 변호사(캘리포니아)

Tel 213)384-1900

3699 Wilshire Bl. #650 Los Angeles, CA 90010

www. darrensilver.com

리&필즈 변호사그룹(캘리포니아)

Tel 213)380-5858

3701 Wilshire Blvd. Suite 510 Los Angeles, CA 90010

www.leefieldslaw.com

토탈법률센타-LA

(Total Legal Document Assistant Center): 법무사 사무소

Tel 714)349-8934

1543 W. Olympic Bl. #422 Los Angeles, CA 90015

www.totallegalcenter.com

물론 경우에 따라 차이가 있겠지만, Internship을 위해 J1비자를 받을 경우 보통 최대18개월 정도 받을 수 있다. 여기서 주의해야 할 점은 비자의 성격인데, J1비자일 경우 채용이 확정된 포지션과 대학 전공과의 연관성이 있어야 하며, 문화 교류를 목적으로 하는 비이민 비자이기 때문에 비자 프로그램이 끝난 이후에 한국에 돌아가야 하며, 2년 동안 재입국이 불가능하다. 물론 인턴 기간 이후 정직원으로 채용 결정이 난 경우 미국에서 취업을 계속 진행하기 위해서는 다른 비자 형태로 바꾸어야 하는데, J1비자에서 보통 H1비자로 바꾸어야 한다.

하지만 4년제 대학 졸업 이후 인턴 및 미국 취업을 희망 한다면, 처음부터 H1비자를 받는 것이 기간상이나 비용상으로 좋다. 비자 변경 시에도 변호사 비용 및 수수료가 들어가기 때문이다. 보통 H1 비자 수수료 및 변호사 비용은 보통 $4,000~$5,000 가량 드는 편이다.

J1비자를 받는 유급 인턴일 경우 평균 $10,000~$20,000 정도의 연봉을 받지만, H1비자를 받는 정직원일 경우 적어도 $30,000 이상의 연봉을 받을 수 있기 때문에, 4년제 대학을 졸업하고 인턴을 찾을 경우에는 H1비자

를 지원하는 것이 여러 가지 면에서 장점이 있다.

참고로 H1비자는 3년 기간이 주어지며, 3년 기간 갱신이 가능하므로 미국에서 6년간 취업을 할 수 있다. 만약 대학교를 졸업을 하지 않고 방학 중 인턴 경력을 위해서라면 보통 J1비자를 받으며, 에이전트를 통하지 않고 함으로써 비용을 절약할 수 있다.

방학기간 동안 미국 인턴을 지원할 경우, 미국의 대학은 여름방학이 길고 겨울방학이 짧기 때문에 대부분의 학생들이 여름방학에 맞추어서 인턴 경험을 쌓을 계획을 한다. 회사들 또한 이 시기에 많은 인턴 채용을 한다. 물론 일 년 이상의 장기간 인턴과 학기 중에도 일할 수 있는 파트타임 인턴들도 채용하기도 하지만 말이다. 적어도 몇 개월 이상 미국 인턴시장을 직접 조사해 보고 지원한다면 원하는 회사, 원하는 지역, 그리고 원하는 임금으로 채용될 수도 있는 것이다.

인턴 경력을 쌓기 위한 구체적인 계획이 있다면 관심 있는 회사들의 리스트를 정리하여야 한다. 그리고 회사들에 대한 채용정보를 직접 찾아보아야 한다. 보통 회사 웹 사이트에 채용 공고 난이 있다.

비자 문제가 있고 에이전시에서 준비해주지 않더라도 인턴 포지션에 충분히 지원할 수 있으며 합격할 수도 있다.

미국에서 구직 구인을 위해 가장 많이 사용되는 웹사이트는 www.indeed.com, www.monster.com과 www.careerbuilder.com이다. 회사 채용담당자들이 채용의 30% 정도를 이들 웹사이트를 통해서 채용할 정도로 일반화 되어 있다. 물론 많은 인턴 채용 광고도 찾을 수 있다.

www.usaintern.com, www.usa-internships.com, www.icdinusa.com
등과 같이 local 인턴 채용 웹사이트는 인터넷 서치를 통해 많이 알아볼 수
있다. 또한 www.linkedin.com에서는 다양한 회사에서의 인턴 관련 모집
광고를 찾을 수 있을 뿐 아니라 회사 담당자와 직접 교신할 수 있다.

영어로 되어 있다고 겁먹지 말자. 이렇게 채용 광고 서치를 하는 동안
미국의 포지션에 대해 많은 정보를 얻을 수 있을 것이다. 이 과정 또한 미
국 취업을 하는 과정의 일부분인 것이다.

인턴 경력 이후 정직원으로 채용을 원하고 정직원이 되기 위해서 자격
증이나 특별한 경력이 필요하다면 인턴 경력이 인정되는 회사를 선택하
여 취업을 준비해서 진로를 결정해야 한다. 시간도 많이 절약할 뿐 아니라
여러 번의 인턴 경력이 후에는 그 분야에 대한 전문성 또한 인정하게 될
것이다.

③ 형식을 갖춘 준비를 하자

본인의 총에 장전된 총알이 몇 개인지, 과녁이 어디에 있는지 알고 있다
면, 그 다음에는 정확한 자세를 잡아서 쏘기만 하면 되는 것이다. 나머지
준비는 다해놓고 자세를 엉망으로 해버리고 총을 쏘아버린 후 과녁에 총
알이 맞아주기만을 바란다면, 이것은 본인의 꿈에 대한 책임감과 노력이
부족한 것이다.

언제나 인터뷰를 하면서 느끼는 점이지만 반듯하게 준비되어 있는 후
보자를 보면 채용에 대한 욕심이 많이 생긴다. 그만큼 인터뷰 때의 첫 이

미지는 매우 중요한 것이다. 채용을 해달라고 매달리는 것이 아닌 채용 담당자들이 정말 탐내는 인재가 되어야 한다. 이런 준비된 후보자를 탐내는 건 미국이나 한국이나 채용 담당자들의 똑 같은 마음이 아닐까 싶다.

우선 인터뷰를 위해서 Cover Letter, Resume 그리고 Recommendation을 잘 준비하여야 한다. 만약 포토 폴리오가 필요한 포지션이라면 꼼꼼히 준비를 해두어야 한다.

Cover Letter는 단지 살아온 삶의 넋두리를 하는 공간이 아니다. 채용담당자에겐 나의 첫인상인 것이다. 문장은 간략하게 핵심만 적어 두어야 한다. 내가 지원하는 포지션과 연관된 어떤 경력을 가지고 있고, 어떤 관련된 시스템을 사용한 경력이 있는지, 만약 자격요건에 미치지 못한다면 어떻게 극복해서 일을 해나갈 것인지에 대해 써야 한다.

예를 들어, SCM관련 인턴을 지원한다고 가정하여 보자. 대학교에서 이수한 과목 중 물류 관련 수업 내용이나 세미나를 들었다면, 내가 전문 지식을 가졌다는 것을 어필하기 위해 그에 관련된 내용을 써야 한다. 이전에 SCM관련 인턴 경험이 있다면 어떤 벤더들과 일을 했으며, 어떤 시스템에서의 업무를 배웠는지를 구체적으로 써야 한다. 구체적으로 쓰는 것이 더 전문적으로 느껴지기 때문이다.

Resume는 취업에 있어서 가장 중요하다. 이력서를 보는 1~3초 사이에 인터뷰 여부가 결정된다. 주어진 항목에 그냥 답을 채워 나가는 식의 이력서 작성은 그저 목적 없이 낙서한 종이나 다름없다. 이력서 상의 내용들의 위치 배정, 경력 사항 문구 등은 아주 작은 차이지만 매우 중요하다. 이 모든 것에는 전략이 필요한 것이다.

　영문 이력서는 크게 4부분으로 나누어진다.

- Subject: 나의 전문 지식과 경력을 요약하고, 어떤 포지션을 찾고 있는지를 적어야 한다. 채용 담당자로 하여금 이 포지션을 위해서 꼭 필요한 후보자라는 느낌이 들게 짧고 간략하게 요약해서 써야 한다. 미국은 실리 위주로 업무가 분업화되어 있어서, 아무거나 할 수 있는 사람은 반면에 전문성이 없어서 아무것도 할 수 없는 사람과 같은 것이다. 그리고 전문지식이 없어서 회사에서 일하면서 배우겠다는 태도는 부정적인 시각으로 보여진다. 잘못 해석되면 이 회사에서 배우고 다른 회사에 도움이 되겠다는 뜻으로 해석될 수도 있다. 비록 인턴 직원이지만, 가지고 있는 지식과 경력을 사용할 수 있는 포지션을 찾는다는 당당한 태도가 채용 담당자의 채용 결정에 도움이 될 것이다. 미국의 선호하는 성향은 한국의 것과는 차이가 있다. 무작정 겸손하자는 태도는 버려야 한다. 잘하는 부분은 충분히 어필하고 "나는 지원 분야에 있어서 전문가이고, 회사에서 나를 뽑지 않으면 후회할 것이다."라는 자신감을 표현하자.

- Experience: 80% 정도 채용 결정에 영향을 미칠 정도로 매우 중요하다. 먼저 경력 란을 채워나가기 이전에 회사에서 찾고 있는 자격 요건과 해당 업무내용을 자세히 읽어 보아야 한다. 하루에도 수백 장의 이력서를 검토해야 하는 채용 담당자들의 눈에 띄려면 그들이 어떤 것을 찾고 있는지 분

석하고, 찾고 있는 요소들에 대해 초점을 맞추어서 이야기해야 한다. 찾고 있는 경력이나 기술에는 상관없는 이야기만 나열하고 있다면, 그 이력서 는 당연히 0.5초 만에 이력서 보관함으로 던져져 버릴 것이다. 관련 경력 이나 지식이 있다면 그것 위주로 상세하게 써야 한다. 그리고 나머지 경력 들은 요약해서 적어 두어야 한다. 전혀 연관성이 없는 경력은 생략해도 좋 을듯하다.

만약 회계부서에서 인턴을 채용하고, 그 회사에서는 SAP의 회계 모듈을 사용하고 있다면, 학교 수업에서 비슷한 회계 시스템을 공부했으며, 어떤 종류의 Project를 해본 경험이 있다든지, 혹은 이전의 인턴 경험에서 다른 모듈을 사용해봐서 약간의 Training만 한다면 사용할 수 있다든지 등에 대 해 적으면 당연히 채용 담당자의 관심을 받을 수 있을 것이다. 내가 채용 담당자라면 어떤 지원자를 선호할지 한 번쯤은 생각하고 이력서를 적어 내려가야 한다.

- Education: 전문 기관에서의 교육을 적는 란이다. 단순히 '어떤 전공을 하였다'라고만 적어서는 안 된다. 다행히 지원하는 포지션에서 요구하는 전공자이면 최고의 조건이겠지만 다른 전공을 이수하였다면, 관련 세미 나 혹은 관련 자격증을 따거나 따지는 않았지만 공부를 해서, 충분히 업무 를 이해할 수 있을 정도의 전문성을 가지고 있다는 것을 어필하여야 한다.

예를 들어서, 회계 부서의 인턴을 지원한 경영학 전공자라면 회계 전공 은 아니지만 관련 수업을 들었으며, 회계사 공부를 2년간 해서, 회계 전공 한 후보자 못지않은 전문 지식을 가지고 있다는 것을 어필하여야 한다.

- Additional Experience: 할 수 있는 것이 공부뿐이라면 미국에서는 사회성이 떨어져서 협력이 안 된다고 판단되기 쉽다. 분업화되어 있는 미국 회사에서 다른 직원들과 함께 일하는 능력 부분에 있어서 문제가 있다면, 회사의 채용에 있어서 큰 결격 사유가 될 것이 당연하기 때문이다.

Additional Experience 란에 여러 가지 경험을 써서, 공부도 잘하지만 다른 면에 있어서도 관심이 많고 봉사 정신과 사회성도 좋다는 것을 어필하여야 한다. Volunteer 경력이라든지, 운동이나 음악과 같은 업무와는 다른 분야의 Club 활동과 같은 다양한 경험을 적어야 한다. 경험이 없다면 이번 방학부터라도 경험을 쌓는 것을 시작해보아야 한다.

추천서는 적어도 3장 정도는 받아 놓아야 한다. 학교 담당 교수님은 나의 수업 태도 및 전문성에 대해 이야기해주실 수 있으시고, 인턴으로 근무했던 회사의 매니저나 인사 담당자들은 나의 업무 능력을 이야기해줄 수 있을 것이며, 교회를 다닌다면 목사님의 추천서를 통해 종교적인 신실함과 사회에 대한 봉사 정신에 대해 말씀해주실 것이다. 미국은 기독교 국가이다. 목사님의 추천서를 받을 수 있다면 받아 놓아야 한다. 많은 도움이 된다.

어떤 봉사활동을 하던 봉사활동을 하고 나면 추천서는 꼭 받아 놓아야 한다. 영문 추천서에 익숙하지 않으시다면 추천서를 받으러 가기 전에 샘플 추천서를 몇 장 보내드린 후 추천서를 요청하는 것도 좋은 방법이다. 미국인은 추천서 사용에 익숙하지만, 한국 사람들은 영문 추천서에 익숙하지 않기 때문에 샘플 추천서를 먼저 보내드리는 것은 많은 도움이 된다.

Portfolio는 디자이너를 희망하는 후보자라면 누구나 준비해야 된다. 디자인 실력의 평가 대부분을 Portfolio를 통해 받는다고 해도 과언이 아니다. 서류심사에서 선택 받지 못한 90%의 후보자들이 들고 오는 Portfolio는 아무런 생각 없이 단순히 작품을 꽂아 놓은 앨범에 불과했다. 포토 폴리오 케이스에 마구잡이로 자신이 디자인한 내용이나 실습한 내용들을 아무 생각 없이 꽂아 놓은 것이다.

대다수의 디자인 채용은 Portfolio에서 결정 난다고 해도 과언이 아닐 정도로 Portfolio는 디자이너 채용에 있어서 많은 부분을 결정하게 만든다.

Portfolio를 작성할 때에는 아주 사소한 내용이라도 프로젝트 별로 꼼꼼히 정리하여야 한다. 사용한 프로그램 종류별로 해도 좋고, 디자인 종류에 따라 해도 좋다. 단순히 작품을 꽂아 놓은 파일이 아닌 하나의 Presentation과 같은 것이라는 생각으로 어떻게 디자인을 고안하고 작품에 적용했는지, 보기만 해도 설명이 될 정도로 준비를 해야 한다.

실질적으로 인터뷰에서 본인의 디자인을 스스로 언급하기 전에 제출되어진 서류만으로 세계에서 모인 수많은 경쟁자들과 서류심사에서 경쟁을 하게 된다는 것을 잊지 말아야 한다. 서류심사에서 채택되지 않는다면, 인터뷰 상에서 본인의 디자인에 대해 이야기 할 기회조차 주어지지 않을 것이다.

모든 일에는 주제와 전략이 필요한 것이다. Portfolio 작성 또한 전략과 주제가 필요하다. 패션 회사의 의류 디자이너의 채용에 지원하게 되었다면 지원한 직급에 따라 정리 방법 또한 달라질 것이다.

신입 사원일 경우 기본적인 디자인의 Concept 잡는 방법이나 스케치 등을 많이 볼 것이며, 중견 사원일 경우 하나의 Product Line을 담당 할 정도의 경력 그리고 회사의 제품 성향과 디자인 성향이 유사한 지를 볼 것이다. 또한 Senior 경력직일 경우 전반적인 패션의 흐름에 맞는 즉, 패션 시장의 흐름에 맞는 새로운 신제품을 개발할 수 있는지 여부를 볼 것이다. 물론 Portfolio 또한 이러한 능력을 보여줄 수 있도록 구성해야 한다.

맨해튼 미드타운에 위치한 Custom Jewelry 회사의 Jewelry Design Intern을 채용할 때 일이다. 후보자 G(24세, 뉴욕 거주)는 뉴욕 시립대학에서 Fine Art를 전공하는 4학년 학생이었다. 전공은 Fine Art였으나 쥬얼리 디자인에 관심이 있어서 여러 번의 Jewelry Design 인턴 경력이 있었으며 핸드 드로잉 실력이 우수했다.

채용을 위해서는 회사에서의 비자 지원이 필요했으며 영어 표현력에 있어서도 많이 부족했지만 채용이 결정되었다.

서류심사 때 Portfolio만으로 98%의 채용이 결정된 상태에서 나머지 2%의 결정을 하기 위해 인터뷰가 이뤄진 것이다.

아직도 기억에 남는 것은 너무나 잘 짜여진 Portfolio 때문에 이력서를 보기도 전에 이 포지션에 적합한 후보자라는 결정을 하게 되었다는 것이다. 결국 G양은 인턴사원으로 채용되었고, 3달의 수습기간 이후 디자인 실력을 인정받아 정직원으로 채용 되었다.

실력이 있다고 무작정 채용이 되는 것은 아니다. 실력은 있지만 스스로 알리지 않고 있다면 그 후보자는 이미 경쟁력을 잃은 것이다. 우선 잘 짜인 형식으로 나의 실력을 채용 담당자에게 충분히 알려야 한다. 서류 심사에서 채택되지 않는다면, 인터뷰에서 나에 대한 설명을 할 수 있는 기회조차 없을 테니 말이다.

　나 스스로 제대로 된 준비로 나의 경쟁력을 키워야 하는 것이다.

④ 인턴 포지션에 지원하기

전쟁을 치를 준비가 끝났다면 이제는 전쟁터가 어디인지, 어떻게 가야 하는지 알아보아야 한다. 다음 단계는 본격적으로 인턴 포지션에 지원하는 것이다. 취업 준비를 완벽하게 해놓고 전혀 엉뚱한 곳으로 서류들을 보낸다면, 채용은 고사하고 시간 낭비만 한 것이다. 미국 인턴 지원에도 방법이 있다. 어떤 지원 방법이 있는지 알아보자.

- 정확하게 Target 회사가 있다면 회사로 직접 지원하자.

대부분의 미국 기업에는 회사 웹사이트에 구직광고란이 있고 직접 지원할 수 있게 되어 있다. 그리고 이메일과 우편 메일로 직접 지원하거나 회사를 직접 방문하여 이력서, 추천서, Cover Letter 등을 Receptionist에게 전달하는 열의를 보일 필요도 있다. 이메일과 우편 메일로 지원할 때 채용 담당자에게 전해지는 시간이 많이 걸릴 수도 있고 전달되지 않을 때도 있기 때문이다. 많은 미국인들이 실질적으로 방문한다. 채용 담당자를 시간 약속 없이 직접 만나기는 힘들 수도 있고, 업무에 방해가 될 수도 있으므로 회사의 Receptionist에게 전해 달라고 해도 좋을듯하다. 방문이 힘들 경우 메일로 보내는 것도 좋은 방법 중 하나이다. 회사 주소는 간단한 인터넷 검색으로 찾을 수 있으니 말이다.

미국에서 많이 사용되는 웹사이트인 www.linkedin.com의 인턴 관련 Group에서 미국 내 인턴 채용의 많은 정보를 알 수 있으며, 또한 채용 담당자와 직접 이메일 교신이 가능하다.

- 인턴 관련 에이전트를 통해 지원하자.

에이전트를 통해서 지원하게 된다면 에이전트마다 가지고 있는 채용 정보가 제한되어 있으므로, 충분한 시간적 여유가 없을 경우 말고는 대부분의 준비를 직접 하는 것이 좋다. 어떤 경우에는 상당 금액의 수수료를 지불해야 하는 경우가 있기 때문이다. 하지만 시간적 여유가 없고 자금의 걱정이 없다면 에이전트를 통해서 하는 것도 나쁘지 않다.

이때 중요한 것은 한곳만 방문해서 결정하지 말고 여러 군데를 방문해서 비교하고 선택하여야 한다. 에이전트마다 가지고 있는 포지션이 다르기 때문에 여러 군데 방문 후 결정하게 된다면, 보다 괜찮은 포지션에 지원할 수 있을 것이다.

미국 Internship Agency & Web

www.hunian.co.kr

www.workingus.com

www.worldintern.com

www.aplusintern.com

www.globalok.net

www.jobkoreausa.com

- Korean-English Bilingual의 장점을 최대한 활용하자.

미국에 적응하기 이전에 바로 미국 회사에서의 인턴이 걱정된다면, 한국 회사의 미국 지·상사 또는 한인 교포 회사에서 경력을 쌓아보는 것도 좋다. 한국어와 영어를 사용한다는 장점을 최대한 활용할 수 있기 때문이다. 미국 내 한인 신문 및 커뮤니티 웹사이트에서 많은 인턴 채용 광고를 찾을 수 있다.

미국 내 커뮤니티 웹사이트

www.heykorean.com

www.workingus.com

미주 한인 신문

www.koreadaily.com

www.koreatimes.com

취업 포털 사이트

www.jobworldusa.com

www.jobkoreausa.com

www.indeed.com

www.usa-internships.com

www.jobmonkey.com

usa.recruit.net

이들 웹사이트 이외에도 많은 웹사이트에서 인턴 채용 광고를 볼 수 있다.

- Internship Fair를 활용하자.

미국 내 학교, 정부 기관 및 사설 기관에서 매년 많은 Internship Fair가 열린다. 기업 내 Internship 혹은 미국 내 정부 기관에서의 Internship 등 채용의 종류 또한 다양하다.

평소에 접촉이 힘든 각 기관의 채용 담당자들이 한자리에 모이는 자리가 Internship Fair인 것이다. 이렇게 여러 곳의 인터뷰를 동시에 볼 수 있는 장점이 있다.

인터뷰 이후에 채용 담당자들의 명함을 받아 Internship Fair 이후 Thank you Letter를 보내는 것도 좋은 방법이다. 실질적으로 Internship Fair에는 많게는 몇 천, 적게는 몇 백 명의 후보자를 동시에 인터뷰를 해야 하기 때문에 채용 담당자들이 각각의 후보자를 정확하게 기억하기 힘들다. 하지만 Internship Fair 이후 Thank you Letter 등으로 다시 자신에 대한 어필을 하게 된다면 한 번 더 채용 담당자의 관심을 끌 수 있을 것이다. 기회가 된다면 인터뷰도 셋업 될 수 있는 일이다.

매년 인턴사원 및 신입 사원 채용을 위해 뉴욕, 뉴저지 지역에 위치한 유명 대학의 Internship Fair에 채용 담당자로써 참석해 왔다. 보통 오전 10시부터 오후 5시까지 인터뷰를 봐야 하기 때문에 200명 정도는 즉석에서 인터뷰를 보게 되고, 거두어진 이력서 또한 수백 장이 된다.

인터뷰 이후 인터뷰 평가서에 인터뷰 결과를 적어놓지만 많은 후보자들을 일일이 기억하는 것은 쉬운 일이 아니다. 또한 Internship Fair에는 항상 많은 사람들이 줄서서 기다리기 때문에 오랜 시간 여유 있게 인터뷰를 본다는 것은 거의 불가능하다. 또한 Internship Fair에서의 평가 기간이 너무 짧기 때문에 제대로 된 평가를 하기가 쉽지 않기 때문이다.

Internship Fair 당일의 인터뷰 이후 Thank you Letter로 한 번 더 자신을 어필한다면 그 사람의 이력서는 다시 안 볼 수가 없는 일이며, 한 번 더 채용 담당자의 관심을 얻는 기회를 얻게 되는 것이다. 포지션에 100% 일치하는 후보자는 아니지만 회사의 포지션에서 근무할 수 있을 정도의 발전 가능성이 있다면, 채용 담당자들은 굳이 인터뷰를 안 할 이유가 없는 것이다.

할 수 있는 모든 방법을 동원하여야 한다. 하지만 주의해야 할 일은 전화를 무작정 많이 하거나 시간 약속 없이 방문하는 것은 상당히 예의에 어긋나며, 부정적인 효과를 보인다는 것을 기억하여야 한다.

여러 가지 종류의 Internship Fair가 미국 전역에서 열리고 있다. 종류와 특성도 가지각색이다. 시간과 여건들이 허락한다면 되도록 많은 Internship Fair에 참석해서, 인터뷰 경험과 다양한 회사에 대한 안목을 키우는 것도 좋은 방법이다.

www.jobexpo.com
www.internfair.com
www.careersfair.com
www.asianlife.com

미국 취업에 있어서 인턴은 매우 중요하다. 능력 있는 인턴일 경우 우수한 성적으로 프로그램을 마쳤으며, 관련 부서에서 채용을 하고 있는 인턴이라면 채용 담당자는 채용을 안 할 이유가 없는 것이다.

이미 인턴 기간 동안 업무 능력이 검증되었으며, 회사의 업무에 대해 잘 교육되어 있는 우수 지원자를 채용 안 할 이유가 없는 것이다.

인턴은 그저 한 번의 회사 업무를 경험해보는 것이 아닌 미래의 직업을 구함에 있어서 튼튼한 내실을 다질 수 있는 기간이라는 것을 잊지 말아야 한다. 비자 스폰서도 중요하고 돈을 버는 것도 중요할 수 있다. 하지만 정작 중요한 것은 취업을 위해 정말 필요한 경력을 쌓는 것이다. 좋은 경력과 능력만 있다면 회사 스폰서 지원과 높은 연봉이 따라올 테니 말이다.

3) 디자인 관련 직업

매년 수없이 많은 한국인 디자이너들이 한국에서 미국으로 오며 많은 패션쇼, 전시회 뿐 아니라 산업 전반적인 부분에 있어서 많은 활약을 하고 있다. 디자인이나 패션 관련 직업을 원한다면 많은 패션 관련 도시 중에서도 뉴욕을 추천하고 싶다. 그 중에서도 맨해튼이 좋다. 물론 맨해튼과 인근 뉴욕 지역에는 많은 디자인 스쿨[파슨스 디자인 스쿨, FIT, 프렛 등등]이 있다. 매년 수천, 수만 명의 디자이너 지원자들이 맨해튼으로 들어온다. 이런 경쟁자들 속에서 좋은 회사의 전문 디자이너가 된다는 것은 어려운 일일 수 있다. 하지만 제대로 된 준비를 한다면 디자이너로 근무할 수 있는 기회를 가질 수 있는 곳 또한 맨해튼인 것이다.

요즘 뉴욕의 디자인 관련 분야에서 한국인들이 많은 활약을 하고 있다.

맨해튼의 유명 스포츠 웨어 헤드 디자이너, 뉴욕의 중국 회사 시니어 패션 디자이너, 그리고 유명 전자회사의 산업 디자이너 또한 한국인들이다. 그뿐 아니라 쥬얼리 디자인에서 건축디자인까지 미국에서 한국인의 디자인은 이미 좋은 평가를 받고 있다.

이제 막 디자인 스쿨을 졸업하고 전문 분야에서 디자이너로써의 꿈을 펼치고 싶다면 맨해튼에서의 인턴 경력부터 시작하라고 이야기 하고 싶다. 유급 인턴이건 무급 인턴이건 간에 정식 회사에서는 디자이너 채용 시 낮익은 유명 회사에서의 인턴 경력이 있다면, 눈여겨보지 않을 이유가 하나도 없기 때문이다. 잘 짜여있는 유명 회사의 기본 교육을 잘 받은 준비된 후보자라면 채용에 대해 고려 해볼 만하기 때문이다.

최근의 인턴 지원 프로그램으로 온 한국 학생들의 포토 폴리오를 본적이 있다. 미국 학생들과는 확연히 차이가 많이 나는 실력을 가진 학생들의 것도 많아 보였다. 인사 담당자의 경우 영어 실력이 걱정되더라도 디자인 실력이 있는 인턴이라면 굳이 안 뽑을 이유가 없다. 인턴사원으로 같이 일해 보고, 실력이 인정이 되면 언제라도 정규직으로 채용하면 되니 말이다.

맨해튼에 있는 대부분의 디자인 회사들은 인턴 채용을 선호하고 있으며 인턴들을 채용한다. 본인이 정말 관심 있는 회사가 있다면 지원부터 해보라고 말해주고 싶다. 잘 쓰인 이력서, Cover Letter, 잘 정리된 포토 폴리오만 있다면 디자인 인턴으로 취직이 안 될 이유가 없다.

인턴의 종류에는 급여를 받는 유급 인턴과 급여가 없는 무급 인턴이 있다. 유명한 회사에서는 무급인턴이 대부분이나 잘 찾아보면 유급 인턴도 꽤 많이 있다. 유급인턴의 Payment는 경력이나 하는 일에 따라서 시간당

$8~$25 정도 받을 수 있다. 정직원 인턴일 경우 주당 40시간 일하면, 한 달에 $1,280~$4,000 정도 벌 수 있다. 하지만 미국은 한국에서 보다 생활비가 많이 든다. 집을 사지 않는다면 대부분이 렌트[월세]를 내는데 종류에 따라 많이 다르다. 혼자 사느냐, 룸메이트와 같이 사느냐, 뉴저지에서 통근하느냐, 맨해튼에 사느냐에 따라 금액이 천차만별이다. 보통 렌트비만 $1,500~$3,000 정도 지급해야 하기 때문에 생활비가 많이 드는 편이다. 유급인턴을 할지, 무급인턴을 할지의 선택은 본인이 하는 것이다. 본인의 금전적인 여유가 있는지, 하고 싶었던 포지션인지, 어떤 종류의 회사인지, 기간은 얼마 동안 할지는 본인이 정해야 할 사항인 것이다.

하지만 무엇보다 중요한 것은 원하는 회사에서 원하는 경력을 쌓는 것이다. 다시 한 번 언급하자면 인턴은 경력을 쌓기 위한 것이며, 경력이 있다면 나머지 문제들은 해결되기 때문이다.

미국 취업을 위해 비자가 문제가 된다고 생각한다면 디자이너 직종은 많은 한국인들이 비자 지원을 받는 업종 중에 하나이며, 실력이 있고 회사에서 채용을 원한다면 비자는 문제가 되지 않는다.

한국에서 학사 졸업을 하고, 미국에서 취업준비를 하는 사람들 중 대부분이 미국 디자인 학위가 없는 것에 대해 걱정을 많이 한다.

하지만 미국에서의 학교 졸업이나 미국에 몇 년 거주한 영어 실력 따위는 잊어라. 물론 미국에서 비싼 학비와 렌트비를 내면서 학교를 졸업하고, 미국에서 경력을 쌓은 사람들한테는 억울한 부분이 있겠지만 말이다.

미국에서 유명 디자인 학교를 졸업하였다면 어느 정도의 영어 실력이 있을 것이고, 디자인 실력도 있을 것이라고 여겨질 수 있다. 하지만 취업은 현실이다. 디자인 관련 포지션을 지원했다면 실질적인 디자인 실력이 우선인 것이다.

실력 없이 학위만 가진 후보자보다는 미국 학위가 없어서 영어 실력이 걱정되지만, 디자인이 좋다면 회사는 실질적인 디자인 실력을 가진 후보자를 선택할 것이다. 회사 입장에서는 영어를 잘하는 디자이너보다 실력이 좋은 디자이너가 회사의 이익을 가져다 줄 수 있다는 것을 잘 알고 있기 때문이다. 물론 디자인 실력과 영어 실력 모두 우수하다면 완벽한 후보자이겠지만 말이다.

디자이너 지원자에게 있어서 영어 실력이 다는 아니다 하지만 미국에서의 취업을 생각하고 있다면, 자신의 디자인을 표현하고, 팀원들과 대화할 정도의 영어 실력은 갖추어야 한다. 멋진 디자인을 해놓고도 자신의 게으름 때문에 영어로 표현을 하지 못한다면, 디자이너 포지션에 근무할 자격이 없는 것이다.

원하는 자리에서 근무를 원한다면 스스로 노력해서, 그 자리에 합당한 자격은 갖추어야 한다.

디자인일 경우 물론 경력직으로 취직하는 경우도 많다.

D양의 경우 한국에서 디자인 학사를 졸업한 이후 유럽에서 대학원을 졸업하고, 5년 정도 가방 디자인 경력이 있다. 미국으로 오기 위해 패션 디자인 전문 헤드헌터를 통해 미국 맨해튼의 유명 패션 회사에서 고액의 연

봉을 받고 가방 디자이너로 취직하였다. Intermediate Level의 영어 실력이지만 뛰어난 디자인 실력으로 취업에 성공한 것이다.

실력 있는 디자이너는 모든 회사에서 탐내며 채용하길 원한다. 어떤 경우에는 디자이너 채용에 따라 새로운 사업부가 생기기도 하고, 없어지기도 한다. 그만큼 디자이너는 회사제품 성향에 많은 영향력이 있다.

간혹 미국이 아닌 다른 나라의 경력을 스스로 이야기하지 않거나, 미국 학위를 이수하지 않았다는 이유로 자신의 경력을 과소평가 하는 지원자들을 많이 봐왔다. 미국이 아닌 다른 나라의 학위나 경력 또한 장점이 될 수 있는 경력인 것이다. 경력이 있다면 충분히 자신의 경력을 인정받고 일해야 한다. 경력을 인정받기 위해서는 자신을 어필할 수 있어야 하며, 그에 따른 취업 전략이 필요한 것이다.

미국에서의 실무 경력이 적어서 영어실력의 평가를 걱정한다면 그 걱정은 시간 낭비인 것이다. 디자이너로써 실력이 인정되고 나면 영어 실력은 부수적인 요소가 되는 것이다. 회사를 위해 영어 실력이 부족한 디자이너의 채용이 필요하다면, 회사에서는 영어실력이 좋은 Assistant를 채용해줄 수도 있는 일인 것이다.

영어 실력이나 미국 아닌 다른 나라의 학위나 경력 때문에 자신의 능력을 과소평가 하지는 말아야 한다. 자신의 능력을 어필하는데 최선을 다해야 한다. 그 경력이 인정되고 말고는 본인의 스스로에 대한 자신감에 따른 것이다. 자신 스스로를 인정하지 않는다면, 그것을 인정해줄 수 있는 사람은 아무도 없다는 것이다.

Industrial Designer인 경우 많은 채용의 기회를 가질 수 있는데, 그 중에서도 Blueprint 등과 같이 기술적인 부분에 경력이 있는 경우 높은 연봉으로 채용될 수 있다. 또한 다룰 수 있는 프로그램에 대한 정보를 자세히 적어두는 것 또한 중요하다. 디자인적인 요소도 많이 보지만 무엇보다 공학적인 부분을 이해할 수 있는 디자이너라면, 취업을 원하는 회사의 웹사이트에 채용 광고가 없더라도 지원해보는 것도 좋은 방법 중 하나이다. Industrial Designer만 전문적으로 지원하는 헤드헌터회사에 의뢰하는 것도 좋은 방법 중 한가지이다.

맨해튼에서는 매년 쥬얼리 디자인, 니트 디자인, 여성복 디자인, 남성복 디자인, 스포츠 웨어 디자인 등 많은 분야에서 디자이너 경력직을 채용한다. 많은 인내력과 감각을 요구하는 업무이고, 수많은 한국인들이 실질적으로 패션 분야에서 근무하고 있다. 맨해튼의 경력 디자이너로써 취업하는 방법도 여러 가지가 있다. 후보자가 직접 회사의 채용 담당자에게 지원하는 경우도 있지만 디자인만 전문으로 하는 에이전트[헤드 헌터]를 통하거나, 아는 사람을 통해서 구직하는 경우도 많다. 이때 전문 헤드 헌터를 통할 경우 자신의 실력이나 경력에 대한 추가 설명을 채용 담당자에게 전문가를 통해 할 수 있다는 점에서 또 하나의 전문적인 Reference 가 생기게 되는 것이다. 회사의 채용 담당자들이 헤드헌터의 Reference는 객관적인 자료로 보는 성향이 많으므로, 미국에서 인맥이 없다면 헤드헌터를 활용하는 것도 좋은 방법 중 하나이다.

4) 무역 관련 직업

미국은 광대하다.

한 번은 뉴욕에서 조지아 애틀랜타까지 운전하고 간 적이 있다. 가도 가도 끝이 없는 18시간의 운전. 한참을 운전하고 가도 미국의 일부분만을 스쳐 지난 것에 불구하다. 그 만큼 미국이 넓다는 것이다. 미국의 채용 시장 또한 넓다. 정말이지 다양한 회사들이 있고, 다양한 문화를 가진 인종들이 살고 있는 곳이 미국인 것이다.

이렇게 넓은 미국에서는 물류 관련 문제는 모든 회사의 중요한 문제가 아닐 수 없다. 이렇게 중요한 무역이나 물류 관련 포지션은 어느 회사에서나 필요하기 때문에 항상 많은 채용의 기회가 주어진다. 채용 시 관련 전공을 한 지원자를 선호하는 편이며 또한 다른 포지션에 비해 영어실력을 많이 보는 편이다. 중요한 계약 문제라든지 법률문제가 종종 발생하기도 하고, 물류 관련 벤더들과 영어로 실무적인 일을 다루어야 하기 때문이다. 미국 내 물류 사항을 잘 알고 영어 실력이 있다면 채용의 기회는 언제든지 열려 있다. 또한 꼼꼼함과 정확성을 요구하는 포지션이기 때문에 많은 한국인들이 물류나 무역 쪽 일을 하고 있는 것을 많이 보아 왔다.

미국은 지극히 실질적인 나라이다. 한국은 승진을 하거나 재취업 시 채용될 직급을 정할 때 몇 년의 경력이 있는지, 그리고 지원자의 나이를 중요하게 여긴다. 하지만 미국은 그런 요소들 보다 감당할 수 있는 능력에 따라 직급이 주어진다. 물론 물류 관련 경력이 적어서 일을 할 수 있을지 걱정할 수도 있지만, 회사에게 그 업무를 잘 할 수 있다는 신뢰감을 심어줄 수 있는 지는 본인의 문제인 것이다.

다시 말해서 미국은 철저히 실력으로 판단하는 나라인 것이다. 미국에서의 채용에 있어서는 오랜 경력이 있다고 당연히 높은 포지션에 채용될 것이라는 것, 그리고 나이가 어려서 혹은 근무한 연수가 적다고 높은 포지션에 채용될 수 없다는 생각은 버려야 한다.

미국에서의 물류 관련 경력이 그리 많지 않더라도 다른 나라에서의 물류 경험 및 전반적인 업무를 잘 감당했던 경력이 있다면, 미국에서의 물류 관련 업종에서 능력에 맞는 취업이 가능한 것이다.

또한 영어와 더불어 중국어를 유창하게 잘하거나, 중국 무역 관련 경험이 있다면 채용의 기회는 더 많을 것이다.

미국의 대부분의 회사들이 중국에 공장이 있거나 중국 관련 일들을 많이 한다. 아시아 물류 관련 경력이 많다면 경력직으로 취업의 기회를 보는 것도 나쁘지 않다.

영어와 한국어를 사용할 수 있다는 장점을 이용하고 싶다면 한국 회사의 지사 혹은 한국인 교포가 오너인 회사의 포지션을 알아보자. 미국 내 업무를 할 때에는 영어를 사용하겠지만, 한국과 거래가 있다면 아무래도 한국어를 사용할 수 있다는 이점이 있을 테니 말이다. 또한 실질적으로 한국 지·상사 및 교포 회사에서는 물류 관련 포지션을 위해 한국인들을 많이 채용하는 편이다. 한국어와 영어를 잘 구사한다는 것이 무역에서는 영어만 하는 미국인들 보다 유리하다는 것을 잊지 말아야 한다.

영어를 Native Speaker보다 못한다는 것을, 그리고 외국인 액센트를 부끄럽게 생각하는 한국인들을 많이 봐왔다. 미국인이 못 알아들을 정도의 액센트는 문제가 있다. 물론 영어를 Native처럼 잘하고 한국어도 잘한다면 최고이겠지만, 외국인으로써 영어를 모국어로 하는 사람들보다는 영어를 잘 못하는 것은 어쩌면 당연한 일인지도 모른다. 하지만 잊지 말자. 우리는 한국어 Native Speaker이고 영어도 할 수 있다는 것을, 그리고 그것이 직업의 세상에서 또 하나의 큰 장점이 될 수 있다는 것을 말이다. 실질적으로 한국어를 잘하는 미국인은 정말 찾기 어렵지 않은가.

5) 엔지니어링 관련 직업

미국에서 엔지니어는 한국에서 보다 대우를 잘 받는 직업 중에 하나이다. 초봉도 다른 포지션에 비해 높은 편이다. 하지만 고급 기술 관련 업종이나 정부 관련 산업, 무기 관련 업종 등이 많은 편이라서 외국인에게는 좀처럼 채용의 기회가 많이 있지 않다. 대부분의 회사에서는 석사 혹은 박사를 졸업했거나 엔지니어 경력이 많은 사람의 채용을 선호하는 편이다. 학사를 졸업한 신입일 경우 미국에서 경력을 쌓기란 매우 힘들다. 그리고 이런 신입일 경우의 엔지니어 포지션들이 워킹 비자 지원이 현실적으로 잘 안 된다. 석사나 박사 경력자는 미국에서 고급 인력으로 취급되어서, 비자 지원뿐 아니라 취업 영주권도 빨리 나오는 편이다. 반면에 학사만 졸업하고는 비자 지원이 힘들거나 취업 영주권을 받으려면 많은 시간이 걸리는 것이 현실이다. 정책적으로 경력이 많거나 공부를 많이 한 외국인 엔지니어들의 채용을 지원하고 있는 것이다.

경험이 별로 없는 엔지니어일 경우 학교 수업과 연계된 유급 인턴 직과 혹은 프로젝트 베이스 업무들을 구할 수 있다. 희망하는 엔지니어 분야의 경력을 차근히 쌓아 간다면 취업의 문도 열릴 것이다.

전문 경력이 많거나 석사 혹은 박사 졸업을 한 엔지니어라면 관심 있는 회사의 채용 담당자에게 이력서를 보내야 한다. 제일 좋은 방법은 엔지니어 관련 에이전트를 활용하는 방법이다. 미국에서는 에이전트를 통해 이직을 하는 경우가 일반화 되어 있다. 요즘은 한국에서도 경력직으로 이직하는 경우 에이전트를 통하는 경우가 많다고 알고 있다. 여러 가지 법률문제가 있지만, 입사하고 싶은 회사가 있고 제대로 된 정보와 취업하고자 하는 열정이 있다면, 미국 취업의 반은 성공한 것이다.

한 번은 사출관련 금형 디자인 경력 10년 이상 되는 경력을 가진 엔지니어 D씨(46세, 뉴저지)를 인터뷰 한 경험이 있다. D씨의 경력은 10년 모두 한국에서의 경력이고, 최종 학력이 공업 고등학교 출신인 후보자는 영어 실력도 없었다. 하지만 미국 회사에서의 주 공장이 한국에 있으며, 중국 공장에서도 한국인들과 의사소통하는 경우가 많았다. 제일 중요한 것은 금형 설계에 있어서는 그가 최고였다. 영어가 잘 안되고 학벌이 좋지 않아도 실력으로 채용이 된 것이다. 그것도 기술 이사급으로 말이다. MIT 공대 출신 부하 직원이 들어와도 기술적인 부분에서 전혀 모자라지 않기에 영어가 많이 서툴러도 회사에서 D씨를 위한 통역을 채용하고, 억대 이상의 연봉으로 투자하는 것이다. 놀랄 일도 아닌 것이 D씨는 금형 설계 회사를 혼자 설립할 수 있을 정도의 충분한 실력과 능력을 가지고 있다는 것이다.

실력이 있다면 나머지 문제들에 대해서는 걱정하지 말아야 한다. 그리고 실력을 쌓아야 된다면 걱정 없이 한 층 한 층 쌓아 가야 한다.

오늘날 다른 엔지니어 채용에 비해 IT 관련 분야의 채용이 증가하고 있으며 채용조건 또한 좋은 편이다. IT 분야의 미국 취업을 희망한다면 관련 분야의 자격증과 경력을 미리 준비하여야 한다.

기계나 전기 분야일 경우 미국 내 한국 자동차 분야의 취업 정보를 찾아보아야 한다. 조지아와 앨라배마 지역의 채용이 많이 늘고 있으며 비자 지원 또한 가능하기 때문이다.

6) 회계 관련 직업

많은 한국인들이 미국에서 근무하고 있는 업종 중 하나가 회계 관련 포지션이다. 회계 포지션은 모든 분야의 회사에서 필요로 하므로 채용을 많이 한다. 그리고 비자 지원도 많이 해주는 편이다. 특히 회사에서 사용하는 회계 관련 프로그램을 사용한 경력이 있다면 더욱 취업하기 쉽다.

예를 들면, EDI 혹은 SAP 시스템은 미국의 많은 회사들이 사용하고 있다. 이와 같은 시스템의 회계 툴을 사용해봤다면, 같은 시스템을 사용하는 회사의 회계 팀에서 사람을 채용할 때 한 번 더 주의 깊게 볼 것이다. 같은 시스템을 사용해봤다면 업무를 배울 때 이해가 빠르다는 것은 누구나 알 것이다.

대부분의 회사에서 전공자를 우선시 하지만 회계 관련 전공이 아닌 사람들도 회계 포지션으로 경력을 쌓을 수 있다. 만일 비전공자로써 회계 포지션에 지원할 경우 회계 관련 수업을 들은 것이 있거나, 회계사 혹은 세무사 등 자격증이 있다면 이력서에 자세히 적어서 회계 관련 지식이 있으며, 그 업무를 충분히 해낼 수 있다는 것을 어필하여야 한다.

다 알겠지만 미국은 이민 국가이다. 대부분이 다른 나라에서 왔다는 것을 말한다. 미국인들조차도 영어 문법이 틀린다는 것을 알고 영어 실력에 너무 주눅 들지 말아야 한다. 회계 업무에서 중요한 것은 책임감, 꼼꼼함, 그리고 지구력이다. 당연히 책임감 있게 그 업무를 담당할 수 있다면 취업을 할 수 있다.

E양(31세, 뉴저지 거주)은 미국에서 대학을 졸업했고, 전공은 Telecommunication이였다. 취업 비자가 필요하지만 전공 관련 직업을 찾기는 어려웠다. 대학 졸업 이후 회계 관련 직업에 관심을 가지게 되었지만, 전공이 회계가 아니라는 이유로 업무 이해 능력에 의심을 받아야만 했다. 결국 마케팅 관련 포지션인 Marketing Specialist로 취직하게 되었다. 하지만 포기하지 않고 회사를 다니면서 회계 관련 온라인 대학원 수업을 들었고, 회사에서도 전문적인 지식을 가졌다는 것을 어필하였다. 물론 후에 어느 정도 실력을 인정받아 회계 부서의 Accountant 포지션으로 바꾸는데 성공하였다.

외국인으로써 미국에 취업하는 데에는 비자 스폰서가 필요하고 많은 제한이 있지만 방법이 없는 것은 아니다. 하고 싶은 일이 있는데 필요한 요소가 없다면 좌절하지 말고, 그 시간에 어떻게 그 부족한 요소를 채워나

갈지를 걱정하는 것이 문제 해결의 빠른 지름길인 것이다. 채용 시점부터 100%의 완벽성을 가지고 지원하는 사람은 거의 없다. 누구나 부족한 점은 있게 마련이다. 하지만 그 이후의 태도가 인생의 많은 부분을 결정하게 된다. 취업에 실패하느냐, 원하는 포지션에서 꿈을 성취하느냐는 본인의 몫인 것이다.

기) 세일즈, 마케팅 관련 직업

미국 주류 사회를 Target으로 한 산업의 세일즈 및 마케팅의 관리자는 대부분이 미국인들이다. 그 중에서도 백인이다. 물론 나는 인종 차별주의는 아니지만 아직까지 백인이 미국의 주류로 인정받고 있는 건 사실이다. 미국은 워낙 넓어서 한국처럼 직접 대리점에서 영업하기에는 어려움이 많아 대부분 마트나 백화점 같은 판매 대행업체들을 통해 영업을 많이 한다. 영업점 운영에 드는 많은 비용을 절감할 수 있기 때문이다. 이와 같은 판매 대행업체[Costco, Staples, Target, Sears 등]과 회사의 세일즈 팀과의 미팅에는 대부분이 백인인 세일즈 임원들이 참석한다.

미국식 영업은 구매 담당자와의 친분이 중요한 경우가 많다. 대형 유통업체에 물건을 팔고자 하는 회사가 너무 많아서 결국은 담당자와의 신뢰와 친분이 중요하게 작용하는 것이다. 그렇게 본다면 문화와 사고방식이 다른 한국 사람보다는 같은 공감대 형성이 쉬운 미국인이 유리할 것이다. 그래서 대부분의 회사의 세일즈 마케팅 임원급은 거의 다 미국인이고, 한국 회사일 경우 미국인 세일즈 마케팅 임원이 있고, Assistant로 한국인들을 많이 채용한다. 영어와 문화 차이가 있기 때문이다. 아무래도 외국인으로써 뼛속 깊이 미국인들의 취향을 알아내기란 쉽지 않다. 하지만 미국 내 아시아 시장을 타깃으로 하는 산업에는 간혹 한국인들을 채용하기도 한다.

G군(35세, 필라델피아)은 고등학교 때 미국에 와서 영어는 곧잘 하지만 문법이나 어휘력에서 많은 제한을 가지고 있다. 대학교를 미국에서 졸업하고 약간의 미국 회사 경력이 있다. 전공이 History이고 세일즈 경력은 없지만 활발한 성격과 사교성으로 본인 적성에 맞는 세일즈 포지션으로 전환하려고 시도하였고, 마침내 중국 및 아시아 시장을 타깃으로 하는 식품회사에 Sales Manager포지션에 근무하게 되었다. 백인도 English Native Speaker도 아니지만 뛰어난 사교성으로 메인 판매 대행업체들과의 미팅도 성공적으로 잘 이끈다는 평을 들었다.

다시 한 번 말하지만 채용 담당자가 채용할 때 학교, 성적, 자격증 등등 여러 가지를 보지만, 그 중에서도 그 업무를 감당할 수 있는지 여부에 대해 가장 많이 생각한다는 것을 잊지 말아야 한다. 물론 포지션 특성상 취업의 난이도는 있지만 말이다.

8) 의료 관련 직업

현재 미국은 의료 시설이 70% 정도가 부족하다는 조사가 나왔을 정도로 터무니없이 부족한 사항이며, 미국 정부에서는 외국인 의료인의 채용으로 위기를 극복하기 위해 여러 가지 비자 지원 및 영주권 관련 이민법 개

혁을 해오고 있다.

의료 관련 대부분의 직종이 고액의 연봉을 받을 수 있으며, 채용도 매년 늘어나고 있는 실정이다. 직종에 따라 차이점이 있지만 대부분의 의료 관련 직종들은 자격증 및 주 정부 인가를 받은 교육기관의 교육 이수를 자격 요건으로 하고 있다.

의사인 경우 한국에서의 의사 자격증이 미국에서 인정 안 되는 경우가 있어서 다시 의대를 진학해서 일정 교과 과정 수료 이후 자격증을 따야 하는 번거로움이 있기 때문에, 한국인 의료 직종 종사자들은 자격요건의 제한이 적은 치과 의사나 간호사 혹은 물리치료사 등의 직종으로 가는 경우가 많다.

간호사나 물리치료사는 한국에서와는 달리 개인 클리닉을 운영할 수도 있으므로 한국인 지원자들이 많이 선호하는 직업 중 하나이다. 연봉 또한 전문 분야에 따라 의사보다 좋은 대우를 받을 수도 있다.

한의사의 진료인 경우 하나의 치료 방법으로 생각하는 경우가 많아서 한국에서와는 달리 대부분 연봉이 그리 높은 편이 아니다. 물론 개인 병원을 운영하는 경우는 다르겠지만 말이다.

오늘날 많은 미국 의료인 지망생들이 미국에 진출해 활약을 하고 있으며 미국 의료인이 되기 위해 준비하고 있다.

대부분의 지원자들이 미국 의료인의 자격증을 따고, 의료 브로커를 통해 영주권을 진행하고, 스폰서 의료기관을 찾아 취업을 한다. 하지만 그 진행과정 중에 잘못된 의료 브로커들로 인해 고통 받고 있는 사람들이 많다는 것이다. 잘못된 브로커를 통해 영주권을 취득하지 못할 뿐 아니라 상당량의 돈과 시간을 잃어버리는 경우도 허다하다. 브로커를 통해서 일을 할 때에는 오랜 경험이 있는지, 합법적으로 하는지 등을 꼼꼼히 알아보고, 걱정이 된다면 변호사를 통해 일을 진행하는 것도 방법 중에 하나이다.

9) 순수 학문 및 교육 관련 직업

학사를 졸업하고 순수 학문관련 직업을 찾기란 쉽지가 않다. 더군다나 미국에서 연관되는 직업을 찾고 취업 비자를 받는다는 것은 너무나 어려운 상황이다. 전공에 따라 지원 받을 수 있는 비자 Title이 제한되므로 전공과 연관성이 없는 직업으로 일할 수 없을 수도 있다. 그리고 순수 학문을 학교에서 가르치는 직업 또한 비자 지원이 거의 안 된다고 보면 된다. 그래서 순수 학문 분야의 전공을 졸업하고 나서도 외국인으로써 교사를 한다는 것도 거의 불가능하다. 그래서 보통 어학원 및 대학 입시를 준비하는 사설 학원에서 근무한다.

취업이나 스폰서를 받기 많이 힘든 분야이기는 하지만, 대학 부설 연구소나 대기업의 연구소에서 석사, 박사 학위를 소지한 전문 경력이 있는 지원자를 채용하는 경우가 있다. 학사 취업 후 순수 학문관련 분야에 채용이 힘든 경우 석사나 박사를 졸업한 이후에 취업의 기회를 살려보는 것도 좋을듯하다.

2. 미국 내 지역별, 산업별 취업 상황 분석

세계는 더 이상 국가의 구분이 무의미해진지 오래다. 많은 한국 사람들이 해외에 살고 있으며, 다양한 분야에서 스스로의 역할을 제대로 하고 있다. 또한 미국에서도 많은 한국인 구직자들이 취업을 준비하고 있다.

미국에서의 취업을 준비하기 위해서는 미국의 지역적 성격과 산업의 특징에 대해 알아보고, 미국에서의 첫 시작을 어디에서 할지를 결정할 수 있는 정보들에 대해 알아보자. 미국의 도시들은 다양성을 가지고 있으며, 취업할 수 있는 업종이 도시마다 차이점을 가지고 있다. 또한 채용을 준비할 도시의 선택에 따라 제대로 취업을 할 수 있는지의 여부가 결정되기도 한다.

예를 들어, 디자이너가 꿈인 사람이 미국의 테네시에서 거주하며 취업을 준비한다면, 맨해튼에서 거주하며 취업을 준비하는 것보다 취업의 기회는 현저하게 차이 날뿐 아니라, 미국에서의 삶이 현저하게 달라질 수도 있는 일인 것이다.

미국에서의 첫발을 내딛는 곳이 어디냐에 따라서 인생의 선로가 달라질 수도 있는 일인 것이다. 미국에서 한인들이 많이 거주하고 있는 곳은 어느 곳이며, 어떤 한국 관련 회사들이 있는지 알아보자.

2010년 미국에서 대대적인 인구 조사를 실시하였고, LA중앙일보에 아래와 같은 기사가 실렸다.

2010년 미국 인구 조사

미주 한인 140만 명 돌파 10년 새 32% 늘어…어바인 시 143% 증가

'2010년 센서스' 결과 발표 미국 전체 인구 중 0.5%

미국 내 한인 인구가 10년간 35만 명 가까이 증가하며 140만 명을 돌파했다. 한인 인구 성장은 미전역에서 고르게 이뤄졌다.

특히 어바인 시 한인 인구는 1만 8,445명으로 10년 전(7,593명)에 비해 1만여 명이 늘어(143%) LA와 뉴욕에 이은 한인 밀집도시로 성장했다. 또 풀러턴(1만5,544명)은 70%를 웃도는 증가율을 보였으며, 샌디에이고(1만359명)는 90%에 달하는 증가

한인인구 상위 10개주

순위	주	인구
	미국	1,423,784
1	캘리포이나	451,892(1)
2	뉴욕	140,994(2)
3	뉴저지	93,679(3)
4	버지니아	70,577(7)
5	텍사스	67,750(6)
6	워싱턴	32,374(5)
7	일리노이	61,469(4)
8	조지아	52,431(10)
9	매릴랜드	48,592(8)
10	펜실베이니아	40,505(9)

※ 괄호안은 2000년 센서스 순위

율을 나타내 이들 3개 도시가 미 서부지역 한인 인구 증가를 주도했다.

연방센서스국이 26일 발표한 '2010년 센서스' 조사결과에 따르면 미국 내 한인 인구는 142만3,784명으로 2000년 조사 당시의 107만6,872명보다 32.21%가 증가했다.

이 같은 증가율은 같은 기간 미국 전체 인구 증가율인 6.16%보다 월등이 높은 것이다. 미국 전체 인구 가운데 한인 인구가 차지하는 비중은 0.4%에서 0.5%로 소폭 늘었다. 주 별로 보면 가장 많은 한인 인구가 거주하는 곳은 캘리포니아 주(45만1,892명)로 10년간의 증가율도 30.65%를 기록하며 한인 이민자들의 중심지임을 다시 한 번 입증했다. 이어 뉴욕(14만994명) 뉴저지(9만3,679명) 버지니아(7만577명) 텍사스(6만7,750명) 순이었다.

특히 조지아 주의 한인 인구 성장이 두드러졌다. 조지아 주는 2000년에 비해 한인 인구가 82.4%가 증가하며 5만 명을 넘어섰다.

[LA중앙일보] 기사입력 : 05. 25. 11 문진호 기자

미국 인구 중의 0.5%가 한국인이고 10년간 30%의 성장률을 보인다. 결코 적지 않은 숫자이다. 그만큼 해외로 나가는 한국 인력 중의 상당 부분이 미국으로 간다는 것을 알 수 있다. 이 의미는 수많은 한인들의 미국 진출이 미국 취업시장에 미치는 영향력 또한 많이 늘었다는 것을 의미한다. 특히 캘리포니아의 LA와 뉴욕, 뉴저지 지역에 한인의 높은 분포가 보인다.

캘리포니아의 LA인 경우 미국 최대의 한인 타운이 위치해 있으며, 이미

많은 한국 관련 기업들이 캘리포니아 지역에서 비즈니스를 하고 있다. 45만 명이 넘는 한인들이 LA에 여러 가지 이유로 진출해 있으며, 미국사회에서 스스로의 역할을 다하고 있는 것이다.

LA지역에서의 한인 사회는 이미 미국 사회의 많은 부분으로 융화되어서 그만큼 지역사회에 미치는 영향력 또한 큰 것이다. 그와 더불어 늘어나는 수요에 의해 많은 한인들이 정부 관련 기관에서 근무하고, 공항이나 교육시설에서도 한인의 채용 수가 증가하고 있는 것이다. 또한 LA 근교에는 수많은 한국 관련 회사들이 위치해 있으며 미국 회사들과 비즈니스를 진행하고 있다. 이 의미는 또한 채용 시장에서의 한인의 필요성이 증가하고 있다는 것을 의미하고 있다.

캘리포니아 다음으로 큰 규모를 자랑하는 한인 타운이 뉴욕 그리고 뉴저지에 위치해 있다. 많은 한국인들이 유명 대학에 진학하기 위해서, 맨해튼의 유명 디자이너가 되기 위해서, 혹은 맨해튼에 위치한 월가에 있는 건물들을 설계하기 위해, 제각기 다른 이유로 뉴욕, 뉴저지 지역으로 왔으며 꿈을 위해 나아가고 있는 것이다. 이렇게 한인들이 많이 모여 있는 곳에서는 직접 간접적으로 한국관련 비즈니스들이 성행하게 되며, 한인들의 채용 또한 두드러지게 일어나고 있는 것이다.

미국에 도착한 한인들에게 많은 기회가 주어지며 앞 다투어 꿈을 좇아 나아간다. 결국 그들의 성공과 실패의 모습 또한 제각기 다르게 나타나게 되는 것이다.

미국의 어떤 지역에 처음 도착하는 지에 따라 삶의 모습이 많이 달라진다고 한다. 이처럼 미국에서 취업하고 싶은 분야의 적합한 도시에서 미국의 삶을 시작하는 것은 매우 중요한 것이다.

자칫 잘못하면 취업을 원하는 분야와 상관없는 지역에서 시간, 돈 그리고 에너지를 낭비한 채 삶에 지쳐서 전혀 생각하지 않은 삶을 살아갈지도 모를 일인 것이다. 그만큼 미국에서 첫 시작을 하는 지역은 중요한 것이다.

미국의 인구조사에서 두드러지는 특징 중 하나는 조지아 지역의 한인 인구가 많이 늘어났다는 것이다. 10년간 약 82.4%의 증가율을 나타내고 있으며, 상상하기 힘든 숫자의 증가이다.

미국의 중부 지방은 학교를 진학하는 이유 말고는 한인의 거주가 드문 지역이다. 하지만 한국 자동차 산업의 미국 진출은 미국의 인구 변동에도 많은 영향을 끼쳤다. 회사 건물이나 외부인을 접하기 힘든 넓은 농업 지역에서 한국인을 만나는 것이 이제는 익숙한 일이 되어 버렸으며, 이미 많은 한국 회사들이 미국 중부 지역에 공장을 짓고, 그 지역의 미국인 채용이 증가하고 있을 뿐 아니라 한국과의 많은 비즈니스의 필요성도 만들고 있다.

많은 회사들이 미국 내에서의 현지화를 위해 현지 채용을 선호하지만, 한국 관련 업무를 감당할 수 있는 한국어 영어 이중 언어의 사용이 가능한 한인들의 채용 또한 점차적으로 증가할 것으로 예상되어진다.

이전의 미국에 거주하는 한인 인구의 증가는 유학생, 정부 기관, 기업체의 해외파견이 주를 이루었는데, 오늘날의 증가는 기존의 한인 인구 증가 이유와 더불어 구직자들의 증가가 인구 증가에 한몫을 하고 있다. 한인 구직자의 증가는 여러모로 미국 사회에 영향을 미칠 것이다. 우수한 한인 인재들에게는 미국이라는 새로운 시장에서 능력을 발휘할 수 있는 기회를

제공할 것이며, 이 또한 또 다른 한인 인재들의 채용 필요성을 만들게 될
것이다.

1) 캘리포니아

따뜻한 햇살 상쾌한 바람. 캘리포니아의 첫 인상이었다. 사람들의 표정에
서는 바쁘게 정신없이 많은 사람들이 걸어 다니는 뉴욕에서 느끼지 못한
여유가 있으며, 편한 복장으로 조깅하는 사람들에게서는 젊음과 역동성
을 느낄 수 있는 도시이기도 했다.

2010년 인구 조사에 의하면 미국 총 한인수가 1,423,784명 중 약 32%
인 451,892명이 캘리포니아에 살고 있다. 미국에 사는 한인의 3분의 1, 남

한 인구의 1% 가량 되는 수의 한인이 거주하고 있는 미국 최대의 한인 타운이 있는 곳이기도 하다. 출장 때문에 여러 번 캘리포니아 LA에 간 적이 있다. 매번 갈 때마다 놀란 것은 LA의 한인 타운을 지날 때면 많은 한국어 간판과 한국어 표지판들로 한국의 서울 거리를 지나고 있는 것 같다는 착각에 빠지곤 할 정도의 미국 최대 규모의 한인 타운이라고 할 수 있겠다.

캘리포니아에는 많은 한국인이 거주하고 있으며 한국 관련 비즈니스가 많이 이루어지고 있다. 미국의 다른 지역에 비해 Bilingual이라는 장점을 잘 살려서 취업할 수 있는 기회 또한 많은 곳이며, 취업 관련 비자 스폰서 또한 구할 수 있는 기회가 많은 곳 중 하나이기도 하다. 한인들이 많이 거주하고 있는 캘리포니아의 산업 및 취업에 대해 알아보자.

최근 2010년 4월부터 캘리포니아 주에서는 산업 유치를 위해 여러 가지 정책을 실시하고 있다. 그 예로 California Alternative Energy & Advanced Transportation Financing Authority (CAEATFA), Sales & Use Tax Exemptions for Zero Emission Vehicle (ZEV), Manufacturing, Enterprise Zone, Employment Training Panel (ETP) 등을 들 수 있다. 에너지, 우주 산업, 항공기, 자동차, 전자 부품 등의 산업 유치를 위해 캘리포니아에서 많은 지원을 하고 있다.

또한 위치상으로도 캘리포니아 남쪽이 멕시코와 근접해 있어서 남미의 저렴한 노동력을 쉽게 구할 수 있는 이점이 있다. 이와 같이 많은 이점이 있는 캘리포니아에는 여러 가지의 제조업체들이 위치해 있다. 실질적으로 많은 미국 회사들이 멕시코 티후아나 지역에 생산 공장을 두고 있으며,

미국인들은 미국 San Diego에서 매일 국경을 넘어 멕시코 티후아나로 출퇴근을 한다. 멕시코 티후아나는 외국인이 거주하기에는 보안상의 문제가 있어서 미국인들이 멕시코에 거주하는 것을 꺼려하기 때문이다. 이와 같은 여러 가지 이유로 많은 사람들이 캘리포니아 남부 지역에 거주하고 있다.

언젠가 인터뷰를 한 적이 있다. F후보자(42세, 캘리포니아)는 한국의 대기업에서 10년간 기획팀에서의 경력이 있으며, 이후 미국에서 MBA 과정을 마치고, 비자 지원은 물론이고 좋은 조건으로 샌디에이고에 본사가 있는 멕시코 티후아나에 위치한 제조업체에 General Manager 포지션으로 취업하게 되었다. 매일 티후아나로 출퇴근하지만 한국에서의 경력을 미국 회사에서 지속해서 쌓을 수 있게 되었다.

5년간의 티후아나 공장에서의 경력 이후 뉴욕의 큰 규모의 전자회사에서 Managing Director로 스카우트하였다. MBA와 미국에서의 제조업체 경력 그리고 무엇보다 매일 티후아나로 출퇴근해야 되는 열악한 환경에서 근무한 경력이 상당한 인정을 받은 것이다. 물론 업무 실력 또한 인정받았지만 말이다.

또한 한국 및 중국과 연관이 있는 회사들은 오피스 위치를 선택할 때 캘리포니아를 선호하는 편이다. 많은 이유들 중 하나는 시차 때문이다.

뉴욕에서 근무하는 시간이 9:00AM - 6:00PM 이라면 이때 한국 시간은 8:00PM - 5:00AM 이다. 실질적으로 통화 가능한 시간이 얼마 되지 않는 반면에 캘리포니아는 9:00AM - 6:00PM의 근무시간 동안 한국시간은 5:00PM - 2:00AM 이므로 통화 가능시간이 더 길어진다는 장점이 있다. 오피스가 캘리포니아에 있으면 아시아와 관계가 있는 비즈니스일 경우 업무 시간 내에 아시아와 연락이 용이하므로 업무에 도움이 된다는 장점이 있다.

그뿐만 아니라 아시아에서 오는 대부분의 물류의 첫 도착 점이 캘리포니아이다. 그래서 많은 회사들의 물류 창고가 캘리포니아에 있으며 물류 관련 채용 또한 많이 하고 있다. 이와 같은 이유로 많은 한국 지·상사와 무역회사들이 캘리포니아에 위치해 있다. 당연히 Logistics [물류], SCM [Supply Chain Management] 시스템, Inventory 관련 채용 또한 많이 생긴다는 것이다.

캘리포니아에서는 남미에서 온 많은 인력들이 물류창고에서 근무하고 있다. 미국인들에 비해 저렴한 인건비로 운영할 수 있다는 장점 때문이다. 실질적으로 남미 출신의 인력들은 미국인 인력에 비해 많게는 80% 적게는 30%의 적은 인건비로 채용할 수 있다. 여러 가지 이유로 상당수의 남미 인력들이 캘리포니아 지역에서 근무하고 있다. 상당수의 생산직에 있는 남미 출신의 인력들은 영어 구사력이 낮은 편이다. 경우에 따라서 업무를 진행하기 힘든 상황이 되기도 한다. 이런 이유로 회사에서는 스페인어를 구사할 수 있는 후보자에 관심을 가지는 것이 당연하다. 영어에 서툰 남미 출신 근로자들과 의사소통을 할 수 있다면 더더욱 취업의 문은 열려 있을 것이다.

영화산업으로 유명한 지역이 또한 캘리포니아이다. 대부분의 영화관련 업종들은 Project Base로 근무하기 때문에 직접 비자 스폰서를 구하기는 매우 어렵다. 하지만 재능을 인정해주는 에이전트가 있다면 불가능한 일은 아닌 것이다.

CA에 위치한 한국 관련 회사 주소

SBS INTERNATIONAL

3530 Wilshire Blvd. #1000 Los Angeles, CA 90010

HYUNDAI SHIPPING USA INC.

18300 S. Wilmington Ave. #160 Compton, CA 90220

DAE WOO MOTO

1055 W. Victoria St. Compton, CA 90220

KOREA EXPRESS U.S.A. INC.

709 E. Walnut St. Carson, CA 90746

THE HITE

134 W. 131St. Los Angeles, CA 90061

HAN JIN SHIPPING, INC.

17785 Center Court Dr. # 750 Cerritos, CA 90703

HANA FINANCIAL, INC.

1000 Wilshire Blvd. #2000 Los Angeles, CA 90017

SAMSUNG AMERICA (LA OFFICE)

14251 E. Firestone Blvd. #201 La Mirada, CA 90638

WOORI AMERICA BANK

2610 W. Olympic Blvd. Los Angeles, CA 90006

THE KOREA DAILY (LOS ANGELES)

690 Wilshire Pl. Los Angeles, CA 90005

DOOSAN AMERICA CORP.

3600 Wilshire Blvd. #836 Los Angeles, CA 90010

JINRO AMERICA

3470 Wilshire Blvd. #1024 Los Angeles, CA 90010

NARA BANK

3701 Wilshire Blvd. #220 Los Angeles, CA 90010

WILSHIRE STATE BANK

3200 Wilshire Blvd. #7Fl. Los Angeles, CA 90010

SHINHAN BANK (BUENA PARK)

6771 Beach Blvd. Buena Park, CA 90621

2) NY, NJ 지역

높이 솟아 있는 Empire State Building과 Statue of Liberty는 맨해튼을 상징하는 건물이라고 해도 과언이 아닐 정도로 알려져 있다. 매일 매일 수많은 사람들이 40가의 버스 터미널에서 그리고 지하철역에서 출퇴근을 위해 분주하게 움직인다. 이것이 맨해튼의 상징적인 모습이다. 맨해튼의 32가와 Broadway에는 Korea Town이 자리 잡고 있다. 한국에서 볼 수 있는 한국식당, 마트, 서점들이 즐비해 있다. 많은 한국인들이 분주하게 움직이고 있는 것을 볼 수 있을 것이다.

학교 수업, 출근을 위해, 혹은 쇼핑을 위해, 다들 정말이지 분주하다. 이런 맨해튼, 뉴저지, 뉴욕 지역에는 미국에 살고 있는 한인의 17% 정도가 거주하고 있다.

그 중에서 두 번째 규모의 한인 타운이 위치한 맨해튼의 경우 Finance 관련 전공자라면 한 번쯤 취업을 시도해 볼만 하다. 수많은 투자회사와 보험회사, 은행 등 많은 재정 관련 회사들이 월 스트릿을 중심으로 즐비해있다. 패션 디자이너들과 모델들이 많은 Mid Town을 지나 남쪽으로 가면 월 스트릿 부근에서 깔끔한 넥타이 부대들을 만날 수 있다. 대형 은행이나 Finance 관련 회사들이 건물 구석구석에 위치해 있으며 많은 채용의 기회가 있는 것이다.

맨해튼에서 금융 및 재정 관련 회사의 취업을 꿈꾼다면 사전에 어떤 자격 요건이 필요한지 알아보자. 경우에 따라서 자격증을 취업요건으로 하는 포지션도 있기 때문이다.

예를 들면, 펀드 시장에 대해 분석하고 유망 펀드를 추천하는 펀드애널리스트는 주로 상경계열 출신들이 취업을 하며, 금융 공학을 전공했거나 시장 분석 애널리스트 경력이 있다면 취업에 유리하다. FP 종합자산관리사, 증권 분석사 등에 대해 공부하는 것이 좋으며 관련 자격증을 따야 한다. 포지션에 따라 많은 책임과 스트레스를 수반하기 때문에 아직 경력이 많지 않다면 금융 관련 회사에서 인턴부터 하면서, 차근차근 관련 자격증도 따고 근무 환경이나 실질적으로 하는 업무들이 어떤 것인지를 파악하고 자신의 적성과 맞는지 알아보는 것도 좋을듯하다. 만약 영어 이외의 다른 언어를 잘한다면 맨해튼의 그 나라의 금융 회사에서 일해 보는 것도 좋은 경험이 될 것이다.

만약 고등학교와 대학교를 일본에서 나와서 일본어를 유창하게 잘 한다면 맨해튼의 미국 회사에 취업도 할 수 있겠지만, 맨해튼 내의 일본 투자회사에도 도전할 수 있다는 말이다. 영어, 일본어, 한국어를 하는 후보자라면 외국인들이 많은 맨해튼에서 굳이 거절할 이유가 없다. 맨해튼은 말 그대로 수많은 인종들이 함께 사는 곳이며, 다른 언어를 할 수 있다는 것 자체가 경쟁력을 가지는 것을 의미하는 것이다.

브로드웨이를 따라 패션, 상업, 문화관련 회사들이 즐비해 있다. 맨해튼의 구석구석에 위치한 작은 회사들이 모두 유명 패션 회사의 오피스 들이다. 셀 수도 없을 정도로 많다. 또한 맨해튼의 길을 가다 세계적으로 유명한 패션모델을 만난다고 해도 놀랄 일은 아닌 것이다. 그 정도로 많은 패션 관련 회사들과 디자인 펌이 있는 곳이 맨해튼인 것이다. 물론 유명도에 따라 차이가 있겠지만 말이다. 매년 가을쯤에 다음해를 준비하는 패션쇼가 맨해튼에서 열린다. 디자이너라면 한 번쯤은 맨해튼의 디자이너가 되어 이런 패션쇼에 나가는 것을 꿈꿔볼 만한 것이다. 맨해튼에서 취업을 하게 된다면 불가능한 일도 아닌 것이다.

Custom Jewelry로 유명한 곳이 또한 뉴욕, 뉴저지이다. Jewelry 시장의 회사 중 80% 이상이 한국 사람들이 운영하는 회사이다.

2006년도에 시장조사 겸해서 라스베이거스의 JCK Las Vegas, Jewelry

Industry's Premiere Trade Show에 참석 한 적이 있다.

정말 놀란 것은 그 넓은 컨벤션 센터의 대부분이 한국인으로 가득 차 있다는 것이다. 그만큼 많은 한국인들이 Custom Jewelry 산업에 많이 종사한다는 것이다.

쥬얼리 디자이너에 관심이 있다면 맨해튼을 추천한다. 뉴욕과 인근 뉴저지 지역에는 항상 많은 쥬얼리 디자이너의 채용이 있으니 말이다. 쥬얼리 디자이너 포지션 채용 때에는 물론 쥬얼리 디자인 전공자를 선호한다. 하지만 쥬얼리 전공자가 아니더라도 핸드 드로잉 기술이 좋다면 취업에 도전해볼 만하다. 많은 쥬얼리 회사들이 중국에 공장이 있고, 맨해튼 미드타운에 남미 및 유럽 바이어들을 위한 세일즈 오피스가 있다. 중국 공장과 디자인을 주고받을 때 주로 핸드 드로잉을 많이 사용하기 때문에 인터뷰할 때 포토 폴리오의 핸드 드로잉 기술을 많이 보는 편이다. 또한 쥬얼리 관련 구매 및 세일즈 포지션도 항상 채용하는 편이다. 산업의 특성상 많은 한인들이 종사하고 있는 관계로 비자 지원 받기가 다른 업종에 비해 용이한 편이다.

쥬얼리 세일즈인 경우 라스베이거스의 쥬얼리 Show 및 맨해튼의 세일즈 쇼룸 그리고 미국 내의 출장 등을 통해 영업활동을 많이 한다. 대부분의 고객이 스페인어를 주로 사용하는 남미에서 오는 경우가 많아 스페인어를 잘할 수 있는 후보자의 채용을 선호하는 편이며, 스페인어를 잘하는 세일즈맨일 경우 실질적으로 좋은 조건의 연봉으로 채용된다.

맨해튼에는 쥬얼리 산업뿐 아니라 패션에 관련된 니트 디자이너, 기성

복 디자이너, 가방 디자이너 등 디자이너로써의 많은 취업의 기회가 있다.
그야 말로 디자이너의 천국인 것이다.

디자이너 다음으로 많은 직업은 변호사이다.

맨해튼에서 돌을 던졌을 때 맞는 사람이 디자이너 아니면 변호사라는
말이 있을 정도로 많은 직업 또한 변호사인 것이다.

많은 유명 법대들과 세계적으로 유명한 대형 Law Firm이 위치한 곳 또
한 맨해튼인 것이다. 이미 많은 한인 변호사들이 현직에서 근무하고 있으
며 그 경쟁에 한몫을 하고 있다.

법대를 졸업한 후 개인 오피스를 오픈하거나 유명 Law Firm에 취업하
기 위해서는 관련 경험을 많이 보는 편이다. 학교를 다니면서 혹은 방학 중
에 대형 Law Firm에서 경력을 쌓기도 하고, 대기업의 법무 팀에서 인턴경
력을 쌓기도 한다. 법대 졸업 이후에는 대형 Law Firm에서의 경력 이후 개
인 오피스를 내기도 하지만, 한국어 영어 이중 언어를 사용할 수 있는 장점
으로 한인 관련 업무도 많이 하는 편이다. 맨해튼에는 법률 관련 많은 채용
의 기회가 있기도 하지만 많은 경쟁 또한 있다는 것을 알아야 한다. 경력이
없는 신입일 경우 취업을 하기가 상당히 힘든 편이며, 대부분의 법대 졸업
생들은 로스쿨 졸업 후 대형 Law Firm에서 인턴사원부터 시작한다.

버스 노선이나 기차가 들어오는 맨해튼 인근 뉴저지 혹은 뉴욕 지역에
는 맨해튼에 직장이 있고 뉴저지에 거주하면서 버스나 기차로 출퇴근하
는 많은 한인들이 살고 있다. 맨해튼의 주차비, 렌트비, 차량 유지비용 등
이 만만하지 않기 때문이다.

이미 알고 있겠지만 맨해튼의 렌트는 상상하기 힘들 정도로 비싸다. 장소 및 조건에 따라 다르지만 룸메이트가 있는 혼자 사용하는 방을 하나 렌트한다면 최소한 $2,000 이상을 주어야 하기 때문이다. 그리고 청소 및 관리를 잘하더라도 다른 층에서 혹은 다른 건물에서 오는 벌레, 쥐 및 해충 때문에 쾌적한 환경을 유지하기 힘이 든다. 또한 항상 울리는 사이렌 소리 및 차량 소리 등의 소음 또한 심하다.

이런저런 이유로 맨해튼 인근지역 중 뉴저지의 Fort Lee, Palisades Park, Leonia 지역 그리고 뉴욕의 Flushing, Long island, Brooklyn과 같은 지역에 많은 한인들이 거주하며 맨해튼으로 통근한다. 이 지역 역시 상당 규모의 한인 타운이 형성되어 있으며 많은 취업의 기회가 주어지는 것 또한 사실이다.

NY에 위치한 한국 관련 회사 주소

KOREA DEVELOPMENT BANK

320 Park Ave. #32 New York, NY 10022

SAMSUNG AMERICA

1430 Broadway 22Fl. New York, NY 10018

SAMSUNG SECURITIES, INC.

1330 Avenue of the America #26 Fl. New York, NY 10019

SAM YANG CO.

405 Lexington Ave. 35Fl. New York, NY 10174

SHINHAN BANK (NEW YORK)

800 3 Ave. #17 New York, NY 10022

ASIANA AIRLINES

540 Madison Ave. 14Fl. New York, NY 10022

WOORI INVESTMENT & SECURITIES AMERICA INC

120 W 45 St. #3010 New York, NY 10036

CHEIL AMERICA

107 Grand St. #7Fl. New York, NY 10019

KOLON AMERICA

350 5 Ave. #5211 New York, NY 10018

HANA BANK NEW YORK AGENCY

650 5 Ave. 15Fl. New York, NY 10019

KITA NEW YORK CENTER

460 Park Ave. #400 New York, NY 10022

KEIC OF NY CORP

460 Park Ave. #11 New York, NY 10022

THE EXPORT-IMPORT BANK OF KOREA

460 Park Ave. #8 New York, NY 10022

THE BANK OF KOREA

780 3 Ave. #23 New York, NY 10017

HANJOO AMERICA

1270 Broadway #801 New York, NY 10001

HYUNDAI SECURITIES INC

1370 6 Ave. #2200 New York, NY 10010

HYOSUNG AMERICA INC.

250 W. 34 St. #5320 New York, NY 10119

BINGHAM MCCUTCHEN LLP

399 Park Ave. New York, NY 10022

KPMG LLP

345 Park Ave. New York, NY 10154

YFG, INC.

44 Wall St. New York, NY 10005

뉴저지는 많은 비즈니스가 시작되는 맨해튼 인근지역이며, 공장과 연구소가 많은 필라델피아 지역 사이에 위치해있기 때문에 뉴저지에는 화학 약품, 의약품, 정유 공장이 골고루 분포한 공업 지역이 위치해 있으며, 또한 대규모의 한인 타운이 있어서 많은 한인들이 거주하고 있다.

맨해튼 인근 뉴저지 Englewood Cliff, NJ 에 위치한 Sylvan Ave 선상에는 많은 회사들이 밀집해있기로 유명하다. 특히 한국 대기업의 지·상사들 및 중소기업청 그리고 많은 미국 회사들이 모여 있으며, 인근 Fort Lee, Leonia, Ridgefield, Palisades Park 등에 대규모의 한인 타운이 있기 때문에 많은 한인 채용이 있는 지역이기도 하다.

뉴저지에 위치한 한인 타운의 길거리를 지나가다 보면 다른 한인 타운과는 달리 95%가 한국인이며, 다른 한인 타운에 비해 한인의 밀집도가 높은 편이다. 또한 학군이 좋기로 유명한 뉴저지 지역이지만, 대부분이 한국어를 사용하기 때문에 이 지역에서 고등학교나 대학만을 졸업한 취업 지원자일 경우 영어 실력이 많이 부족한 것도 사실이다. 학교 학생의 대부분이 한인이기 때문에 약간의 영어 사용만으로도 생활이 가능하기 때문이다. 한인이 많이 사는 지역은 한인 채용이 많고 또한 편리한 점이 있지만, 취업이 아닌 어학연수를 원한다면 한인이 많이 거주하고 있지 않는 곳을 추천한다.

약학과 및 의용 공학 분야의 유명 기업들이 중부 뉴저지 지역에 있다. 하지만 약학 및 의용 공학에서의 채용은 대부분이 석사 이상이며 비자 지원을 받기가 힘들다. 많은 미국인들도 선호하는 분야인데다가 전문 영어 실력을 많이 보기 때문이다. 화학 약품, 의약품, 정유 공장의 취업을 희망한다면 석사 및 박사를 졸업한 후에 취업에 도전해보라고 권하고 싶다. 또한 쥬얼리 회사 중에서도 규모가 있는 많은 회사가 뉴욕 인근의 뉴저지에 위치하고 있다. 쥬얼리 디자이너, 세일즈, 물류관련 포지션 채용 또한 항상 있는 편이다. 여러 가지 이유들과 렌트비 또한 맨해튼보다 많이 저렴하므로 미국에 처음 온 취업 지원자들이 가장 많이 거쳐 가는 지역 중 하나이다.

한인들이 많이 있다는 것은 외국인으로써 미국취업을 한다는 것에 많은 제약이 있지만 그것 또한 장점으로 쉽게 만들 수 있다는 것을 잊지 말아야 한다. 다들 불가능하다고 생각하고 주춤할 때 이미 미국에서 취업에 성공해서 커리어를 쌓고 있는 많은 한국인들이 있다는 것 또한 잊지 말아야 한다.

NJ에 위치한 한국 관련 회사 주소

DAESANG AMERICA

1 University Pl. #208 Hackensack, NJ 07601

KIA MACHINE TOOL AMERICAN CORP

43 Elizabeth St. Hackensack, NJ 07601

KIA MOTORS

3000 Atrium way #242 Mount Laurel, NJ 08054

LOTTE TRADING NY CORP.

2 Executive Dr. #435 Fort Lee, NJ 07024

ROCKET ELECTRIC U.S.A.

329 Frelinghuysen Ave. Newark, NJ 07114

DOOSAN AMERICA CORP.

619 Palisades Ave. Englewood Cliffs, NJ 07632

PUMYANG EXRPESS USA INC.

425 Victoria Terr Ridgefield, NJ 07657

TAIHAN SUGAR IND.

2 Executive Dr. 7Fl. Fort Lee, NJ 07024

KOREA EXRPESS USA INC.

901 Castle Rd. Secaucus, NJ 07094

DAEWOO ELECTRONICS

100 Daewoo Place Carlstadt, NJ 07072

DAEWOO SHIPBUILDING&MARINE ENGINEERING CO., LTD.

2 Executive Dr. #630 Fort Lee, NJ 07024

DAEWOO INTERNATIONAL

85 Challenger Rd. Ridgefield Park, NJ 07660

DONGKUK INTERNATIONAL

460 Bergen Blvd. 4Fl. Palisades Park, NJ07650

DONG AH CONT. IND.

901 Castle Rd. Secaucus, NJ 07094

DONG-A PUBLISHING & PRINTING

619 Palisade Ave. Englewood Cliffs, NJ 07632

LUCKY GOLDSTAR INTERNATIONAL

1000 Sylvan Ave. Englewood Cliffs, NJ 07632

CHEIL COMMUNICATIONS AMERICA

105 Challenger Rd. Ridgefield Park, NJ 07660

C.J. AMERICA

1 Executive Dr. #245 Fort Lee, NJ 07024

HYUNDAI MIPO DOCKYARD

300 Sylvan Ave. Englewood Cliffs, NJ 07632

HYUNDAI HEAVY IND.

300 Sylvan Ave. Englewood Cliffs, NJ 07632

SKC AMERICA

850 Clark Dr. Mt. Olive, NJ 07828

SAMSUNG ELECTRONICS AMERICA

105 Challenger Rd. Ridgefield Park, NJ 07660

SAMSUNG OPTICAL AMERICA

40 Seaview Dr. Secaucus, NJ 07094

3) 앨라배마 & 조지아 지역

넓은 콘 필드에 우뚝 솟은 코카콜라 공장이 조지아의 상징으로 잊혀진지 오래다. 오늘날의 조지아를 생각하면 현대 기아 자동차가 먼저 생각난다. 현대 기아 자동차에서 공장을 세우고, 또한 많은 협력 업체들도 조지아와 앨라배마에 자리를 잡았다. 얼마 전의 인구 조사결과인 조지아 주의 한인 인구 성장이 2000년에 비해 82.4%가 증가하였다는 것을 봐도 확연히 알 수 있다. 그리고 한국의 자동차 산업이 이 지역에 진출하고 난 이후 조지아 앨라배마 지역에 5만7천 개 정도의 새 직장이 생겼다고 한다. 이와 같이 한국 회사들이 조지아와 앨라배마에 상당한 영향을 준다는 것을 알 수 있다.

오늘날 미국에서 가장 활발한 채용 활동을 하고 있는 지역이 조지아와 앨라배마라고 해도 과언이 아니다. 모든 자동차 관련 회사들이 모여들기 시작했다. 자동차 에어컨, 자동차 사출 관련, 범퍼, 타이어까지……. 그야말로 조지아와 앨라배마는 제2의 디트로이트라는 별명이 생길 정도로 미국의 자동차 특구가 되어버린 것이다.

물론 자동차 관련 기계공학, 전기공학, 화학공학 등의 엔지니어 포지션에서 어카운팅, 로지스틱, 마케팅, 세일즈 등의 일반 포지션까지 그야말로 모든 자동차관련 직종이 한자리에 모여든 것이다.

이처럼 취업이 힘들고 경제 난황을 격고 있는 이 시점에서 조지아와 앨라배마는 취업을 위한 신세계인 것이다. 물론 모든 과도한 곳에는 항상 문제점이 따라오게 마련이지만 말이다. 즉 미국 경험이 없는 많은 회사들이 미국에서 채용을 하면서 생소한 비자 관련 법률문제들이 생기게 되고, 비자 시기 및 조건들에 익숙하지 않아서 비자에 문제가 생기게 되거나, 미국 현지인들과 문화적인 부분에서 문제가 생기기도 하지만, 중요한 것은 이 지역에서 취업을 해서 미국에서의 자신의 꿈을 찾아가고 있는 많은 사람들이 있다는 것이다.

비록 조지아와 앨라배마가 뉴욕, 뉴저지 혹은 캘리포니아에 비해 시골에 위치해있으며 여러 가지 단점들이 있지만, 오늘날 새로운 노다지탄광으로 떠오르고 있는 것은 어쩔 수 없는 현실인 것이다. 많은 사람들이 직업을 찾아서 혹은 비즈니스를 하기 위해서 이곳으로 몰려들고 있다. 신세계의 노다지 탄광에서는 돌덩이만 캐고 있는 광부가 있는 반면에 항상 노다지만을 발견하는 사람도 있는 것이다.

항상 안 되는 핑계만을 찾으며 아무런 시도도 하지 않는다면 어떠한 기회도 잡을 수 없는 것이다. 기회는 스스로 찾는 자에게 주어지는 것이다.

한국 자동차 산업이 앨라배마와 조지아 지역에 진출한 이후 미국 시장에 어떤 영향을 주었는지에 대한 분석 자료를 살펴보자.

조지아 기아 공장 전면 분석

조지아 주는 최근 GM, 포드 등의 대형 공장의 철수로 위축된 조지아 주 경제가 이번 기아자동차 공장 건설로 새로운 전환기를 맞이할 것으로 기대하고 있다. 약 2,500명 신규고용이 창출되는 기대와 이후 추가 확장이나 자동차 부품회사 유치 등으로 더 많은 고용을 불러일으키지 않을까 하는 기대가 매우 크다. 특히 기아자동차 공장이 애틀랜타와 약 1시간30분 거리인 조지아주 웨스트포인트시에 건설됨에 따라 애틀랜타 한인경제에도 긍정적인 영향을 미칠 것이라고 내다봤다.

기아 자동차 공장은 4월25일께 착공식을 갖고 2009년 첫 차 생산을 목표로 공장 건설을 시작할 예정이라고 전했다.

조지아와 앨라배마 접경에 자리잡은 트룹카운티는 인구 5만8,000명의 소규모 카운티이며 가장 큰 도시인 라그란지에 2만6,000명, 웨스트포인트와 호건스빌에 각각 3,400명과 2,800명의 주민이 살고 있다. 앨라배마 몽고메리 현대자동차 공장과는 불과 90마일 거리이고 대도시인 애틀랜타와도 가까워 공장 건설의 최적지로 꼽혀왔다.

기아차는 조지아 주 웨스트포인트 시에 내부 여유자금과 현지 금융 차입금 등 모두 12억 달러를 투자해 연산 30만대 규모의 공장을 2009년 상반기까지 짓기로 했다. 생산차종은 북미시장에서 팔릴만한 레저용 차량(RV)이나 소형 승용차종을 검토하고 있다고 전해진다.

웨스트포인트 시는 현대차 앨라배마 공장이 있는 몽고메리 시에서 북동쪽으로 130여㎞ 떨어진 지점이다. 현대차와 함께 진출한 부품 업체들을 기아차도 충분히 활용할 수 있는 거리다.

조지아 주는 공장 터 무상제공, 고용창출 지원금 제공 등 모두 4억1천만 달러 상당의 인센티브를 기아차에 주기로 했다. 기아차의 현지 직접고용 2,500여명을 비롯해 모두 4,500여명의 일자리를 제공하는 대가다.

■ 한인에게 주는 이익

그럼 이번 기아차 공장 유치가 조지아 주 한인들에게는 어떤 이익이 있을까? 현대차 몽고메리 공장이 들어섰을 당시 많은 앨라배마 한인들은 기대를 많이 했다. 과연 그 기대가 얼마나 충족되었는지 알아보자.

■ 몽고메리 현대차의 경우

지난 2002년4월16일 착공식을 가진 현대차 앨라배마 공장은 같은 해 11월 건물 공사에 들어갔고, 2003년6월부터 기계장비를 설치하기 시작해 2005년 5월 준공식 이후 6월부터 시험가동하고 생산에 들어간 현대 자동차의 규모를 보면 다음과 같다.

● **현대공장 부지 총면적** = 평수로 2백10만평. 1744에이커. 빌딩만 2백만 sq.(5만5천 평)

● **현대차가 앨라배마 주로부터 받은 인센티브** = 총액은 2억5천만 달러.

● **현대차 및 협력업체 들이 현지 공장설립을 위해 투자한 총액** = 현대차가 10억불, 30여 개 협력업체가 5억불을 투자해 모두 15억 달러.

● **현대차 및 협력업체가 고용하게 될 근로자 수** = 현대차는 2천명, 30여 개 협력업체가 4천명을 고용하게 된다.

● **몽고메리 시에서 현대차 주재원가족을 돕기 위해 파견한 소셜워커 수** = 이들은 훼미리 서포터라는 이름으로 학교, 주택, 유틸리티 등 생활전반을 돕고 있다.

● **주소** = 울산과 몽고메리 현대자동차 공장은 같은 700번지 주소를 사용한다. 현대차 공장이 입주하면서 앨라배마 주는 '현대 대로'를 만들어 줬다. 현대는 그와 같은 시기에 몽고메리 현대공장의 주소도 울산과 같은 700번지가 되게 해달라고 요청했고, 그 요청이 받아들여졌다.

■ 변화

현대차 앨라배마 공장이 착공됐을 때만해도 앨라배마 지역 한인사회는 어떤 변화가 올는지 전혀 느끼지 못했다. 현대가 대규모 인센티브를 받고 자신들이 사는 고장에 공장을 건설한다는 소식은 앨라배마 지역 한인동포들에게 큰 기대감을 안겨줬다.

공장이 건설되고 생산라인이 가동되면서 이 기대는 점차 현실로 바뀌어 실제로 많은 변화가 왔다.

● **한인 수** = 급격히 늘어났다. 몽고메리의 경우 기존 한인 수는 3~5백 명 사이로 추산됐으나, 현대차와 협력업체가 입주하면서 1천 여 명으로 늘어났다. 기술 지원 차 파견된 인력이 조만간 대거 빠져 나간다고는 하지만, 그래도 몽고메리 한인 수는 7백 명 수준을 유지하게 될 것으로 보인다.

● **한인 비즈니스 확대** = 현대차의 진출 이후 한인사회에는 다른 지역에서의 한인 유입도 꾸준히 진행되고 있는 상황이다. 주재원 가족들이 늘어나면서 한인인구수가 확장될 것을 겨냥한 비즈니스들이 몰려들고 있는 것, 식품점과 식당이 늘어나고 있는 것이 그 단적인 예다.

　몽고메리에는 현대공장이 들어서기 전에는 한인식품점이 하나 밖에 없었는데, 근래에 3곳이 더 늘었으며 한식당도 모두 6곳으로 늘어났다고 전해졌다. 데일빌 지역도 마찬가지여서 한식당이 4곳으로 늘었고 지금 한곳이 더 생길 예정이다. 이곳도 한국식품점이 3곳으로 늘었다. 데일빌의 고향식품점이나 몽고메리의 싱싱식품점 등은 애틀랜타에 내놓아도 손색없는 규모를 갖추고 있다.

● **높아진 한국 위상 실감** = 현지 동포들은 현대공장이 준공된 이후 변화된 한국인의 위상을 실감한다고 말하고 있다. 현대와 협력 업체들은 채용 근로자들을 한국에 보내 현지연수를 시켰다. 생전 처음 비행기를 탄 몽고메리 주만이 있을 정도로 한국을 몰랐던 그들은 한국의 발전상에 놀랄 수밖에 없었다고 한다. 이들은 일자리로 돌아온 후 '한국 알림이'가 되 버렸다. 사우스 트러스트 부은행장 역시 한국을 방문하고 온 이후 한국인 주재원에 대한 예우를 확 바꿔버렸다. '그는 한국에서 막 도착한 노 크레딧 주재원들에게 자동차 론을 마구 퍼줄 정도로 한국을 신뢰하게 됐다'고 천 회장은 전한다.

■ 단점

● **기대만큼 실망도** = 좋은 일만 있는 것은 아니다. 하지만 처음에 기대했던 일자리 창출이 그렇게 많지 않아 실망이 한인사회에 깊이 퍼져있었다. 현대를 비롯해 대부분의 협력업체들은 '현지화'에 중점을 두고 있다. 그 현지화를 위해선 현지인 고용이 필수적이고, 여기서 말하는 현지인에는 현지에서 태어나 자라온 토박이가 가장 적합하다는 식이다. 그러니 한인동포라고 특별한 이익을 얻는 것은 없는 것이다.

그렇지만 남앨라배마 지역의 협력업체들은 북쪽 지역에 비해 한인사회에 더 깊은 관심을 보이고 있었다. 조금이지만 그래도 한인 동포들을 고용했다. 미국인과 동포 사이에 차별을 두지 않는다는 것이다. 화승의 경우 한인을 채용하기 위해 비자 스폰서를 자처했고, 현대하이스코도 현재 사무직에 대부분은 한인여성을 쓰고 있다.

● **문화의 차이** = 초기에는 현대 협력 업체 등 처음 미국을 찾은 한인들이 미국의 실정에 적응하지 못한 것은 구설수에 오르기 쉬운 일이었다. 식당에서 음식을 먹고 난 다음 팁을 내는 것을 모르고 그냥 나와 한국 사람은 팁도 안 준다는 문제나, 골프를 칠 때 골프 규칙을 무시하는 일 등이 현지인의 눈살을 받았다고 한다. 뭐든 계약서를 만들고 느긋하게 일하는 미국식 업무체계도 '밀어 부치기' 식의 한인 스타일에는 잘 맞지 않았던 것이다.

현대차 앨라배마 진출과정을 처음부터 꾸준히 봐 온 천선기 몽고메리한인회장은 "초기에는 현대가 여러 면에서 시행착오를 경험했던 것이 사실"이라면서 "하지만 시간이 지날수록 좋아지고 있고, 한인사회도 어느 정도 책임감을 느낀다"고 말했다. 그래서 처음 미국에 오면 한인회는 현대와 협력하여 문화 차이를 극복하는 교육을 실시한다고 한다. 지금은 아주 좋아졌다고 한다. 천 회장은 "서로 부족한 부분은 메우고 좋은 부분은 강조해서 한인끼리 서로 단결해야 한다"고 전했다.

■ **주의점** = 한인들은 현금을 많이 소지한다는 것을 알고 강도 타겟이 되는 경우가 많다고 한다. 현지 주민이 아니고 한국에서 오는 사업 방문자들은 대부분 현금을 많이 지니고 있어, 모든 한인들이 강도 두려움을 걱정한다고 한다.

또한 "지역 커뮤니티 환원을 모르는 일부 사업체 때문에 지역사업에 투자를 잘 안 하는 경향이 있고, 남아서 나눠주는 개념이 아니라 사회에 되돌려 주는 봉사 정신을 가져야 하며, 한인의 위상이 올라간 만큼 주류사회에 활발히 참여하는 자세가 제일 시급한 문제"라고 천 회장은 밝혔다.

■ **부동산 가격** = "한인들이 선호하는 특정(학군이 좋은 지역) 지역이 약 10% 올랐

는데, 이는 한인끼리 올렸다고 해도 과언이 아니며 한 지역을 우선으로 모두 모이기 때문"이라고 몽고메리 천 회장은 말했다. "현대 공장이 들어와서 주변에 한인 상점이 늘고 집값이 오르긴 했지만 매년 꾸준히 7%씩 오르는데 비해 10% 정도 오르는 정도로 그다지 큰 부동산 가격 상승은 아니다"라고 천 회장은 설명한다.

■ 조지아 주 반응

이번에 조지아가 기아 자동차에 제시한 약 4억 달러 규모의 인센티브는 크게 8가지로 요약된다. 우선 조지아는 기아차 공장이 들어설 웨스트포인트 부지 매입(3,570만 달러)과 부지 준비 작업 등을 위해 6,050만 달러를 투입한다. 주당국은 당분간 이 토지를 기아차에 무상 임대하고, 이후 불과 200만 달러에 2천200여 에이커 부지를 기아차에 넘기기로 약속했다.

또한 공장 주변도로 구축에 3,000만 달러를 투입하며, 600만 달러를 들여 부지를 연결할 철도망도 구축할 예정이다. 물류 시설 외에도 각종 인프라 시설 구축에 별도 2,100만 달러를 쓰게 된다.

주당국은 향후 기아차에서 근무할 직원 교육을 위해서도 적극 투자 지원을 약속했다. 이를 위해 조지아는 자비로 공장 내부에 7만 스퀘어피트 규모의 직원교육 센터(2,020만 달러)를 설치, 5년간 시설 유지 운영비까지 모두 부담해 총3,140만 달러를 지원하게 된다. 직원 교육 프로그램을 위해서도 별도로 4,050만 달러를 지원한다.

그러나 가장 큰 핵심은 주당국의 세금 지원. 조지아는 기아차 공장의 일자리 창출 규모에 따라 엄청난 액수의 임금관련 세금 크레딧을 제시했다. 만약 기아차가 약속한대로 2,500개의 일자리를 만들어낸다면 향후 5년간 6,560만 달러의 세금 크레딧을 받게 되며, 만약 이를 초과해 2,893개의 일자리를 창출하면 그 금액은 7,590만 달러까지 높아지게 된다.

이와 함께 향후 15년간 재산세를 경감해줘 1억3,000여 달러를 간접 지원하게 된다. 한편 향후 기아차 공장 직원들의 평균 임금 액은 시간당 25달러로, 5만 달러 수준의 연봉과 각종 복지혜택을 받을 것으로 기대된다. 직원들은 2,500명을 기준으로 연간 1억2,500만 달러의 소득이 발생하는 셈이다.

기아 자동차가 들어서는 조지아 주 웨스트포인트 시 지역에도 조지아와 부근 주 주민들을 중심으로 술렁임이 일고 있기는 하지만 일부에서는 부동산 시세를 확인하는 등 투자 가능성을 타진하고 있는 정도라고 한다. 한 부동산 관계자는 "지난해부터 부동산에 대한 관심이 크게 높아진 상태인데, 이번 기아차 공장 소식이 알려지면서 구매 희망자들이 공장 건설 부근에 대한 정보를 귀기우리는 정도라며, 좀 더 지나 공장 건설 공사가 진행되기 시작하면 좀 더 커다란 관심을 보이기 시작할 것이다"고 전했다.

또한 기아 공장 건설지와 약 40분 거리인 콜럼버스 정광무 한인회장은 "기아자동차 입주 시 많은 변화를 기대한다"고 밝히며 우선 한인 비즈니스가 더 많이 생길 것을 예측했다.

몽고메리 경우가 그러듯이 "한국식당이나 식품점이 늘 것이며 기아공장까지는 40분 거리이니 만큼 출퇴근이 가능하므로 많은 고용 창출을 기대한다"고 전하며 "대도시인 애틀랜타 보다는 학군이 더 낫다고 생각하는 한인들이 이곳으로 이주할 경우도 생길 것" 이라며 "부동산 가격이 오를지는 아직 큰 변화가 없지만 공장 건설이 본격적으로 시작하면 약간 오르지 않을까 전망한다"고 말했다.

출처 : 동남부 한인회 연합회 김미나 기자

오늘날의 조지아와 앨라배마는 이제 그 이름만으로도 많은 기대가 된다. 그리고 큰 기대가 있는 반면에 많은 부작용도 따르는 것 또한 사실이다. 하지만 중요한 것은 제대로 된 정보 수집과 올바른 방법 그리고 열정만 있다면 미국에서의 취업에서 성공할 수 있다는 것이다.

AL & GA에 위치한 한국 관련 회사 주소

HANWHA L & C USA LLC

2839 Paces Ferry Rd. #200 Atlanta, GA 30339

HAN JIN SHIPPING, INC.

2000 Powers Ferry Rd. #630 Marietta, GA 30067

THE KOREA DAILY (ATLANTA)

2400 Pleasant Hill Rd. Duluth, GA 30096

DOOSAN INFRACORE AMERICA

2905 Shawnee Industrial Way Suwanee, GA 30024

HYOSUNG AMERICA LLC

1406 bristol trace alpharetta, GA 30022

LG Hausys

900 circle 75 pkwy. suite#1500 Atlanta, GA 30339

Hankook Tire America Corp

5400 Laurel Springs Pkwy. Suwanee, GA 30024

Daewoo Heavy Industries America Corp.

2905 Shawnee Industrial Way Suwanee, GA 30024

LG Electronics

201 James Record Rd. Huntsville, AL 35824

HYSCO AMERICA

1348 Aztec Rd. Greenville, AL 36037

Hwashin America

661 Montgomery Hwy. Greenville, AL 36037

HWASUNG

100 Development Ave. Enterprise, AL 36330

SHIN YOUNG

303 W. 4th St. Luverne, AL 36049

SEJONG/ARVIN

203 Old Fort Rd. Fort Deposit, AL 36032

Samlip Alabama LLC

2481 Airport Blvd. Alexander City, AL 35010

MOBIS ALABAMA

1395 Michell Young Rd. Montgomery, AL 36108

MANDO AMERICA CORP.

4201 North Park Dr. Opelika, AL 36801

DONG WON METAL

12865 Montgomery Hay. Luverne, AL 36049

HYUNDAI MOTOR MANUFACTURING ALABAMA, LLC.

700 Hyun dai Blvd. Montgomery, AL 36105

3. 법률 및 비자 관련 정보

외국인으로써 미국에 취업하는 것에는 많은 법률적인 문제들이 따라 온다. 미국에서 임금을 받으면서 일을 하기 위해서는 정부의 허가가 필요하다. 말 그대로 일을 하고 임금을 받을 수 있는 자격을 말한다. 이처럼 한국에서는 익숙하지 않았던 비자문제는 많이 복잡하고 쉽지 않은 절차를 수반한다.

최근 미국취업을 목적으로 한국에서 미국으로 오는 사례들이 늘어나고 있다. 꿈을 가지고 미국으로 오지만, 이런 법률적인 부분을 알지 못해서 한순간에 불법체류자가 되어버리는 사례 또한 많이 증가하고 있는 것이 현실이다. 비자에 관한 정보를 몰라서 혹은 문제가 생겼는데도 문제들을 수습하지 못한 채, 신분에 문제가 생기는 일들이 일어나지 않도록 스스로 관리하여야 한다.

미국에서 신분에 문제가 생긴 상태에서 머무르게 된다면 이는 불법 체류자가 된 것이다. 이것은 엄연히 불법적인 행동을 한 것이다. 미국에 오기 위해 많은 시간과 돈이 투자되고 영어공부를 하기 위해 투자한 에너지를 생각한다면, 조금 번거롭지만 꼼꼼히 따져 무지로 인해 불이익을 당하는 일이 생기지 않도록 하여야 한다.

다시 말하고 싶은 것은 조금이라도 불법적인 일을 하지 말자는 것이다. 불법으로 미국에서의 삶을 시작한다면 제대로 된 삶으로 전향하기가 힘이 든다.

　첫 단추를 잘못 끼우면 나머지 단추도 잘못 끼워지고 시간이 지날수록 다시 바로 잡기가 매우 힘이 들 것이다. 결국 미국에 오기 위해 한 노력들이 물거품이 되어버리는 순간이 되는 것이다.

물론 모든 법률적인 부분은 변호사와 이야기해야 한다. 하지만 전반적인 내용에 대해 이해하고 준비하여야 한다.

1) Non-Immigrant Visas 일반

비이민 취업 비자의 종류에는 H 비자, L 비자, O 비자, P 비자, Q 비자, R 비자 등이 있다.

　이민을 목적으로 하는 것이 아닌 일시적으로 미국에서 일을 하기 위해서는 미국 이민법, 이민 및 국적법에 따라 직종의 종류 및 지원자의 상황에 따라 특정 비자가 필요하다. 여기서 이민의 목적이 아니라고 하는 것은 특정 업무가 끝난 다음 한국에 되돌아간다는 것을 전제로 하고 있으며, 한국으로 되돌아갈 것이라는 것을 증명하는 것으로는 한국내의 재산, 직업, 가족, 학업 등을 들 수 있다.

이들 비자의 종류는 USCIS 미국 이민국 웹사이트에 카테고리, 진행 과정, 조건 등 자세한 내용을 확인 할 수 있다.

이들 각 비자는 매년 승인을 허용하는 숫자(쿼터)가 있는데, 비자 승인 할 수 있는 수와 시장 경기나 비자를 지원해주는 회사들의 상황에 따라 달라지는 쿼터 때문에 경우에 따라 비자를 승인 받기 위한 경쟁이 치열해지기도 한다.

몇 년 전 H 비자의 경우 제한된 쿼터에 비해 비자를 지원하는 숫자가 많아서 정부에서는 승인할 수 있는 쿼터만큼의 비자를 추첨해서 승인 한 적이 있다. 비자를 지원 받지 못한 대부분의 지원자들이 미국에서 취직을 할 수 있고 스폰서를 제공할 회사가 있음에도 불구하고 비자를 받지 못해 한국으로 돌아간 적이 있다.

① Labor Certifications

미국에서 일시적으로 일을 하기 위해서는 채용을 희망하는 회사에서 미국 노동부의 노동 허가를 받아야 한다. 노동허가 받은 비자 지원 양식 I-129 Form과 비자 종류와 지원자의 상황에 따라 필요로 하는 서류들을 준비한 다음 대사관에서 비자를 받으면 된다.

② Petitions

청원서라고도 하는데, 스폰서 회사에서 스폰서가 필요한 지원자의 채용을 위해 이민국에 승인을 신청하는 것을 말한다. 청원서에는 크게 두 가지가 있다.

- H1B로 외국인 채용 허가를 원하는 고용주의 청원서(Petition)

- 본인의 체류신분 변경(Change Of Status, COS)or 체류신분 연장(Extension Of Status, EOS)

이민국에 제출하는 Form I-129에는 체류신분 변경 및 체류신분 연장의 여부를 표시 하는 난이 있어서 Form I-129에 같이 표시할 수 있다. 여기서 중요한 것은 이 모든 절차가 다 끝나서 비자를 받기 이전에 만약 미국에 체류하고 있다면 체류신분을 유지해야 한다는 것이다. 이때 미국에서의 체류 신분에 문제가 발생하는 경우가 빈번히 있다.

이처럼 미국에서 비자 변경을 해야 할 때 절차가 진행되는 기간의 시기를 잘 알지 못해 불법 체류를 하는 사례가 있는데, 주의해야 할 부분 중에하나이며, 상황에 따라 많은 경우의 수로 나누어지므로 체류신분 변경이있을 시에는 스스로 하는 것보다 변호사 및 전문가와 이야기하는 것이 필요하다. 보통 $100에서 $200 정도의 소정의 상담료를 받기도 하지만 경우에 따라 무료로 상담해주시는 분들도 있다.

예를 들어, 미국에서 학업을 마친 유학생의 경우, F1비자를 소유한 유학생들이 학업 종료일이나 OPT 만료일 이전과 H1B 시작 가능일 (10월1일)사이에 공백이 있고, 이 시기에 미국에 체류를 한다면 불법체류를 하게되었는데, 2008년 이후부터 F1/OPT의 경우 F1/OPT를 자동 연장해줘서(Cap Gap Extension) H1B 체류신분 변경을 통해 불법 체류하는 경우가없어졌다. 하지만 자동 연장 또한 조건이 있으므로 본인의 상황에 대해 자세하게 알아보는 것이 중요하다.

하지만 J1 등 다른 신분은 자동 연장이 여전히 안 되므로 체류 날짜에 신경 써서 불법 체류하는 일이 없어야 한다. 즉 OPT만료일과 J1비자 시작날짜 사이에 공백기가 있다면 출국 이후 J1비자 시작 일에 맞추어서 입국해야 하는 것이다.

- OPT(Optional Practical Training) 비자란 미국에서 F1비자(학생비

자, 취업이 아닌 공부하기 위한 비자, 임금을 받았을 경우 불법적인 것이 된다.)를 가지고 정직원[Full Time Employee]으로 공부한 학생에게 주어지며, 일정 기간 동안 임금을 받으며 관련 분야에서 일 할 수 있는 [실습] 비자를 말하며 보통 1년의 기간이 주어지지만 과학(Science), 기술(Technology), 공학(Engineering) 그리고 수학(Mathematics)을 전공한 학생들은 OPT 기간을 17개월 더 연장할 수 있다. 17개월 추가 연장을 받을 수 있는 학생들을 STEM학생이라고 한다. 미국에서 많은 인력이 필요한 과학(Science), 기술(Technology), 공학(Engineering) 그리고 수학(Mathematics)분야 즉 컴퓨터 사이언스, 생물, 수학, 통계, 엔지니어링, 군사 기술, 생물학, 자연과학, 물리학, 의학 등의 전공자들의 OPT 기간을 늘려 정책적으로 이들 분야의 채용을 지원하는 것이다.

STEM이 아닌 일반 전공인 경우 보통 1년의 OPT 기간이 주어지는데, 이 기간은 학교 다니는 기간 혹은 졸업 후에 사용할 수 있는데 총 근로 기간의 합산이 1년인 것이다. 만약 학교 다니면서 3개월 동안 인턴으로 OPT 기간을 사용하였다면 졸업 후에는 9개월의 OPT 기간이 남은 것이다.

학사 졸업 이후 OPT기간 1년 사용한 후 다시 석사 과정을 마치면 통상의 12개월 OPT 비자를 받을 수 있는 것이다.

보통 OPT 비자는 졸업 90일 전부터 그리고 졸업 후 60일 이내(Grace Period[유예기간])도 OPT 비자를 신청할 수 있다.

보통 미국에서 학교를 졸업하고 OPT 기간을 이용해서 미국 내 회사에서 인턴 및 신입 사원으로 취업을 하게 되며, 매년 4월 달에 취업을 목적으로 하는 H1비자 신청을 할 수 있으며, 비자 승인을 받은 경우 그해 10월 달부터 정식으로 회사 직원이 되며 임금을 받을 수 있는 신분이 되는 것이다. 보통 이 시기에 많은 비자관련 문제들이 생기는데, OPT 기간의 종료일과 H1B 비자의 시작 시점사이에 공백이 있는 경우 OPT 기간을 H1B비자의 시작하는 시점까지 연장하는 조건으로는 OPT기간이 만료하기 전에 H1B 스폰서가 가능한 회사에 취업을 해서 H1B를 신청해야 하는 것이다. 여기서 중요한 것은 OPT기간 만료 이후 60일 Grace Period[유예기간] 내에서 H1B를 신청한다면 OPT기간을 H1B 시작 시점까지 연장할 수 없게 된다. 이때 학교의 허가를 받은 후 임시적으로 F1B(학생 신분)로 H1B의 신청 결과가 나오는 10월 달까지 체류를 연장할 수 있는데, 이때에는 임금을 받을 수 없다. 즉 이 기간 동안에는 미국에서 일을 할 수 없는 것이다.

OPT 종료 이후 60일 안에 채용이 결정되면 혹은 스폰서 회사가 있으면 자동적으로 신분이 유지되게 되었다. 하지만 졸업 후 OPT 비자 상태로 90일 이상 취직하지 않았을 경우 학생 신분을 상실할 수 있으며, 한 직장을 그만두고 다음 직장을 구할 때까지의 10일간은 90일에 포함되지 않는다. 졸업 후 취업하지 않은 90일 동안 해외로 간 경우 그 기간은 90일에 계산되지만, 고용결정이 되고 고용주의 허가를 받고 해외로 간 경우에는 90일 실업 기간에 계산되지 않게 된다. OPT기간 중에 고용주가 바뀐 사실을 이민국에 보고하지 않거나, 전공과 전혀 관련 없는 곳에서 일을 하는 경우에도 학생 신분을 잃을 수가 있다. OPT 기간의 의미가 전공한 분야에서의 실습을 하기 위해 부여되는 기간이기 때문이다.

2) H1B Visa- Persons in Specialty Occupation

미국에서 일하기 위해 가장 많이 받는 비자 종류로는 H1 Visa가 있다. 전
문직에 종사할 목적으로 발급되는 H1B-Specialty Occu-pation은 전문직
취업비자라고도 한다. 우선 H-1B의 요건에 대해 알아보자.

① 학사학위 또는 그 이상의 학력 또는 그와 동일한 경력

H1B는 말 그대로 전문직을 위한 비자이다. 최소한 학사학위 이상의 학력
을 필요로 하는 직업군을 말한다. 연방노동청(US DOL)의 직업분류기준상
학력 정도를 나타내는 SVP가 적어도 7~8이상이 되는 것을 말한다. 정책
적으로 고학력의 외국인 근로자를 채용하기 위한 목적도 있는 듯하다. 하
지만 학사 이상의 학위가 없는 경우에는 특정 전문직에서의 12년의 경력
이 대학 4년의 학사 학위 보유자와 같은 신청 자격을 가지게 되는 것이다.

② 본인의 학사(석사/박사) 학위 또는 경력(12년)의 H-1B의 직종과 직접 또는 간접적인 연관성

H1B가 지원하는 직종이 전문직이기 때문에 전문적인 교육 과정을 이수
한 것을 요건으로 한다. 본인의 학위와 취업 스폰서를 받는 직종과 직접
또는 간접적인 연관성이 있어야 하며, 비자 지원 가능한 직종 목록이 정해
져 있다.

예를 들어, 수학 학사 학위가 있다고 해서 회계사 직종에 H-1B를 신청할 수 없다. 수학과 학위와 회계사 H-1B직종과 직접 또는 간접적 연관이 없기 때문이다. 반면에 수학과 컴퓨터프로그램과는 간접적으로 많은 연관관계가 있으므로 수학 학사학위 취득자는 컴퓨터 프로그래머로써의 H-1B지원을 받을 수 있다.

이수한 전공에 따라 비자 지원을 받을 수 있는 지의 여부가 정해지기 때문에 미국 취업을 위해 비자 지원을 필요로 하다면 사전에 비자 지원이 가능한 직종을 알아보고 시작하여야 한다.

③ 비자를 스폰서해줄 수 있는 고용주

H-1B를 지원하기 위해서는 채용할 능력이 있는 고용주가 필요하다. 고용주는 회사, 파트너쉽, 자영업자, 비영리단체 등 존재 형식에 상관없이 모두 가능하지만 H-1B를 스폰서해줄 수 있는 재정적 능력을 조건으로 한다. 신생회사의 경우는 이러한 재정적인 능력을 증명할 수 있는 자료 등이 없는 경우가 있는데, 이 경우는 회사의 투자규모, 영업력, 시장성 등을 부각시킨 공인회계사 작성의 5년간 재무제표를 비자 준비 서류로 제출하여 재정적 능력을 증명하면 된다. 실질적으로 회사의 재정능력이 H-1B를 신청하는데 큰 문제가 되지는 않는다.

④ 이민법 상 요구되는 임금 수준((Prevailing Wage)

이민법 상에 각 직종마다 최저 임금수준이 정해져 있으며 H-1B를 지원을 받기 위해서는 이민법 상 일정 지역의 동종 또는 유사직종에서 받을 수 있는 임금의 100%를 고용주가 지급해야 한다.

지역이나 년도에 따라 전문직종의 임금수준이 다르기 때문에 비자 신청 시 적정 임금 조회가 필요하다.

⑤ H-1B 비자 기간

최초 3년의 기간이 부여되며 1회 3년 연장 가능하여 최장 6년까지 가능하며, H-1B 소지자가 비자 기간 동안 미국 밖에서 거주한 시간은 이 기간에서 제외된다.

6년이 만료가 되더라도 취업 영주권 1단계인 Permanent Labor Certification을 노동청에 접수한지 1년이 지나면 H1B 연장을 1년씩 할 수 있으며, I-140 청원서가 승인된 경우는 비자 기간을 3년씩 연장 가능하다.

⑥ H-1B 비자 신청절차

H-1B비자 신청 절차에 대해서 알아보자.

채용 확정 후 고용주와의 채용 협상을 통해 H-1B 신청을 하게 된다. 지급 임금수준을 요청한 후 Labor Condition Application(LCA)을 인터넷을 통해 신청한다.

그 이후 비자양식 I-129(가족이 있을 경우 I-539)에 노동청 승인을 마친 LCA, 회사정관, 임대계약서, 회사세금보고서류, H-1B 신청을 위한 회사편지(Supporting Letter), 신청자의 졸업증명서, 성적표, 이력서 등의 서류, 수속비용[Filing Fee, Additional Filing Fee, Visa Fraud Detection Fee, Filing Fee (I-539 - 가족이 있을 경우)]를 함께 이민국으로 보내게 된다.

여기서 빠른 결과를 알고 싶으면 급행 제도를 신청하면 15일 만에 결과를 알 수 있다. 비 급행인 경우 50~90일 정도 소요된다.

최초 H-1B 신청 후 경우에 따라서는 보충서류 요청(Request Evidence)이 있기도 하는데 요구사항에 따라 필요한 서류를 제출하면 된다.

모든 절차를 직접 하는 경우도 있지만 비용이 들더라도 변호사를 통해 하는 것이 좋다. 2011년도 기준의 H1B비용은 서류 수속비 $1,500~$2,000, 급행료 $1,000 정도, 변호사 비를 합하면 약 $4,000~$5,000 정도의 비용이 든다.

이들 비용 중에서 H1B 수수료는 이민법 상으로 채용하는 회사에서 지급하게 되어있다. 하지만 많은 회사에서 비자 수수료를 직원에게 떠넘겨서 문제가 되고 있는 것이 현실이다. 여러 가지로 민감한 채용 문제 이지만 당당하게 요구할 건 요구하고 넘어 가야 한다.

H-1B 수수료 직원 떠넘기기 안 돼…

연방노동부, PG 교육당국에 600만 불 벌금

외국인 교사 채용 후 수수료 전가

메릴랜드 프린스 조지스 카운티 교육당국이 외국인 취업비자(H-1B) 프로그램을 이용, 교사를 채용한 뒤 H-1B 수수료를 해당 교사들에게 떠넘겼다 연방 노동부에 의해 적발됐다. 노동부에 적발된 P.G 교육당국에게는 600만 달러의 벌금이 부과됐으며, 해당 프로그램 이용 자격도 박탈됐다.

연방 노동부는 H-1B 프로그램을 이용해 필리핀 등 해외에서 외국인 교사 1000여명을 채용한 P.G 카운티 교육당국이 H-1B 수수료를 고용주가 납부하지 않고 교사들에게 전가했다고 밝혔다.

노동부는 이에 따라 교사들이 대신 납부한 422만 달러의 H-1B 수수료를 되돌려 주고, 교육당국에게는 추가로 법 규정을 위반한 혐의로 174만 달러의 벌금을 부과했다. 노동부는 P.G 카운티 교육당국의 법 규정 위반 정도가 심각하고 고의성이 있다면서 H-1B 프로그램 이용 자격 및 취업이민 영주권 스폰서 자격까지 박탈했다.

프린스 조지스 카운티 교육청은 이와 관련 6일 교사 부족에 따라 실시했던 수학과 과학 분야 해외교사 채용 프로그램을 전면 중단한다고 밝혔다. 그러나 연방노동부의 결정에 대해서는 이의를 제기할 방침이라고 덧붙였다.

[워싱턴 중앙일보] 기사입력 : 04. 06. 11 허태준 기자

법률문제는 어렵다. 더더욱 평생을 대한민국 시민으로 한국에서 살아왔다면 외국인으로써의 신분 문제들이 생소한 것은 당연한 것이다. 하지만 미국에서 직장을 가지고 살아갈 계획이 있다면 꼼꼼하게 챙겨야 한다. 미국에는 신분에 문제가 생겨서 고통 받으며 살고 있는 사람들이 생각보다 많다. 한 번 잘못된 신분은 바로 잡는데 많은 비용과 시간이 든다. 더군다나 불법체류를 오래한 상태가 되면 신분을 되돌릴 수도 없을 뿐 아니라 체포당하게 되면 미국에서 추방되어 10년 동안 미국에 입국할 수 없는 상태가 된다.

신분과 관련된 업무를 담당할 변호사를 정할 때에는 번거롭더라도 여러 명의 변호사와 면담을 하고 난 다음 케이스를 진행할 변호사를 결정하여야 한다. 모든 변호사가 다 성실하고 진지하게 나의 케이스를 담당할 거라

는 생각은 버려야 한다. 변호사의 실수로 신분에 문제가 생긴 경우도 종종 보아왔으니 말이다. 좋은 대리인을 찾는 것 또한 나의 숙제인 것이다. 어떻게 보면 법률문제를 해결해나가는 것이 미국에서의 삶의 첫 단계가 아닌가 싶다.

3) J1 Visa- Educational and Cultural Exchange Programs

인터뷰를 하다 보면 최근 2~3년 사이에 J-1비자를 소지한 후보자들의 수가 급속히 늘어난 것을 알 수 있다. 정부 통계 자료에 의하면 약 35만 명 정도가 J-1 비자로 매년 미국을 방문한다고 한다. 최근 3달 동안 인터뷰 본 후보자의 10% 정도가 소지하고 있을 정도로 비자지원이 활성화되고 있다.

J-1비자는 보통 교환 연수 비자라고도 하는데 보통 한국에서 미국으로 온 인턴 직원 후보자들이 1년간 인턴 경력을 쌓기 위해 많이 발급 받는 비자이다. 물론 다른 목적으로 발급 받기도 한다.

J-1비자는 미 정부에 의해 다른 나라 국민들과 미국 사람의 상호 이해를 증진시키기 위한 취지로 고안된 교환 방문 프로그램이다. 이런 비자의 사용을 활성화시키기 위해 2011년부터 미 국무부 산하 교육문화국(ECA)은 J1비자에 관한 신청 및 발급정보 등을 제공하는 웹사이트를 운영한다.

웹사이트 주소는 다음과 같다. http://j1visa.state.gov

웹사이트에 나와 있는 J-1 비자관련 내용에 대해 알아보자.

- What is the purpose of the exchange visitor program (J-1 Visa program)?

The Exchange Visitor Program fosters global understanding through educational and cultural exchanges. All exchange visitors are expected to return to their home country upon completion of their program in order to share their exchange experiences.

: J-1 비자의 목적은 문화 교류를 목적으로 한다.

J-1비자는 미국 국무부(Department of State)에서 승인된 교환방문 프로그램(The Exchange Visitor Program)의 참가를 목적으로 한다. 이 비자의 목적이 문화 교류이므로 승인된 프로그램이 끝나면 한국으로 돌아가려고 하는 의도가 있어야 한다. 이에 대한 근거로 한국에 남아 있는 재산, 가족, 직장 등 여러 가지를 제시하고 있다.

- Where do I apply for exchange visitor J-1 Visa?

Once you obtain a Form DS-2019 from a Sponsor, you may apply for an exchange visitor J-1 visa at the nearest U.S. embassy or consulate in your country of residence. Also, if you are married, your spouse and any children can apply for an exchange visitor (J-2) visa when you apply, or join you after you are in the United States if the exchange category in which you are participating permits an accompanying spouse and/or dependents (i.e. regulations prohibit an accompanying spouse in the categories of Camp Counselor, Summer Work Travel, Au pair and Secondary School Student). In some cases an individual sponsor's program will not permit a spouse or dependents to accompany their participants. If you are married and/or have dependents who you wish to bring to the United States with you, inquire about this issue when seeking a sponsor.

: 국가 간의 정보 교환을 통해 국제적 협력을 이룰 수 있도록 학교, 사업체, 기관, 단체 등에 DS-2019 발급 권한을 부여하고 있으며, 교환 방문 프로그램의 종류에 따라 미국에서 공부 혹은 일을 할 수 있다.

J-1 비자의 동반 가족들은 J-2 비자를 받을 수 있으며 이민국의 허가를 요구한다. J-2비자는 미국에서 일을 할 수 있지만, 일을 하는 목적이 J-1비자 주 신청자를 경제적으로 보조하기 위한 것이어서는 안 된다. Camp Counselor, Summer Work Travel, Au pair and Secondary School Student 카테고리로 J-1비자를 발급 받은 경우 일반적으로 가족을 동반할 수 없으나, 동반을 원할 시에는 따로 스폰서에게 이 문제에 대해 요청하여야 한다.

- How long does it take to obtain a J-1 Visa?

The wait time for an interview and processing for a J-1 Visa varies from country to country and is based on your individual circumstances. Learn more about interview wait and processing times by visiting www.travel.state.gov and select Visa Wait Times. We encourage you to apply as soon as possible. Please note that exchange visitors beginning new programs may not enter the United States more than 30 days before their program start date.

: J-1비자 지원자의 환경에 따라 비자가 나오기까지 기다리는 시간이 다르며 www.travel.state.gov에서 Waiting Time관련 정보를 확인 할 수 있다. J-1 비자로 프로그램이 시작하기 이전에 미국에 입국하기를 원한다면 프로그램이 시작하는 날 30일 이전에는 미국 입국이 불가능하다.

- What will happen to my J-1 Visa status if my exchange visitor program sponsor terminates my exchange visitor program?

If your sponsor terminates your participation in their exchange program for just cause, the sponsor will enter this information into SEVIS and you will be expected to depart the United States immediately. You will not be entitled to the post-completion 30-day period because you did not successfully complete your program.

: 교환 방문 프로그램에서 J-1비자 소지자의 참석이 끝나고 스폰서가 SEVIS에 그 내용을 보고했을 경우 J-1비자 소지자는 프로그램을 완료하지 못하였기 때문에 30일의 Grace Period 없이 즉시 출국하여야 한다.

예를 들면, 인턴으로 왔을 경우에는 스폰서 회사로부터 해고를 당했을 때인데, 회사에 일정 기간 동안 보고하지 말아 달라는 양해를 구한 후 다른 스폰서를 찾아서 비자 스폰서를 바꾸는 방법도 있다.

이 상황에서 처리 기간을 놓쳐 버리거나 미국에서 출국을 하지 못하게 되면, 미국에서 불법체류를 한 것이 된다. 미국에서 이민법 위반은 중죄에 속한다. 일단 신분에 문제가 생기게 되면 되돌리기가 매우 어려울 뿐만 아니라 변호사비 등의 많은 비용이 든다. 이렇게 중요한 비자에 관련된 정보들은 꼼꼼히 챙겨두어야 한다.

- How can I work for an employer other than the program sponsor?

A J-1 holder may only perform the activity listed on his/her Form DS-2019, or as provided for in the regulations for the specific category for which entry was obtained and with the approval of the Sponsor's Responsible or Alternate Responsible Officer.

: J-1비자 소지자는 DS-2019 상에 표시되어 있는 교환 프로그램에 참여하는 공부나 일을 하여야 한다.

J-1 비자를 획득한 후 미국에 입국하여 학교로 가서 공부를 하길 원한다거나 정직원으로 취업이 되는 등의 변화가 생겼다면, 비자 신분 또한 변경해야 한다. 이 경우에는 여러모로 변호사와 충분히 상의한 다음 진행하는 것이 좋을 것이다. 경우에 따라 복잡해질 수도 있기 때문이다.

신분을 변경하는 것은 많은 신중함을 요한다. 변호사들 또한 100% 준비를 잘해준다는 생각은 버려야 한다. 서류 작성기간을 놓쳐버린 다거나 서류작성을 엉터리로 해버리는 경우와 같이 변호사의 불찰로 신분에 문제가 생기는 경우도 있다는 것을 명심하여야 한다.

많은 부분에 있어서 본인이 잘 몰라서 대처할 수 있는 기간을 넘겨 버리거나 재정적으로 감당하지 못해 신분에 문제가 생긴다. 참고로 신분 변경에는 적게는 몇 백 불에서 많게는 몇 만 불이 들 수도 있는 일이다. 본인의 상황을 제대로 알아보고 법률 절차를 진행하여야 한다. 미국에서 본인의 신분에 문제가 생기거나 비용이 들게 된다면 결국에는 스스로 책임을 질 수밖에 없기 때문이다.

- Do I need a sponsor?

Yes. The State Department designates U.S. government, academic and private sector entities to conduct educational and cultural exchange programs. To participate in the Exchange Visitor Program, foreign nationals must be sponsored by one of the State Department-designated sponsors.

The program sponsors are responsible for screening and selecting eligible foreign nationals for participation in their designated exchange visitor program, as well as supporting and monitoring exchange visitors during their stay in the United States.

: 미국 국무부(Department of State)에서 승인된 스폰서가 필요하다. 교환 방문 프로그램의 승인이 필요한 DS-2019가 있어야만 비자 신청이 가능하다. 이때 비자 스폰서는 교환 방문 프로그램에 적합한 외국 국민을 선택했는지, 외국 국민이 미국에 거주해있는 동안 지원 및 관찰에 대한 책임이 있다.

- As a J-1 Visa holder, am I allowed to work?

A J-1 holder is only allowed to perform the activity listed on his/her Form DS-2019 and as stated in the regulations for that category of exchange.

Programs: Au Pair, Camp Counselor, College and University Student, Government Visitor, Intern, International Visitor, Physician, Professor and Research Scholar, Secondary School Student, Short-Term Scholar, Specialist, Summer Work, Travel Teacher, Trainee

: 미 국무부 산하 교육문화국(ECA)에서 운영하는 웹사이트에 나와 있는 교환 프로그램의 종류는 14가지이다. 종류에 따라 업무가 정해져있다. 이처럼 교환 방문 프로그램의 종류에 따라 미국에서 공부 혹은 일을 할 수 있다. 모든 J1비자가 일을 할 수 있는 것이 아니라 프로그램이 일을 하며 임금을 받을 수 있는 경우에 한해서 가능한 것이다.

- How do I know if I am subject to the two-year home-country foreign residency requirement?

When you agree to participate in an Exchange Visitor Program you will be subject to the two-year home-country foreign residency requirement if your exchange program is funded by either your government or the U.S. government, involves specialized knowledge or skills deemed necessary by your home country or you received graduate medical training. If this requirement applies, you must return to your home country for a cumulative total of two years at the end of your exchange visitor program. You are not prohibited from traveling to the United States but may not benefit from certain employment-based or family-based visas until the foreign residency

requirement is satisfied.

: J1 비자는 문화 교류를 위해 미국에 거주하는 것이며, 다시 한국으로 돌아간다는 것을 전제로 한 비자이다. J1비자 지원 프로그램의 종류에 따라서 비자 소지자가 반드시 한국에 돌아가 최소한 2년 거주를 해야 다른 비자나 영주권으로 전환이 가능한 경우가 있는데, 이런 2년 거주 의무는 철회신청 절차를 거치는 경우 철회가 가능하다.

철회신청 절차는 그리 복잡하지 않으나 철회 승인을 받는데 상당의 시간이 걸린다. 외국 정부 혹은 미국 정부의 재정적 보조를 받거나 전문지식, 고국에서 필요한 기술 그리고 의대를 졸업한 경우 승인 받기가 매우 어렵다.

J1 비자의 교환 프로그램별 자세한 내용에 대해 알아보자.

① Intern Program

인턴 프로그램은 외국학생들이 학기 중 혹은 졸업 후 미국에 와서 미국 문화와 실질적인 비즈니스 경험을 하는 목적으로 진행하고 있으므로, 미국 외의 대학에 재학 중이거나 졸업한지 12개월이 지나지 않아야 한다. 그러므로 경력이 많은 직장인이나 미국에서 학교를 나온 경우에는 해당하지 않는다.

교환 방문 프로그램으로써의 인턴은 외국에서 College and University Students이거나 최근에 졸업한 학생을 대상으로 하고 있다. 그러므로 대학교 전공이나 전문성이 요구되지 않는 일반적인 노동일, 어린이 돌보는 일, 노인 돌보는 일 및 환자를 돌보는 일이나 교제를 위해서는 비자가 지원되지 않는다. 또한 20% 이상의 일상적인 오피스 Support 업무를 위해서도 지원되지 않는다.

J1비자가 지원되는 카테고리이다. 비자를 지원하기 위해서는 인턴을 희망하는 회사의 업무가 본인의 전공과 일치하여야 한다.

Internships are offered in the following occupational categories:

Agriculture, Forestry and Fishing;

Arts and Culture;

Construction and Building Trades;

Education, Social Sciences, Library Science, Counseling and Social Services;

Health Related Occupations;

Hospitality and Tourism;

Information Media and Communications;

Management, Business, Commerce and Finance;

Public Administration and Law; and

The Sciences, Engineering, Architecture, Mathematics and Industrial Occupations.

- 기간: 인턴을 목적으로 하는 J1비자는 교환 프로그램을 마치는 것을 목적으로 하는 비자이기 때문에 인턴을 목적으로 비자를 받을 경우 보통 1년이 주어지지만, 왜 정상적으로 주어진 기간 동안 프로그램을 마치지 못했는지를 증명한다면 연장이 가능하다.

많은 한국 학생들이 단순히 일 년 동안 해외 인턴 경력만을 쌓기 보다는 대학교를 졸업한 후 미국에 정식으로 취업하기 위한 방편으로 인턴 직원을 지원하는 경우가 많아졌다. 이런 경우 자연스럽게 비자 변경 문제로 연결되는데, 보통 J1비자로 인턴 경험을 12개월 동안 쌓은 다음 비자 기간을 연장하거나 정직원으로 채용 결정이 나면 대부분이 H1B로 변경하게 된다. 이전에는 인턴이 필요한 인재로 판단될 경우 최대 3년까지 연장해주기도 했으나, 최근 J1비자 지원이 급증하면서 비자 연장심사가 많이 까다로워져서 비자 기간 연장이 거부되는 사례가 많이 늘어나고 있는 것이 현실이다.

② College and University Student

College and University Student를 위한 J1 비자 프로그램은 미국에서 학위 수료나 교육 과정 이후 인턴을 지원하기 위한 프로그램 이다. 정규 프로그램을 수료 할 때까지의 기간을 부여하는 것이 일반적이나 경우에 따라 정해진 기간이 없을 경우에는 보통 24개월을 준다.

보통 정부 기관이나 국제기관의 재정적인 지원을 직접적 혹은 간접적으로 받기 때문에 프로그램 이수 이후에 한국으로 가서 2년을 거주해야 하는 의무가 주어지는 것이 대부분이다.

③ Physician Program

Physician Program을 위한 J1비자 프로그램은 외국인 의사가 미국 내의 대학원 의학 교육 프로그램이나 교육 수료를 위해 미국에 거주할 수 있게 비자를 지원해주는 프로그램이다.

전문적인 교육프로그램을 위한 비자 지원이므로, 비자 심사 시 전문 교육 프로그램을 이수할 수 있을 정도의 영어 실력을 입증해야 한다.

④ Professor and Research Scholar Program

Professor and Research Scholar Program을 위한 J1 비자 지원은 연구 및 학술적인 부분의 국가 간의 상호 교류를 위한 것인데, 보통 3년 정도의 기간이 주어지며 만료 기간 이후 30일의 Grace Period가 주어지는 것이 보통이다.

4) O Visa- Extraordinary Ability

O Visa는 일시적으로 미국에서 취업을 하기 위해 지원되는 비자 중 하나이다. 보통 예술가, 과학자, 교육자, 운동선수 등 비범한 능력 (Extraordinary Ability: EA)이 있는 외국인이면 지원 가능하며 경우에 따라 비범한 능력을 인증할 여러 장의 '전문가 의견서'(AO: Advisory Opinion)를 필요로 한다.

O Visa를 받기 위해서는 고용주가 필요하며 예술가인 경우 예술기관이 스폰서가 될 수 있다. 다른 비자들과 같이 매년 채용 수가 제한되어 있지 않아서 보통 기간과 쿼터[매년 지원 가능한 비자 수] 때문에 다른 비자 지원이 힘들 경우 많이 지원한다.

O Visa를 지원받기 위해서는 비범한 능력(EA: Extraordinary Ability)을 입증해야 하는데 그 입증 방법에 대해 알아보자.

예술분야를 제외한 과학, 교육, 상업, 체육 분야의 경우 노벨상과 같이 국제적으로 인정받는 상을 받은 경우, 혹은 아래 8가지 사항 중 3가지 이상 만족한 경우.

① 본인이 국가적 또는 국제적인 인정을 받는 상을 받은 경우

② 탁월한 업적을 요구하는 협회의 멤버인 경우

③ 주요한 잡지나 언론방송 등에서 발표한 내용이 있는 경우

④ 다른 사람들의 일을 평가한 사실이 있는 경우

⑤ 주요한 공헌을 한 증거가 있는 경우

⑥ 해당분야 학술지와 다른 주요 언론방송에 저술한 경우

⑦ 명성이 있는 기관에서 매우 중요한 역할을 수행한 경우

⑧ 고액연봉을 받은 또는 받을 사실이 입증되는 경우

예술분야의 경우에는 아카데미상, 에이미상, 그래미상, 감독협회에서 수여한 상 등과 같이 국가적 또는 국제적상에 후보자로 선정이 되거나 상을 받은 경우, 혹은 다음 6가지 사항 중에 3가지 이상인 경우.

① 명성이 있는 제작이나 행사에서 주연이나 스타로 참여한 경우

② 주요한 신문, 잡지 등을 통해서 국가적 또는 국제적인 인정을 받은 경우

③ 신문이나 잡지 등을 통해서 월등한 명성을 인정받는 기관에서 중요한 역할을 수행했거나 할 경우

④ 시청률, 흥행기록, 신문이나 잡지 등에 보도된 성취내용을 통해서 입증되는 본인의 성공기록이 있는 경우

⑤ 본인이 속한 분야에 있는 기관, 평론가, 정부기관, 전문가들로 부터 본인의 성취에 대한 상당한 인정을 받은 경우

⑥ 계약서나 기타서류들을 볼 때 고액연봉을 받았거나 받은 경우

이상이 이민법령에 명시되어 있는 자격요건이다.

비범한 능력의 입증이 필요한 O Visa는 그 조건을 만족시키기 힘이 든다.

이때 많이 지원하는 비자가 P비자이다.

5) P Visa- Athletes and Entertainment Groups

P 비자는 국제적인 인정을 받는 운동선수 혹은 팀 또는 흥행그룹에게 지원되는 비자이다.

국제적인 인정을 받고 있다는 것을 증명하기 위해서는 미국의 유명 스포츠 단체들과의 고용계약서가 있어야 하고, 한국 국가대표팀 선수증명서, 수상경력, 스포츠 전문가들의 소견서 등이 필요하다.

경우에 따라 고용 계약서가 생략되는 경우에는 없어도 된다.

그리고 다음의 7가지 조건 중에 2가지 이상을 만족해야 한다.

① 지난해 주요 미국 팀에서의 활동

② 국가대표선수로 국제대회 참석

③ 지난해 미국대학팀에서의 활동

④ 국제적인 인정을 받는다는 미국 스포츠 단체로부터의 편지

⑤ 국제적인 인정을 받는다는 스포츠 언론방송사로부터의 편지

⑥ 개인이나 팀의 세계 순위

⑦ 스포츠계 주요한 상의 수상

비자 관련 법률문제는 어렵고 복잡하며 비용과 시간이 많이 걸리지만, 미

국에서 취업을 하고 거주하길 원한다면 제일 중요하게 집고 넘어가야 할 부분이기도 하다. 모든 미국 취업자들의 숙제인 것이다. 미국에 몇 년을 머무를 것인지, 아니면 영주권을 받아 시민권을 딸 것인지 등 개개인의 상황에 따라 각기 상황도 다르므로 주변의 이야기를 듣고 행동하는 것보다 가장 중요한 것은 전문 변호사와의 상담을 통해 진행하는 것이다. 또한 신분 문제는 미국 내에서 상당히 민감한 부분이기 때문에 상대방의 신분이나 출신 등 개인적인 정보를 물어보는 것은 소송을 당할 수 있는 일인 것이다.

미국 취업 준비에 있어서 많은 문화적 차이와 법률적인 문제들이 많지만 제일 중요한 것은 정확한 정보를 얻어서 계획된 미국 생활을 시작할 수 있도록 준비하는 것이다.

4. 연봉 및 생활비 조사

미국취업을 계획할 때 제일 먼저 생각나는 것은 취업할 수 있는 직업, 비자 그리고 무엇보다 재정적인 계획을 세울 수 있는 연봉이 얼마나 될지, 생활비는 얼마 정도로 계획해야 할지 등 Money 문제이다. 미국은 한국보다 평균 연봉이 높은 반면에 생활비가 많이 든다. 한국은 전세제도가 있어서 집을 사지 않아도 생활이 가능하지만 미국은 매달 렌트를 내는 것이 일반적이다. 렌트비를 절약하기 위해서 룸메이트와 같이 사는 것 또한 보편화되어 있는데 대도시의 렌트비는 상상을 초월할 정도로 비싸다.

1) 지역별 최저 임금

대도시인 캘리포니아나 뉴욕, 뉴저지의 경우 보통 혼자 스튜디오에서 살 경우 적게는 $800에서 많게는 $3,000~$4,000 정도로 비싼 렌트비를 내야 하는 경우도 있다. 방이 여러 개인 아파트에 룸메이트와 같이 살아도 $600 이상을 내야 한다. 이처럼 기본적으로 드는 생활비가 만만치 않은 미국에 살기 위해서는 지역별로 연봉이 어느 정도인지, 기본적으로 필요한 생활비는 어느 정도인지 알아보자. 미국에도 법으로 정하고 있는 최저 임금이 있다. 한국에서 막 온 구직자들이 미국에 대해 잘 모른다는 것을 이용해 임금을 최저 임금보다 적게 주는 악덕 업체도 간혹 있다.
미국 주별로 정해져 있는 최저임금에 대해 알아보자.

지역별 최저 임금

Wage and Hour Division (WHD)

Minimum Wage Laws in the States - January 1, 2011

★Basic Minimum Rate (per hour)

ALABAMA - No state minimum wage law.

ALASKA - $7.75

ARIZONA - $7.35

ARKANSAS - $6.25

CALIFORNIA - $8.00

COLORADO - $7.36

CONNECTICUT - $8.25

DISTRICT OF COLUMBIA - $8.25

FLORIDA - $7.25

GEORGIA - $5.15

GUAM - $7.25

HAWAII - $7.25

IDAHO - $7.25

ILLINOIS - $8.25

INDIANA - $7.25

IOWA - $7.25

KANSAS - $7.25

KENTUCKY - $7.25

LOUISIANA - No state minimum wage law.

MAINE - $7.50

MARYLAND - $7.25

MASSACHUSETTS - $8.00

MICHIGAN - $7.40

MINNESOTA - Large employer : $6.15 Small employer : $5.25

MISSISSIPPI - No state minimum wage law.

MISSOURI - $7.25

MONTANA - $7.35, Small business : $4.00

NEBRASKA - $7.25 (직원 수 4명 이상)

NEVADA - With no health insurance $8.25

 With health insurance & benefits $ 7.25

NEW HAMPSHIRE - $7.25

NEW JERSEY - $7.25

NEW MEXICO - $7.50

NEW YORK - $7.25

NORTH CAROLINA - $7.25

NORTH DAKOTA - $7.25

OHIO - $7.40, Small business : $7.25

OKLAHOMA - $7.25 직원 수 10 이상 and annual gross sales $100,000 이상

- $2.00 (All other employers)

OREGON - $8.50

PENNSYLVANIA - $7.25

PUERTO RICO - $4.10

RHODE ISLAND - $7.40

SOUTH CAROLINA - No state minimum wage law.

SOUTH DAKOTA - $7.25

TENNESSEE - No state minimum wage law.

TEXAS - $7.25

UTAH - $7.25

VERMONT - $8.15

VIRGINIA - $7.25

VIRGIN ISLANDS - $7.25, Small business : $4.30

WASHINGTON - $8.67

WEST VIRGINIA - $7.25

WYOMING - $5.15

The federal minimum wage for covered nonexempt employees is
$7.25 per effective July 24, 2009.

이처럼 미국은 각 주별로 최저 임금이 정해져 있다. 보통 제조업의 경우 최
저 임금이 정해져 있지 않거나 임금이 낮은 곳에서 공장 설립을 많이 하는
편이다. 보통 미국에서 유급 인턴을 하게 되면 시간당 $8~$12 정도를 받
게 되며, 간호사나 물리 치료사일 경우 경우에 따라 시간당 $18~$40을 받
게 된다. 물론 여기서 Tax를 빼게 되는데 세율은 개개인이 다르며 보통 싱
글인 경우 약 27~31% 정도이며 결혼한 경우 19~21% 정도 감하게 된다.
　비 이민 비자를 지원 받아서 미국에서 일시적으로 일을 할 경우, 미국 노

동청에서 법률로 정해져 있는 포지션별 받을 수 있는 최저 임금이 정해져 있다. 보통 비자 신청 시 이민국에 넣는 LCA에 적혀져 있는 금액을 말하는 데, 회사에서 정해져 있는 임금보다 적게 지급하는 경우는 노동법을 위반한 것이 된다. 이때 변호사를 통해 임금 지급 요청을 하거나, 미국 노동청 웹사이트에 신고하면 합법적으로 정해져 있는 임금을 받을 수 있다.

또한 회사의 필요에 의해 Over Time[초과 근무]를 한 경우 시간당 임금의 1.5배 정도를 지급받게 되어 있으며 회사에 따라 규정상의 차이는 있다. 예를 들어서, 초과근무 수당을 받기 위해서는 초과근무를 하기 전에 초과근무 스케줄 및 근무 내용에 대해 매니저의 승인 및 경영진의 승인을 받아야 하고, 만약 승인 없이 초과 근무를 했을 경우 자의에 의한 초과 근무로 여겨져서 수당을 받지 못하는 경우가 있다.

U.S. Department of Labor
Wage and Hour Division

(Revised July 2008)

Fact Sheet #23: Overtime Pay Requirements of the FLSA
This fact sheet provides general information concerning the application of the overtime pay provisions of the FLSA.
Characteristics

An employer who requires or permits an employee to work overtime is generally required to pay the employee premium pay for such overtime work.

Requirements

Unless specifically exempted, employees covered by the Act must receive overtime pay for hours worked in excess of 40 in a workweek at a rate not less than time and one-half their regular rates of pay. There is no limit in the Act on the number of hours employees aged 16 and older may work in any workweek. The Act does not require overtime pay for work on Saturdays, Sundays, holidays, or regular days of rest, as such.

The Act applies on a workweek basis. An employee's workweek is a fixed and regularly recurring period of 168 hours -- seven consecutive 24-hour periods. It need not coincide with the calendar week, but may begin on any day and at any hour of the day. Different workweeks may be established for different employees or groups of employees. Averaging of hours over two or more weeks is not permitted. Normally, overtime pay earned in a particular workweek must be paid on the regular pay day for the pay period in which the wages were earned.

The regular rate of pay cannot be less than the minimum wage. The regular rate includes all remuneration for employment except certain payments excluded by the Act itself. Payments which are not part of the regular rate include pay for expenses incurred on the employer's behalf, premium payments for overtime work or the true premiums paid for work on Saturdays, Sundays, and holidays, discretionary bonuses, gifts and payments in the nature of gifts on special occasions, and payments for occasional periods when no work is performed due to vacation, holidays, or illness.

Earnings may be determined on a piece-rate, salary, commission, or some other basis, but in all such cases the overtime pay due must be computed on the basis of the average hourly rate derived from such earnings. This is calculated by dividing the total pay for employment (except for the statutory exclusions noted above) in any workweek by the total number of hours actually worked.

Where an employee in a single workweek works at two or more different types of work for which different straight-time rates have been established, the regular rate for that week is the weighted average of such rates. That is, the earnings from all such rates are added together and this total is then divided by the total number of hours worked at all jobs. In addition, section 7(g)(2) of the FLSA allows, under specified conditions, the computation of overtime pay based on one and one-half times the hourly rate in effect when the overtime work is performed. The requirements for computing overtime pay pursuant to section 7(g)(2) are prescribed in 29 CFR 778.415 through 778.421.

Where non-cash payments are made to employees in the form of goods or facilities, the reasonable cost to the employer or fair value of such goods or facilities must be included in the regular rate.

Typical Problems

Fixed Sum for Varying Amounts of Overtime: A lump sum paid for work performed during overtime hours without regard to the number of overtime hours worked does not qualify as an overtime premium even though the amount of money paid is equal to or greater than the sum owed on a per-hour basis. For example, no part of a flat sum of $180 to employees who work overtime on Sunday will qualify as an overtime premium, even though the employees' straight-time rate is $12.00 an hour and the employees always work less than 10 hours on Sunday. Similarly, where an agreement provides for 6 hours pay at $13.00 an hour regardless of the time actually spent for work on a job performed during overtime hours, the entire $78.00 must be included in determining the employees' regular rate.

Salary for Workweek Exceeding 40 Hours: A fixed salary for a regular workweek longer than 40 hours does not discharge FLSA statutory obligations. For example, an employee may be hired to work a 45 hour workweek for a weekly salary of $405. In this instance the regular rate is obtained by dividing the $405 straight-time salary by 45 hours, resulting in a regular rate of $9.00. The employee is then due additional overtime computed by multiplying the 5 overtime hours by one-half the regular rate of pay ($4.50 x 5 = $22.50).

Overtime Pay May Not Be Waived: The overtime requirement may not be waived by agreement between the employer and employees. An agreement that only 8 hours a day or only 40 hours a week will be counted as working time also fails the test of FLSA compliance. An announcement by the employer that no overtime work will be permitted, or that overtime work will not be paid for unless authorized in advance, also will not impair the employee's right to compensation for compensable overtime hours that are worked.

Over time Payment를 적용받기 위해서는 우선 Non-Exempted Employee 직원이여야 되며 회사의 필요에 의해 승인되어진 Over Time[초과 근무]이어야 된다는 것이다.

여기서 말하는 Non-Exempted Employee란 말은 Exempted Employee를 제외한 직원들을 말하는데, 일반적으로 Exempted Employee란 전문직, 경영진 혹은 세일즈 포지션과 같이 업무 특성상 Over Time 측정이 어려울 뿐 아니라 연봉 산정 시 어느 정도의 Over Time[초과 근무] 비용이 가산되어 있어 Over time Rate 적용이 되지 않는 직원을 이야기한다.

2) 미국 내 신입사원 평균 연봉

많은 한국인들이 미국에서 대학교를 졸업하고 일정 수습 기간을 지나 신입 사원으로 채용된다. 혹은 한국에서 대학을 졸업한 후 미국 회사에 채용되어서 온다. 이들은 한국어와 영어를 동시에 사용할 수 있다는 장점을 살리기 위해서 미국 내 한국 관련 회사에 취업하지만 또한 경우에 따라 미국 회사에서도 전문직에 취업하여 다른 미국 직원들 못지않게 미국 사회에서 활약을 하고 있다.

미국 회사들과 미국 내 한국관련 회사의 신입사원 연봉에 대한 조사 결과이다.

- 미국 내 한국 관련 회사

많은 한국 기업들의 지사들과 한인 교포가 경영하는 회사들이 미국 내에 위치해 있으며 한인들의 미국 현지 채용을 한다. 한국 대기업에서는 미주 지역 지사에서 근무하는 직원을 채용하기 위해 한국에서 파견 근무를 하는 직원들의 재정적 지원, 한국에서의 이주, 그리고 회사의 현지화 등 많은 이유로 현지 채용을 선호하는 편이다. 한인 교포회사들 또한 한국과 교류가 많으므로 이런저런 이유로 한인들을 많이 채용하며 비자 지원 또한 많이 해주는 편이다.

한국 관련 회사들은 한인 타운이 크게 분포하고 있는 뉴욕, 뉴저지 지역 및 캘리포니아 지역에 많이 분포해 있으며 한국의 미국 진출이 더욱더 활성화되는 까닭에 현재에도 그 수가 늘어나고 있다.

미국 내 한국 관련 회사들의 평균 신입사원 연봉에 대해 알아보자. 평균 신입사원 연봉이 $43,000인 미국 회사들에 비해 많이 낮은 $33,000 정도로 큰 차이를 보이고 있지만 회사에 따른 장단점이 있다. 미국의 직종별 연봉에 대해 알아보자.

내가 지원하고자 하는 포지션의 평균 연봉은 어느 정도인지, 초봉은 어떤지에 대한 정보는 알아두어 인터뷰 당일 날 처음부터 채용 담당자에게 연봉이 얼마인지 물어보는 일은 하지 말아야 한다. 물론 개개인의 조건에 따라 회사에서 Offer 받는 금액이 다르겠지만, 대충 어느 정도 받을 수 있는 정도는 알고 지원하자는 것이다. 보통 연봉에 관한 질문은 인터뷰가 어느 정도 진행되고 나서 회사에서 후보자의 채용에 관심이 있을 때 언급하는 것이 보통이지만, 많은 한국인 후보자들은 인터뷰를 시작하는 시점에서 연봉이 얼마인지 물어본다. 연봉을 물어보는 것이 문제가 되는 것이 아니라 인터뷰 시작 시점에서 물어보는 것은 회사나 업무에는 관심이 없고 돈만 찾아다니는 이미지를 연출하게 된다.

지·상사 대졸 평균 초봉 3만3,000불 …SW엔지니어·마케팅 부문 '최고'

지난 5월 매디슨스퀘어가든에서 열린 아시안 취업 박람회에 참가한 한인 젊은이들. 지·상사들은 대졸자에게 3만 달러 이상의 연봉을 지급한다.

한국 지·상사들의 올해 대졸 신입사원의 평균 연봉은 약 3만 3,000달러인 것으로 나타났다.

리쿠르팅 전문 업체 세스나(사장 김성민)는 28일 미주에 진출한 삼성전자 현대자동차 LG전자 등 주요 한국 기업 지·상사 중심으로 실시한 '미주 한인기업 임금 및 복지 조사' 보고서를 내고 이같이 밝혔다. 또 "이들 기업의 평균 초봉이 5년 전에 비해 6.4% 가량 올랐다"고 밝혔다. 이는 지난 5년간의 물가상승률에 못 미치는 수준이다. 이 달 12일을 기준으로 삼아 조사한 미국의 올 상반기 물가상승률은 5.02%였다. 조사결과 직원 수가 많을수록 연봉이 높은 것은 물론이고 복지 혜택이 좋은 것으로 조사됐다. 직원 수가 200명 이상인 지·상사 및 한인 기업의 초봉은 연간 평균 3만5,000달러로 5년 전과 비교해 5.7% 인상됐다. 비교적 대형 의료보험과 치과 보험, 은퇴연금 프로그램 401k도 제공한다. 직원 수 100~200명 규모 기업의 대졸 신입직원은 연간 3만2,000달러를 받았다. 이는 5년 전보다 6.6%가 오른 수치다. 이들은 의료보험 정도의 베네핏을 받는다. 직원 수가 100명 이하인 곳의 초봉은 5년 전보다 7.1% 정도 오른 연간 3만달러였다. 대다수 이들 업체는 베네핏이 없는 것으로 나타났다.

회사 내 업무 부문에 따라서도 평균 초봉은 연간 8,000달러까지 차이가 났다. 초봉이 가장 높은 업무 포지션은 소프트웨어 엔지니어와 마케팅 분야로 초봉이 연간 3만8,000달러였다. 소프트웨어 엔지니어는 5년 전에 비해 초봉이 2.7%, 마케팅 분야는 5.5% 올랐다. 세일즈와 파이낸스, 생산 분야가 연간 3만5,000달러로 뒤를 이었다. 세일즈 분야 초봉은 5년 전보다 2.8%, 파이낸스와 생산 분야는 5.7%가 각각 인상됐다. 어카운팅 구매 물류관리(로지스틱스) 분야의 초봉은 연간 3만2,000달러였다. 어카운팅과 구매 분야는 5년 전보다 초봉이 6.6%가 인상된 반면 물류관리는 변화가 없었다. 관리 및 인력관리(HR) 분야 초봉은 연간 3만 달러였다. 관리부서는 3.5%가 인상된 것이며 HR분야는 정체된 것이다. 물가상승률을 고려하면 실질 임금은 상당 부분 감소한 것. 직원 수가 200명 이상인 뉴욕 지·상사의 인사부문 한 실무자는 "임금 수준에 큰 변화는 없지만 평균 물가상승률이 평균 4%가 넘기 때문에 5년 동안 6.4% 인상은 사실상 연봉 수준이 줄어든 것"이라고 말했다. 세스나의 김성민 사장은 "미주에 진출한 지·상사들의 직원 대우가 장기적으로 나아지고 있다"며 "하지만 경기침체의 여파로 최근 2년간 평균 초봉이 큰 변화가 없는 상태"라고 말했다. 조사대상 50개 업체 가운데 한인 기업인 사우스폴 제이원 로얄소버린 맥스라이트 등 4곳이 포함됐다. 또 30여 개가 뉴욕, 뉴저지 지역 기업이었다.

[뉴욕 중앙일보] 07. 29. 08 한정연 LA 서기원 기자

미주 한인기업 임금 및 복지 조사를 분석해 보면 한국 관련 회사들의 신입 사원 연봉은 $30,000 ~ $40,000 사이로 측정되며, 컴퓨터 관련 전문 직종이나 마케팅 관련 업종은 $38,000로 다른 포지션에 비해 높은 편이며, Insurance나 유급 휴가 등의 Benefits도 미국 회사에 비해 적은 편이다.

하지만 미국 회사와 한국 관련 회사의 연봉의 차이는 있으나, 한국 관련 회사는 미국회사와는 달리 영어와 더불어 한국어를 사용할 수 있다는 장점과 미국 내에서 한국인이 주류로 근무할 수 있다는 장점이 있다. 물론 개개인별로 선호하는 회사가 다르겠지만 말이다.

- 미국 회사

몇 년 전의 금융 위기의 영향으로 미국의 채용 시장은 감쇄하는 듯 해 보였으나 2009년 겨울 이후로 조금씩 좋아지고 있다. 그 증거 중에 하나가 신입사원 채용의 증가인데, 계속해서 감소 추세를 보이다가 2009년 10월부터 조금씩 증가 추세를 보이고 있다. 연구 조사에 의하면 2009년도에서

2010년도의 신입사원 증가율은 23%나 된다. 회사마다 인건비 절감에 노력하고 있으며 경력직보다 신입사원을 선호하는 경향이 있다. 하지만 신입사원으로 대신할 수 없는 포지션은 경력직을 채용하기도 한다.

2011년도 미국 회사의 직업별 신입사원 평균 연봉에 대해 알아보자. 회사, 지역, 산업, 경력 및 혜택 등에 따라 차이가 있지만 2011년 미국 내 신입사원 평균 연봉은 $43,000이다.

미국 내에 있는 동종 직업별 신입사원 평균 연봉을 보면 일반 사무직은 보통 3만 달러 정도이며 자격증이나 전문성이 높을수록 신입사원 연봉이 높은 편이다. IT관련 신입사원의 연봉은 모두 6만 달러가 넘었으며 오늘날 가장 선호하는 직업 중 하나이다. 그리고 신입사원의 연봉은 지역마다 조금씩 다른 차이를 보이는데, 대도시의 경우 시골보다 적게는 20%에서 많게는 50% 정도로 높은 편이다.

물론 어느 전공을 선택하는지, 어떤 포지션으로 직장 생활을 시작하는지에 따라 시작하는 연봉의 차이가 난다. 하지만 기억해두어야 한다. 돈을 벌기 위해 직장에 취업하지만 매일 출근하고 어쩌면 평생 해야 될 일인지도 모른다는 것을, 어쩌면 잘할 수 있으며 또한 즐길 수 있는 일을 선택하는 것이 보다 현명하지 않을까 싶다. 일을 즐기다 보면 잘하게 되는 것이고, 그러다 보면 연봉은 자연스럽게 올라가게 되어 있는 것이다. 본인의 적성과는 상관없이 약간의 연봉 차이 때문에 직장을 옮기는 후보자들을 많이 봐왔다. 오직 연봉만을 쫓으며 직장을 바꿔버린다면 2~3회 정도는 이직으로 인해 연봉을 올릴 수 있는 것에 성공할 수 있을지 모른다. 하지만 한두 번의 일들이 습관이 되어 버리고 조금만 힘들어도 견디지 못하고 자꾸 직장을 바꿔 버리면, 어느 순간에 자신이 갈 수 있는 회사가 없어진다는 것을 알게 될 것이다. 직장을 너무 자주 바꾸는 후보자를 반기는 회사는 없을 테니 말이다. 즐길 수 있는 직장에 우선순위를 두어야 한다. 미국 취업의 첫 시작이니 만큼 자신에게 가장 올바른 선택을 할 수 있도록 노력하여야 한다.

직업별 신입사원 평균 연봉

Administrative Assistant $30,000

Motor Vehicle Operator $30,000

Secretary $33,000

Fire Fighter $34,000

Staff Accountant $41,000

Accountant $47,000

Contract Specialist $55,000

Civil Engineer $58,000

Border Patrol Agent $64,000

Information Technology Specialist $65,000

IT Specialist $66,000

Program Analyst $64,000

위의 자료는 2011년 미국 내에서 채용된 수백만 개의 Job Listing의 통계 자료이며 경우에 따라 조금씩 차이가 있다.

National Association of Colleges의 통계에 의하면 전반적으로 신입사원의 연봉은 2010년 이후로 4% 정도 높은 추세를 보이고 있다.

일반 사무직에 비해 기술직 및 전문직의 연봉이 높은 편이다.

어떤 전공을 이수한 신입사원이 높은 연봉을 받는지 전공에 따른 신입사원 연봉에 대해 알아보자.

- Liberal Arts Degrees

매년 신입사원 Salary 증가하는 비율은 1%~9%로 어떤 직종을 가지느냐에 따라 차이가 있으며 2011년도 Liberal Arts Degrees 학위를 가진 신입사원 평균 연봉은 $33,258이다. 다양한 직종에 종사하고 있으며 회사의 규모나 지역에 따라 조금씩 차이가 난다.

- Technical Degrees

Computer Science와 같은 전문적인 기술을 배우는 전공자의 2011년도 신입사원 평균 연봉은 $56,921이며 매년 신입사원 Salary 증가하는 비율은 7.9%로 높은 편에 속한다. 이처럼 컴퓨터 및 시스템 관련 전공을 가진 전공자들의 신입사원 평균 연봉이 높은 편이다.

- Engineering

Engineering 전공자의 연봉은 5.7% 상승하였고 신입사원 평균 연봉은 $56,336이며, Engineering 중에서도 Chemical Engineering졸업자일 경우 조금 더 높은 6.2%의 연봉 상승률을 나타내고 있다. Civil

Engineering 졸업자의 연봉 상승률은 4.8%이고 2011년 신입사원 평균 연봉은 $49,427이며, 전자 공학 졸업자일 경우 3.5%의 상승세를 나타내며 신입사원 연봉 평균은 $56,512이다. 기계 공학 졸업자인 경우 다른 공학 전공자들에 비해 3.4%로 비교적 낮은 편이다. 그리고 신입 평균 연봉은 $56,429이다. 일반적으로 석사 및 박사 학위 소지자의 채용을 선호하는 편이며, 석사 및 박사 학위 소지자 및 2년 정도의 경력자의 연봉은 $80,000 이상 높은 편이다.

- Finance and Accounting graduates

Finance and Accounting 전공 신입사원의 평균 연봉은 $48,795이며 연봉 평균 상승률은 1.9%로 낮은 편이다. Administration and Management 전공자의 신입사원 평균 연봉은 $43,823이며 매년 연봉 상승률은 1%보다 작다. 미국에서 많은 한국인들이 Finance and Accounting 관련 직종에 근무하고 있다. 전문적인 경력을 키우기 위해서 CPA나 기타 관련 자격증 준비를 많이 한다. 경력 2~7년 정도의 CPA의 평균 연봉은 $60,000에서 $80,000 정도로 높은 편이다.

- Economics

Economics 전공을 가진 지원자는 다른 직종에 비해 비교적 많은 선택권을 가진다. Business 관련 직종에 근무할 수 있으며, 보통 비즈니스 관련 컨설팅에서 근무하거나 정부관련 에이전트에서 근무한다. 신입사원 평균 연봉은 $52,926이다. 전문적인 분야에서 근무하기 위해서 많은

Economics 전공자들이 MBA를 이수한다.

- Nursing

의료 관련 시설이 많이 부족한 미국에서는 Nursing 관련 전공자는 비교
적 좋은 조건에서 경력을 쌓을 수 있다. 의료관련 전문 자격증을 가진 경
우 개인 비즈니스를 경영할 수 있으며, 경력이 있는 경우 높은 연봉을 받
으며 의료 시설에서 근무할 수 있다. 신입사원 평균 연봉은 $52,129이다.

- Chemistry

Chemistry를 전공한 신입사원은 주로 연구소, 제약회사, 화학 관련 공장
에서 연구 개발관련 직종에서 근무한다. 신입사원 평균 연봉은 $52,125이
며, 보통 석사 이상을 졸업한 후보자를 채용한다.

- Political Science/Government

Political Science and Government 전공자는 주 정부, 연방 정부, 사설
기관 혹은 비영리 기관에서 근무하며, 변호사 사무소에서 서기 직으로도
취업한다. 신입사원 평균 연봉은 $43,594이다.

- Human Resources

Human Resources전공자들은 보통 여러 가지 기관에서 HR Assistants,
Payroll or Benefits Coordinators, 교육 관련 직종에 종사하며 학사 이
상 혹은 경력이 있는 후보자인 경우 HR컨설팅 관련 업종에 많이 종사한

다. 신입사원 평균 연봉은 $40,250이다.

- History

한국인들이 비교적 적은 History의 전공자들은 보통 Educator,
Researcher, Communicator or Editor, Information Manager, Advocate
or even a Business Person 등의 업종에 종사하며 비자 지원을 받기가 비
교적 어렵다. 신입사원 평균 연봉은 $35,956이다.

- Communications

Communications 전공자들은 보통 PR, Advertising, Journal-ism,
Marketing and Business Management 관련 업종에 종사를 많이 하
며, 많은 다른 업종에서 적용되어 근무할 수 있다. 신입사원 평균 연봉은
$35,196이다.

- English Language and Literature

English전공은 교육, 언론, 방송분야에서 많이 근무하고 있으며, 기술적
인 내용을 다루는 Technical Writing for Advanced Industries에도 많
이 근무하고 있다. 신입사원 평균 연봉은 $34,757이다.

누구나 높은 연봉으로 근무하고 싶어 한다. 하지만 여기서 중요한 것은 적
성인 것이다. 일을 즐기며 할 수 있는지 고민해봐야 할 부분인 것이다. 연봉
은 일을 잘하고 능률이 오르면 따라 올라가게 되어 있다. 하지만 적성에 맞
지 않고 연봉에 따라 취업을 했을 경우 바로 잡기 힘이 들뿐 아니라 매일 출

근해야 하는 것이 고통일 수 있다. 적성에 맞는 일을 찾았다면 그 분야의 전문가가 되기 위해서는 노력을 해야 하는 것이다. 자격증을 따거나 전문 경력을 쌓아 그 분야의 전문가로써 자리를 확고히 잡는다면, 미국에서의 취업이 어느 순간 국제적인 전문가의 위치로 되어 있을 수 있는 것이다.

미국 취업 준비, 어디서부터 해야 하나

② 미국 취업준비, 어지서부터 해야하나

미국의 지역적 특색, 연봉, 법률적인 문제 등에 대해 조사해 봤다.

미국취업을 위해서 무엇부터 시작해야 할까? 취업을 생각하면 가장 많이 떠오르는 것은 구직 광고, Cover Letter, 이력서, 인터뷰, 헤드헌터……. 수많은 단어들이 머릿속을 스쳐 지나간다. 익숙하지 않은 영어들, 그리고 문서 형식들이 낯설고 "과연 내가 할 수 있을까" 라는 생각이 들게 하겠지만 막상 알고 나면 그리 어렵지 않고, 문서 형식이라는 것은 진행하는 사람이 편하게 볼 수 있도록 만든 것에 불과하다는 것을 새삼 알게 될 것이다. 하지만 무엇보다 중요한 것 또한 이들 서류인 것이다. Interview에서 자신에 대해 이야기할 수 있는 기회를 가지기 위해서는 서류 심사에서 우선 선택 받아야 하는 것이기 때문이다. 모든 부분에 있어서 전략적으로 준비하여야 한다. 남들보다 앞서 가기 위해서는 남들과 다른 무언가가 있어야 된다는 것을 생각하면서 준비해야 하는 것이다.

1. Cover Letter, 나의 첫인상 관리하기

Cover Letter는 나와 회사의 채용 담당자와의 첫 만남이기도 하다. 내가 왜 이 포지션에 지원하게 되었는지, 어떤 기술이나 경력이 있는지에 대해 채용 담당자에게 소개하는 편지라고 생각하면 된다. 보통 이력서 위에 올린 채 채용 담당자에게 전해지거나 메일로 전달되어 진다. 말 그대로 종이를 펼쳤을 때 이력서를 읽기 전에 훑어보게 되는 것이다. 이런 Cover Letter를 간략하고 최대한 효과적으로 쓰기 위해서는 회사가 요구하는 인재상이 무엇인지, 내가 채용 담당자라면 어떠한 내용에 관심이 갈지 먼저 생각해보고 써내려 가야 한다.

Cover Letter에 써야 될 규칙은 정해져 있는 것은 아니다. 하지만 가장 효과적으로 내용을 잘 전달하려면 몇 가지 사항이 꼭 들어가야 한다.

① 지원동기
② 자격요건과 관련된 기술 : 간략하게 요약하자
③ 포지션에 대한 관심 및 의지 표현
④ 연락처
⑤ 기타 주의 사항

우선 간략한 예문을 보고 Cover Letter의 형식에 대해 알아보자.

Christopher A. Avery

15 River ST.

Ridgefield, NJ 12345

Home: (123) 456-0000

chris@email.com

June 1, 2011

Mr. Steve Fleming

Director of Engineering

111 Main ST.

New York, NY 10345

Re: Mechanical Engineer Position (Position Number 1234567)

Dear Mr. Fleming:

Your job description for a mechanical engineer perfectly matches my qualifications, and I am very interested in the opportunity.

I have enjoyed a progressively responsible engineering career with AA corp. in the engineering of three major car engines. I am experienced in all phases of engines design conception. Most recently, I have:

Developed major model for the Model123, 134, 148 and 196;

Contributed process plans and layouts for New Engine Model;

Reduced ergonomic impact on production team members by designing new assist lift systems;

Analysed create estimation and calculation tool for project budgets, greatly improving negotiating power with installation contractors; and In addition, I have served as lead engineer in establishing standards that have reduced costs, enhanced efficiency, improved production methods and simplified equipment and part needs.

Mr. Fleming, I have received repeated commendations from AA corp. for my work quality, revenue contributions and commitment to achieving company goals, and I know I would be a valuable asset to your North American Division. Please feel free to call me at 123-456-7890 or send an email to chris@email.com to arrange a meeting. I look forward to speaking with you!

Sincerely,

Christopher A. Avery

Enclosure: Resume

1) 지원동기

Cover Letter의 동기부분이 30% 정도의 높은 비중을 차지한다. 그만큼 중요하다는 것을 말하고 싶다. 모든 채용 담당자들이 완벽한 후보자를 찾겠지만, 또한 100% 만족스러운 후보자를 찾기는 많이 힘들다는 것 또한 알고 있다. 그리고 완벽하고 잠시 근무할 직원보다는 조금 부족하지만 지원동기가 뚜렷한 후보자를 선호한다.

　구직 광고의 자격 요건보다 부족한 부분이 많다고 주눅 들지 말아야 한다. 당당히 자신의 부족함을 인정하고 극복할 능력이 있음을 보여야 한다. 가장 중요한 것은 나에게는 뚜렷한 지원 동기가 있다는 것을 어필하는 것이 중요하다.

Your job description for a mechanical engineer perfectly matches my qualifications, and I am very interested in the opportunity.

　위의 예문을 살펴보자.

　- 짧은 한 문장이지만 자신감과 전문성이 보인다.
"뭐든지 열심히 하겠습니다."라는 한국식 멘트와는 상당히 다르다. 자신의 전문성에 대해 자신감을 가져야 한다. "회사에서는 나를 꼭 뽑아야 합니다. 왜냐면 제가 그 분야의 전문가이기 때문이죠."라는 사고의 전환이 필요한 것이다.

리) 자격요건과 관련된 기술

우선 먼저 생각해야 할 것은 영어 실력도 중요하지만 그것보다도 포지션을 지원하게 된 동기, 경력 및 실력을 더 어필하도록 노력하여야 한다. 영어 실력을 보기 위해 인터뷰를 보는 것이 아니라, 회사 포지션에 가장 적합한 실질적으로 근무를 할 수 있는 사람을 뽑고자 하는 것이란 것을 명심하여야 한다.

대부분의 한국인 후보자들이 영어 실력이 없다는 콤플렉스가 있기 때문에 인터뷰 시 항상 영어 실력에 대해서만 이야기하는 경향이 있다. 영어도 중요하지만 경력이나 기술 중심으로 실무적으로 능력이 있다는 것을 어필하도록 노력하여야 한다.

예문에서 살펴보면 직접 참여했던 프로젝트나 대규모 행사에서의 구체적인 업무가 자세하게 나와 있다. 또한 채용하는 포지션의 자격 요건과 일치되는 부분을 간략하게 정리하고 있는 것을 볼 수 있다.

물론 채용 담당자의 관심을 끄는 데는 문제없어 보인다.

이처럼 채용 포지션과 관련 있는 업무 내용을 자세하게, 관련 없는 부분은 과감하게 생략하거나 요약하여야 한다.

또한 문장은 되도록 간결하며 명료하게 쓰는 것이 중요하다. 난해한 문장은 많은 이력서를 검토해야 하는 채용 담당자에게 부담이 되거나, 실무에서의 업무 이해 능력이나 진행능력에 의심을 받을 수도 있다. 간략하지만 전략이 있는 계획적인 내용들을 담아야 한다.

3) 포지션에 대한 관심 및 의지 표현

왜 이 포지션에 지원했는지, 왜 내가 이 일을 꼭 해야 하는지에 대해 써야 한다. 채용 담당자에게는 무슨 일이든 할 수 있는 후보자보다는 이 포지션을 꼭 하고 싶어 하며, 필요한 부분의 경력이 있는 후보자에게 관심이 더 가기 마련이다. 이 포지션에 대한 관심이 이전부터 많았으며, 이 포지션에서 근무하기 위해 오랜 기간 동안 노력하고 준비해왔다는 이미지를 심어 주어야 한다. 해당 포지션의 취업에 대한 목적성과 기획성이 있어 보인다. 오랜 시간 준비해오고 관심이 있는 후보자를 채용 안 할 이유는 없다.

4) 연락처

이력서 및 다른 서류에 연락처가 있지만 Cover Letter에도 빠지지 말고 적어두어야 한다. 연락을 하고 싶은데 다른 서류를 다시 찾아야 된다면, 많은 서류를 다시 검토해야 되는 번거로움을 첫인상으로 남기는 것은 별로 좋아 보이지 않는다. 연락처를 각각의 서류에 모두 적어두는 섬세함을 보여야 한다.

5) 기타 주의 사항

Cover Letter 및 이력서를 쓸 때에는 철자나 문법을 절대로 틀리지 말아야 한다. 채용 담당자가 제일 처음 읽어 내려가는 것이 Cover Letter인데, 첫

인상으로 영어가 많이 부족하고 업무에 지장을 초래한다는 이미지를 줄 수 있다. 다른 서류도 마찬가지이지만 쓰고 난 다음 여러 번 다시 검토해서 실수를 하지 않도록 하여야 한다. 걱정이 많이 된다면 이력서 Review를 할 수 있는 컨설팅 웹사이트에 검토를 의뢰해보자. 무료 서비스에서부터 많게는 $200 정도의 비용이 든다.

■ 이력서 수정 관련 Web site

www.cpresumes.com

www.shellyrosenberg.com

www.resumesplanet.com

www.jobgoround.com

www.resumeedge.com

이력서 수정 서비스를 요청할 때는 어느 정도 이력서를 작성한 후 요청하여야 한다. 그래야 비용도 절약할 수 있으며, 또한 모든 경력을 디테일하게 적지 말고 채용 담당자의 관심 있는 부분은 디테일하게, 그리고 나머지는 간략하게 적는 것과 같이 경력의 강약을 조절하려는 목적도 있다. 모든 부분을 이력서 작성 웹사이트를 통해 해버린다면 일괄적으로 모든 이력을 나열해버리는 전기문 같은 느낌이 들 것이다. 전략적으로 중요한 부분은 스스로 작성한 후 Review 받는 서비스를 이용하도록 노력하여야 한다.

2. 미국 Resume는 어떻게 써야 할까

미국 취업은 한국과는 다른 점이 많다. 이력서를 어떻게 쓰느냐에 따라서 경력을 잘 어필하느냐 아니냐가 결정 난다. 물론 이 사항은 연봉을 결정하는데도 중요한 요소가 된다.

무엇보다도 인터뷰 여부를 결정하는 첫 번째 관문이 이력서인 만큼 입사 결정의 60% 정도를 차지한다고 해도 과언이 아닐 듯하다.

그만큼 이력서에 들어가는 한 자 한 자가 많이 중요하다는 것을 말한다. 이력서를 작성할 때 주의 할 몇 가지에 대하 알아보고 준비하자.

1) 보기 좋게 핵심만 간단하게 쓰자

우선 이력서는 보기 좋아야 한다. 서술 식으로 구질구질 써내려간 이력서는 우선 전문적으로 보이지 않을 뿐 아니라, 서류를 쓰는 방식에서 업무 능력에 대한 평가로 핵심을 잡지 못하고 대충 성의 없이 일할 것 같다는 이미지를 남긴다.

물론 채용 담당자의 관심 또한 끌 수조차 없다.

우선 취업하고자 하는 포지션과 연관되는 경력 사항 및 사용할 수 있는 관련된 기술 등을 되도록 간략하게 핵심만 적어두어야 한다.

예를 들면 "전반적인 회계 경력이 있습니다."보다는 "회계 모듈 중 ***을 3년간 사용하였으며, SCM관련 세미나를 들어서 직접적인 경력은 없지만 전반적인 지식에 대한 이해가 있습니다." 와 같이 자세하게 적으면 전문적으로 보인다.

참고로 규모가 큰 회사일 경우 인사 담당이 일차 서류를 검토할 때, 회사 내의 데이터를 관리하는 이력서 서치 엔진을 통해 원하는 기술이나 경력을 가진 후보자를 걸러내기 때문에 이력서를 쓸 때 관련 경력에 대해 되도록 자세하게 적어야 한다. 채용 담당자가 이야기하고 싶어 하는 기술이나 경력이 무엇인지 채용 공고와 회사 관련 자료들을 조사해보고 채용 담당자가 관심을 가지는 부분에 대한 내용을 적어야 한다. 관련된 내용이 있다면 간략하게 핵심을 요약하고 관련된 경험이 없다면 연관되어 있는 부분이라도 적어두어야 한다.

2) 최대한 잘 할 수 있는 일들에 대해 어필하자

보통의 한국 사람들은 자신의 능력에 대해 직접 어필하기보다는 스스로 알아봐주길 바라며 가만히 있는 것이 대부분이다. 이것이 미덕이며 겸손이라고 생각한다. 하지만 이것이 미국에서 통용된다고 생각한다면 큰 오산이다. 이러한 태도로 구직 활동을 한다면 전문 분야의 매니저 이상의 경력으로 신입사원으로 채용될 확률이 매우 높다. 다시 말해서 잘 할 수 있는 일에 대해서는 충분한 설명과 실력을 설명해야 하는 것이다. 귀찮을 수도 있고 구차해 보일 수도 있지만, 자신의 능력과 경력에 대해 자부심을 가지고 충분한 대우를 받을 수 있도록 설명하고 또 설명하여야 한다.

그리고 이력서상 대학교를 졸업하지 못하고 중퇴했거나 여러 번 회사를 옮긴 경험이 있는 것, 혹은 외국에서 대학을 졸업하고 대부분의 경력이 영어권 국가가 아닐 경우와 같이 결격 사유가 있더라도 다른 어떤 교육이나 경력을 통해 극복했으며 이제는 매우 잘 할 수 있다고 어필하는 것이 좋다. 대학교는 여러 가지 이유로 졸업하지 못했지만 스스로 공부하고 교육 프로그램에 참여하여서 문제가 되지 않는다 라든지, 옮긴 회사들이 나의 잘못이 아닌 회사가 근무하는 부서를 없앴기 때문이라든지, 영어권의 교육과 회사 경험은 없지만 영어를 항상 사용하는 업무진행을 했다는 이유 등과 같은 사유를 간단히 적거나, 힘든 사항을 잘 극복해서 이제는 아무런 문제가 되지 않는다는 것을 설명하여야 한다. 그리고 결격 사유의 원인이 무엇인지에 대해서도 간단하게 적어두어야 한다. 예를 들어 회사의 재정적인 문제 때문에 이직을 하게 된 경우에는 이직 사유를 간단하게 적어두어야 한다. 나의 업무 부제로 이직하는 것이 아니라는 것을 알려두는 것이 좋다.

이처럼 경력 란에 간단한 사유를 한두 줄 정도 적어두는 것이 인터뷰 여부 결정에 도움이 될 수 있다.

이런 부족한 부분을 보완했다면 이제는 잘 할 수 있는 분야에서는 충분히 잘난 척을 하여야 한다.

예를 들어, 외국인이어서 영어실력에 의심을 받을 소지가 있다면 미국에서 교과 과정을 오랫동안 이수해서 극복했다거나, 미국에서 이미 전문 분야에서 일한 경험이 있으므로 영어 실력 문제는 극복했다 라고 어필해야 한다. 또한 비즈니스 미팅에서 내가 영어로 프레젠테이션을 아주 잘해서 성공적으로 이끌어 다는 것과 같이 실례를 들어서 설명하여야 한다. 나는 이미 전문 분야에서 성공적으로 업무를 수행한 적이 많으며 영어는 더 이상 문제가 아니다 라는 설명이 더 믿음을 주는 것이다. 즉 무작정 최선을 다하겠다는 설명은 설득력이 부족하다는 것이다. 구체적이고 현실적인 설명이 필요한 것이다.

3) 이력서의 구성 요소에 대해 알아보자

Subject: 왜 이 포지션에 지원했는지, 혹은 어떤 포지션을 지원하고 싶은지에 대한 간단한 소개를 적는 란이다.

Education: 학력을 적는 란이다. 주로 학교와 전공을 적지만 경력이 적은 신입일 경우 찾는 포지션과 관련 있는 수업을 들었다면 자세한 수업 내용을 적고, 어떤 내용을 습득했는지를 적어두는 것도 좋다. 예를 들면, 마케팅 포지션을 지원하고 싶은데 마케팅 전공이 아니라면 마케팅 관련 수업을 들었다면 자세하게 적어두면 어느 정도 마케팅 관련 지식이 있는 후보자로 보일 수 있다. 엔지니어 디자인 포지션을 지원하고 싶은데 경력이나 전공이 염려된다면 관련 프로그램 사용 경력이나 간단한 샘플 작업한 것을 같이 준비한다면 많은 도움이 될 것이다. 경력자일 경우 학교 전공 수업은 아니지만 간간히 세미나 혹은 회사에서 교육받은 내용이 있다면 꼼꼼히 적는 것이 중요하다.

Experience: 경력을 적는 란은 매우 중요하다. 거의 대부분의 결정이 여기서 난다고 보면 된다. 여기서 염두에 둘 것은 후보자가 어느 포지션에 지원하고 있는지 생각하고, 그 포지션에 어떤 기술들이 필요한지 알아보는 것도 중요하다.

이때 회사의 구직 광고란의 Job Description과 Requirement는 꼼꼼히 읽고 이력서를 작성하여야 한다.

포지션에 적합한 프로그램 사용 기술이 있는지, 회사에서 사용하고 있는 시스템을 사용한 경력이 있는지... 미국의 많은 회사들이 EDI 시스템 혹은 SAP 시스템을 많이 사용하고 있다.

EDI나 SAP 시스템 사용 경력이 있다면 자세하게 어떤 부분을 사용 했는지 이력서에 적어두어야 한다. 소규모 회사에서는 Quickbook 프로그램을 많이 사용한다. 물론 Excel과 Powerpoint 등은 당연히 많이 사용한다.

채용담당자는 한 명을 채용하기 위해서 적게는 수백 개 많게는 수천 개의 이력서를 검토해야 한다. 당연히 찾고 있는 기술이나 경험을 가진 이력서를 걸러내는 것이 첫 번째 업무인 것이다. 아무리 채용 담당자가 찾는 포지션에 적합한 후보자 일지라도 이력서에 그 내용을 적지 않는다면, 인터뷰에서 직접 설명하기 전에 서류 심사에서 선택되지 않을 것이므로 설명의 기회조차 가지지 못하게 되는 것이다.

관련 기술이나 경력이 있다면 꼼꼼하게 관련 기술이나 경력을 잘 적어두어야 한다.

몇 개의 샘플 이력서로 미국 Resume는 어떤 식으로 구성되어 있으며 어떤 내용들을 포함하고 있는지 알아보자.

Entry Level, Middle Level and Senior Level 후보자들의 이력서 샘플을 검토해보고 이력서 양식 및 내용을 참조하여 이력서를 작성하여야 한다.

- Entry Level : 신입 사원 지원자일 경우 보통 이력서에 많은 내용이 없다. 우선 채용 포지션에 필요한 교과 과정 이름을 자세하게 적어두어야 한다. 그리고 봉사 활동이나 인턴 경험이 있다면 적어두어야 한다. 인턴 경험을 적을 때에는 회사에서 사용했던 시스템의 구체적인 내용이나 프로젝트를 진행하기 위해 사용한 프로그램 이름 등을 자세하게 적어두어야 한다.

Resume Sample : Entry Level

Mark Wilson

123 W. 40th Ave., #4, New York, NY 12300

Phone: 111-222-3333 | Email: markw@email.com

AA University Marketing Major Targeting Internship Opportunities
Current dean's list Marketing major highly motivated to
secure an internship in the industry. Fast learner and hard
worker with a keen eye for detail and strong command.
Passion for the Marketing of commercials, with marketing

talents repeatedly recognized through top honors in student marketing competitions.

KEY SKILLS

Software: Adobe Premiere Pro / After Effects, Final Cut Pro, Sound Forge, Acid

Other Applications: Blender (3D program), Apple Shake, Apple Color, MS Office Suite

Systems: Windows and Mac OS

EDUCATION

AA UNIVERSITY (College of Marketing & Communication) NY

Pursuing BA in Communication (Specialization in Marketing), 2007 to Present

Honors: Dean's List (all semesters); current GPA: 3.9

- Integrated Marketing
- Finance for Marketing Decisions
- Digital Marketing
- Leadership and Integrated Marketing
- Theory, History and Practice of Public Relations
- Brand Management
- Managing Products and Brands

- Direct Marketing
- Search Marketing
- Marketing Analytics
- Operations Strategy
- E-Commerce Marketing

Completed coursework in Major Includes:

Project Highlights:

•Selected for production assistant role on three senior Marketing Manager projects.

•Served as PR assistant on two Web commercials for local businesses.

•Currently completing How-to videos for PR of new product lines.

ABCE HIGH SCHOOL -- Sometown, TX

High School Diploma, 2007

•Honors: Delivered commencement address as class saluta-torian, Golden Key Honor Society.

•Activities: Served as a lead of the communication group for the marketing department in the local community. Helped PR and edit community's promotional AD used as a recruiting and fundraising vehicle.

AWARDS & RECOGNITION

•Honored as one of only three AA University students (and the sole junior-level student) selected to interview renowned PR Director Robert Mortarless on his recent release

- **Middle Level :** 중간 경력자라는 의미는 기본적인 회사 시스템이나 기

술들의 전반적인 부분에 있어서 이해를 하고 있으며 간단한 관리 정도는 할 수 있는 정도의 경력자를 말한다. 보통 채용 담당자들은 정확히 필요한 기술이나 경력을 가진 지원자를 찾는다. 다른 경력을 가진 후보자일 경우 다시 처음부터 Training을 시켜야 하기 때문에 구지 연봉이 더 높은 경력 직을 뽑을 이유가 없는 것이다. 이력서를 작성할 때 정확하게 채용 담당자가 찾는 경력이나 기술들에 대해 자세히 적어야 한다. 어느 규모의 Budget 에서 프로젝트를 어떤 담당 어카운트와 진행했는지 와 같이 디테일한 정보를 적어두어야 한다. 중간 경력자일 경우 신입 사원 후보자와는 다르게 교육 관련 란에 교과과목을 자세히 적을 필요는 없다. 교육 내용이 아닌 경력으로 채용되기 때문이다. 샘플 이력서에 보면 업무 경력과 동시에 "Key Results"라는 항목을 두어 업무 진행 결과 회사에 어느 정도의 재정적인 성과를 보였는지를 구체적으로 나타내고 있다. 후보자의 업무 능력을 수치로 볼 수 있다는 점에서 채용 담당자 및 회사 경영진의 관심을 받기 충분한 것이다.

Resume Sample : Middle Level

Nancy Dickens, CPA

230 15St.

Fort Lee, NJ 12340

201-111-1234

nancyd@e-mail.com

Career Goal: Accounting Manager / Sr. Accountant /Financial Analyst Dedicated CPA with five years of experience developing and implementing financial systems, strategies, processes and controls that significantly improve P&L scenarios. Expert in establishing accounting functions, systems and best practices; cost-reduction, automation and tax strategies; and lasting business relationships to ensure goal-surpassing fiscal performance. Computer skills include proficiency in Excel, Peachtree, QuickBooks and MS Office.

EDUCATION

Certified Public Accountant, State of Maryland, 5/2010
AA UNIVERSITY, NY

- **Master of Science in Accounting and Financial Manage-ment** (in progress), degree expected 5/2010
- **Bachelor of Science in Accounting,** 5/2007
- Volunteerism: Hunger Clean Up (planning team) ... National Alliance to End Homelessness (fundraising drive volunteer) ... American Red Cross (blood bank volunteer) ... Serve Maryland (Volunteer)

EXPERIENCE

BB COMPANY, NY -- 6/2007-present
Senior Accountant, 3/2008 to Present
Staff Accountant, 6/2007 to 3/2008

Promoted to senior accountant position to direct accounting functions for a growing telecommunications company. Supervise three accountants and oversee financial analysis, financial audits, G/L, A/R, A/P and fixed-asset accounting in accordance with BB standards. Develop and manage external financial relationships (e.g., banks, insurers, auditors) and constantly look for ways to strengthen overall financial performance.

Key Results :

•Built a finely tuned accounting department, fostering a collaborative environment that improved productivity, individual accountability and team morale.

•Revamped G/L, financial systems, reports and schedules to improve forecast precision and standardize reporting procedures.

•Negotiated below-market lease on prime office space that included $100K in facility improvements embedded into agreement.

•Completed comprehensive valuation analysis and credit review of acquisition target, and played a key role in the due diligence effort that was crucial to successful merger.

•Uncovered $125K in accounting overpayments during a six-month period and delivered a 20% expense reduction through analytical studies of business performance.

CC COMPANY, NY - 2/2004 - 4/2007

Accounting Clerk (part-time; concurrent with college studies)

Performed A/P functions for this plastics manufacturer, including purchase order entry and inventory accounting. Processed monthly accruals; prepared checks, production documentation and schedules; and reconciled bank statements.

Key Results :

•Delivered six-figure cost savings by initiating expense analysis of equipment lease alternatives, leading to acted-upon leasing recommendations.

•Introduced business process improvements that enhanced A/P functions, established common vendor files, eliminated duplication and reduced monthly processing time by 20%.

- Senior Level : Management Level 후보자일 경우 관리하던 회사의 예산 규모나 구조에 대한 것과 어떤 어떤 고객 대상으로 영업을 관리했는지

와 같이 경영한 조직의 자세한 내용을 적고, 어느 정도의 실적향상이 있었는지 와 같이 성공한 프로젝트에 대한 내용을 적어두는 것도 좋은 방법이다. 샘플 이력서를 보면 처음 부분에 전반적인 업무 형태 및 산업 분야에 대해 요약해서 적었으며, 관리해온 회사들의 재정 규모의 자료들을 적어놓았다. 채용 담당 경영진들에게 구체적인 예산 규모를 제공해서 업무능력을 구체화 시켜주었다.

Resume Sample : Senior Level

Jennifer F. Lassoers

57 Sylvan Ave. #A

Englewood Cliff, NJ 01234

(201) 222-3333

jenniferl@email.com

RESULTS-DRIVEN PROCESS ENGINEER

- Currently Specializing in Fossil Fuel Alternatives --

•Internationally experienced process engineer with a 20-year record of success in propelling breakthrough process improvements and bottom-line gains for oil refineries in the US and overseas.

•Currently spearheading government research project to identify viable renewable energy sources to lessen the country's dependence on foreign oil and achieve environmental goals.

•Expert in systems/process design, cost-reduction strategies and energy-saving solutions. Known for innovative problem solving, complex troubleshooting and skillful relationship-building with multinational client executives and teams.

KEY SKILLS & KNOWLEDGE AREAS

•Refinery Operations & Reconfigurations

•Fuel Optimization

•Systems/Equipment Analysis & Design

•Process Simulation

•Project Management Best Practices

•Process Re-Engineering

•ISO & SPC Systems/Tools   •Throughput Maximization

•EPA Standards/Compliance

EXPERIENCE

US EXPERIENCEDDD SERVICES ADMINISTRATION, Washington, DC Manages 25%+ of the government's procurement dollars and influences the management of $500B in federal assets.

Senior Engineer Consultant / Fossil Fuel Alternatives Researcher,

5/09 to Present Hired to research, source and secure contracts with US providers of energy-efficient alternative fuels to support goals of the American Recovery and Reinvestment Act (ARRA). Currently leading in-depth review of environmentally friendly energy producers, with early stages of negotiations under way on several multimillion-dollar agreements.

EEE REFINERY SOLUTIONS INC., Sometown, CA Enginee-ring consulting firm serving petroleum refinery clients across the globe.

Senior Engineer Consultant, 4/02 to 5/09

Regarded as one of firm's leading subject matter experts (SMEs) on refinery reconfiguration projects, leading various phases of consulting engagements for clients in the US, Japan, South Korea and India. Identified low-cost, high-yield process improvement opportunities for clients to drive millions of dollars in profit gains.

Key Results :

•Delivered refinery profit-improvement solutions valued from $4M to $16.8M through process enhancements paving the way for gains in throughput (increases of up to 14%) coupled with cost and energy savings.

•Simulated and evaluated refinery reconfiguration alternatives for clients worldwide to identify best-option solutions. Consistently commended for the quality, detail, accuracy and timeliness of deliverables such as:

- Catalyst Life Simulations • Heat & Material Balances
- Product Quality/Yield Forecasts
- Refinery Process Flow Diagrams
- Unit Performance & Instrumentation Analysis
- Engineering Feasibility Studies

•Achieved client objectives, including optimizing marginal fuel (23% improvement), maximizing catalyst usage (45% increase in catalyst run length) and eliminating costly and unnecessary processes (such as VDU wax recycling that saved client $4M+ annually).

•Worked with all levels of management and client teams to drive consensus, collaboration and forward momentum toward the completion of project milestones and the attainment of client goals.

FFF OIL COMPANY, Sometown, TX

Fortune 500 oil company.

Senior Process Engineer, 1/97 to 4/02

Process Engineer, 8/89 to 12/96

Promoted to senior process engineer for large-scale projects, including a $355M coker process design and a $21M cumene plant revamp (inclusive of new hot oil system and transition to new zeolite catalyst technology). In previous position, functioned as process engineer/team leader for high-priority initiatives involving cokers, furnace failure investigations, pipelines, process optimization studies, permit renewal packages and pyro-fractionator neutralizing amine injection projects.

Key Results :

•Guided project team in developing AFE for cumene revamp and engineered improvements on hot oil exchanger system that boosted energy efficiency to an all-time high of 98.6%.

•Played an instrumental role on inter-refinery propylene pipeline project, designing enhancements that were subsequently adopted company-wide.

•Formally recognized for leadership of basis development and process design for a $355M refinery coker project.

•Saved $1.8M in fixed costs by spearheading new flush procedures that extended hydrotreater catalyst lifespan by several years.

•Identified savings/improvement opportunities and solved challenging technical, process-flow and resource-limitation problems.

•Relied on as one of plant's primary trainers of newly hired process engineers. Led comprehensive training on topics including safe operations of process units (including MOCs, HAZOPs and

P&IDs); SPC analysis; and refinery standards and procedures.

174

EDUCATION

GGG STATE UNIVERSITY,CO

Bachelor of Science (BS) in Chemical Engineering, 1989

•Honors: Dean's List (multiple semesters); graduated with honors (GPA: 3.7)

•Internship: Served as plant lab technician during 12-month co-op assignment (6/88 to 6/89) for XYZ-CHEM, INC. Conducted an array of analyses on feed materials, products and water discharge for naphthenic acid plant.

TECHNOLOGY

•Microsoft Office (Word, Excel, PowerPoint, Project)

•Process Simulation Software (Hysim, Aspen)

Available for Nationwide Relocation &International Travel

3. 추천서 준비하기

추천서는 미리미리 받아두는 것이 좋다. 대학교를 졸업할 때, 혹은 교수님 관련 수업이 끝나고 나서, 이 학생은 전공 수업을 통해 전문적인 지식을 습득한 내용이나 관련 수업에서 성적이 우수하다는 내용의 추천서를 미리 받아두어야 한다. 혹 미리 받아놓지 않았다면 다시 방문하거나 메일로 추천서를 부탁드려야 한다. 하지만 충분한 시간과 언제 교수님 수업을 들었으며, 교과 과목 성적은 몇 점이며, 전체 성적은 어느 정도인지, 기본적인 정보를 드려야 된다. 하지만 제일 쉬운 방법은 수업이 끝나고 추천서를 받는 방법이 제일 좋다. 교수님께서 생생하게 기억하고 계실 테니 말이다.

학기 중 혹은 졸업 후 인턴을 한 경력이 있다면 이 또한 인턴 기간이 끝날 때 추천서를 부탁드려도 좋다. 직급이 높을수록 좋지만 직속상관의 추천서는 될 수 있으면 꼭 받아두는 것이 좋다. 직속상관의 추천서는 업무 처리 부분에 있어서 신뢰가 가는 추천서이기 때문이다. 또한 인사 담당의 추천서 또한 받아두어야 한다. 인사 담당자는 객관적인 평가로 여겨지기 때문이다.

경력직일 경우 직속상관, 인사 담당, Executive Level 그리고 할 수 있다면 같이 일했던 거래처 담당자도 괜찮다. 여기서 중요한 것은 추천서를 받을 때 추천서를 작성하는 사람의 전문적인 소속, 직위 그리고 연락처 등을 반드시 받아두어야 한다. Reference Check를 할 경우 간혹 연락처가 필요하기 때문이다.

Jan. 26, 2011

Re: Recommendation for Leslie Avery

Dear Hiring Manager:

I was initially impressed with Leslie Avery's enthusiasm, communication skills and professional demeanor when I hired her four years ago as a Sales Representative within GGG Inc.'s Service center. During the 3 years Leslie reported to me (I have since moved on to a different department), she consistently demonstrated all of these qualities and more, and I heartily endorse her for any service position.

Leslie is reliable, dedicated and eternally upbeat. Her ability to calm angry or frustrated customers is unparalleled, and it is because of her excellence in this area that I repeatedly asked her to mentor new employees in the service center. Leslie multitask effectively and is able to handle a high-volume workload. She consistently met or surpassed all weekly service center metrics (including customer satisfaction, call volume and response time), and her daily written reports were accurate and thorough.

Of particular value to me as a former service manager was Leslie's team player mind-set, enthusiastic embrace of change, ability to work with minimal supervision and unwavering commitment to exceeding customer expectations. I regularly received unsolicited praise from customers commending Leslie's outstanding level of service, professionalism and follow-through.

Organized and diligent, Leslie quickly learned technology systems and software that were unfamiliar to her when she first started with GGG, and she also attended optional professional-development seminars offered through the company. She is pursuing an associate's degree in business through evening classes at AAA Community College.

Leslie is a hardworking, top-performing customer service professional. She has my highest recommendation, and I am happy to furnish more details if you would like additional information.
Sincerely,
Charles Dickens
Service Manager (former Service Center Manager)
GGG Inc.
(201) 333-4444

4. 포지션에 지원하는 방법

1) 잡 포털 사이트 & 헤드헌터

미국에서 유명한 www.monster.com, www.4Jobs.com, SnagA-Job.com, www.careerbuilder.com, www.job.com, www.employmentguide.com 와 기타 취업 포털 사이트를 활용하여야 한다. 연봉이 100K 달러 이상인 Executive Level만을 관리하는 www.theladders.com 웹사이트가 인지도가 높으며 이력서를 올려놓았을 경우 대기업 채용 담당자 및 유명 헤드헌터들에게 보여질 수 있다. 미국 내 전문분야의 인맥을 구축할 수 있는 www.linkedin.com 웹사이트는 경력으로 사람을 서치 가능하며, 원하는 회사의 담당자를 알아볼 수 있으며, 채용 광고에 직접 지원할 수도 있다. 보통 회사 정보나 현재 근무하고 있는 사람들의 직업 경력이나 졸업한 학교 정보를 얻을 수 있다.

하지만 경우에 따라서 전문 헤드헌터를 이용하는 것이 효과적일 때도 있다. 잡 포털 웹사이트를 이용하는 것은 일반직 채용이나 신입 사원 채용에는 효과적이나 경력이 많은 전문 디자이너, 엔지니어 등 전문성을 요하는 포지션일 경우 전문 헤드헌터를 통해 취업하는 것이 보다 효과적이다. Executive Level 또한 취업을 원하는 회사에서 이용하는 헤드헌터회사를 서치해서 연락할 수도 있다. 경력이 많은 전문직이나 Executive Level일 경우에는 전문 헤드헌터의 경력 및 전문 기술에 대한 Reference가 채용에 중요한 역할을 할뿐 아니라 회사의 채용 담당자도 지원자를 업무 능력 면에서 신뢰를 할 수 있기 때문이다.

NY 지역 헤드헌터 LIST

- Finance

Amity Search

(TEL :212-682-8400, www.amitysearchpartners.com)

Specializes in private equity, hedge funds and asset-management firms.

Glocap

(TEL:212-333-6400, www.glocap.com)

Popularly associated with finance, but works across a variety of industries and salary levels, including placement for administrative assistants.

Options Group

(TEL:212-982-0900, www.optionsgroup.com)

Caters to finance professionals in industries including hedge funds, global markets, technology and investment banking.

SG Partners

(TEL:212-922-9544, www.sgpartners.com)

Concentrates on hedge funds, investment banks and private equity.

- Fashion/Retail

Luxe Avenue

(TEL: 212-997-0191, www.luxeavenue.com)

Oversees recruitment in lifestyle and luxury fields, including fashion, beauty, accessories, gastronomy, hospitality and retail.

Martens & Heads!

(TEL:212-421-2094, www.maxinemartens.com)

Handles placement for all functions within retail, fashion, beauty and e-commerce.

- Human Resources

Maximum Management

(TEL:212-867-4646, www.maxmanhr.com)

Places human-resources professionals throughout the tristate area.

- Public Relations

Heyman Associates

(TEL:212-784-2717, www.heymanassociates.com)

Headhunts for mostly senior-level positions in PR and corporate communications, as well as media, branding, investor relations, internal communications and public-affairs positions.

- Advertising

Greenberg Kirshenbaum

(TEL:212-463-0020, www.greenbergkirshenbaum.com)

Dedicated to placing talent in advertising, new media and design.

Sam & Lori

(TEL:646-486-0303, www.samlori.com)

Recruits creative experts in the advertising industry in New York and nationwide.

- Other

Datacom Technology Group

(TEL:212-629-5720, www.dtg-usa.com)

Primarily concentrated on IT and financial services staffing, including placement of IT directors, software engineers, developers, analysts and traders.

Distinctive Personnel

(TEL:212-683-3300, www.distinctivepersonnel.com)

Focuses on a wide range of fields, including information technology, accounting, finance, legal, engineering, office support, advertising, publishing and health care.

The Forum Group

(TEL:212-687-4050, www.forumpersonnel.com)

Specialties include accounting, advertising, market research, marketing, human resources, information technology and health care.

Huxley Associates

(TEL:212-707-8220, www.us.huxley.com)

Services the banking, engineering, IT and global-markets sectors.

Michael Page International

(TEL:212-661-4800, www.michaelpage.com)

Areas of expertise include banking, accounting, human resources, sales, legal and engineering jobs.

On-Ramps (212-924-3434, www.on-ramps.com)

Handles permanent, mid-to-senior-level positions, mainly in program management, finance, human capital, development, marketing and communications.

Raines International

(TEL:212-997-1100, www.rainesinternational.com)

Covers areas ranging from human resources to finance and sales.

Solomon Page Group

(TEL:212-403-6100, www.solomonpage.com)

Ranked the second-largest executive-recruitment firm in New York by Crain's; has a large range of specialties, including accounting, fashion, human resources and publishing.

Stephen-Bradford Search

(TEL:212-221-6333, www.stephenbradford.com)

Concentrates on recruitment of senior-level professionals for permanent positions in marketing, business development, sales and operations.

2) 지역 신문이나 커뮤니티 웹사이트의 취업 광고란을 활용하자

많은 대기업에서 커뮤니티 웹 사이트 및 지역 신문 등을 통해 채용광고를 내고 지원자를 모집한다. 잡 포털 사이트 및 Agency에 지원했음에도 불구하고 채택되지 않았을 경우 지역 신문 및 커뮤니티 웹사이트의 구직 광고는 지원하는 회사에 대한 정보를 알고 포지션에 지원 가능하다는 장점이 있다. 또한 여러 가지 채용 광고를 한 번에 보고 비교 평가할 수 있다는 장점이 있다.

Newspapers List

Advertiser (Honolulu)

American-Statesman (Austin)

Arizona Republic (Phoenix)

Asbury Park Press (Neptune)

Beacon Journal (Akron)

Bee (Fresno)

Bee (Sacramento)

Blade (Toledo)

Chronicle (Houston)

Chronicle (San Francisco)

Commercial Appeal (Memphis)

Contra Costa Times (WalnutCreek)

Courant (Hartford)

Courier-Journal (Louisville)

Daily Herald (ArlingtonHeights)

Daily News (Dayton)

Daily News (Los Angeles)

Daily News (New York)

Daily News (Philadelphia)

Daily Oklahoman (OklahomaCity)

Daily Star (Tucson)

Democrat and Chronicle (Rochester)

Democrat-Gazette (LittleRock)

Dispatch (Columbus)

Eagle (Wichita)

Enquirer/Post (Cincinnati)

Express-News (San Antonio)

Globe (Boston)

Herald (Boston)

Herald (Miami)

Herald-Leader (Lexington)

Herald-Tribune (Sarasota)

Inquirer (Philadelphia)

Investors Business Daily (Los Angeles)

Journal (Albuquerque)

Journal (Providence)

Journal Gazette/News-Sentinel (Fort Wayne)

Journal News (White Plains)

Journal Sentinel (Milwaukee)

Journal-Constitution (Atlanta)

La Opinion (Los Angeles)

Mercury News (San Jose)

Morning Call (Allentown)

Morning News (Dallas)

News & Observer (Raleigh)

News (Birmingham)

News (Buffalo)

News Journal (Wilmington)

News Tribune (Tacoma)

News/Free Press (Detroit)

Newsday (Long Island)

News-Journal (Daytona Beach)

News-Sentinel (Knoxville)

Observer (Charlotte)

Oregonian (Portland)

Patriot-News (Harrisburg)

Pioneer Press (St. Paul)

Plain Dealer (Cleveland)

Post (New York)

Post (W. PalmBeach)

Post (Washington)

Post/Rocky Mountain News (Denver)

Post-Dispatch (St. Louis)

Post-Gazette (Pittsburgh)

Post-Standard (Syracuse)

Press (GrandRapids)

Press-Enterprise (Riverside)

Record (Hackensack)

Register (DesMoines)

Register (Orange County)

Republican (Springfield)

Review-Journal (Las Vegas)

Sentinel (Orlando)

South Florida Sun-Sentinel (Fort Lauderdale)

Spokesman-Review (Spokane)

Star (Indianapolis)

Star (Kansas City)

Star Tribune (Minneapolis)

Star-Ledger (Newark)

Star-Telegram (Fort Worth)

State (Columbia)

Sun (Baltimore)

Tennessean (Nashville)

Times (Los Angeles)

Times (New York)

Times (St. Petersburg)

Times Union (Albany)

Times/Post-Intelligencer (Seattle)

Times-Dispatch (Richmond)

Times-Union (Jacksonville)

Tribune & Times (Tampa)

Tribune (Chicago)

Tribune/Deseret News (SaltLakeCity)

Tribune-Review (Greensburg)

Union-Tribune (San Diego)

USAToday (Arlington)

Virginian-Pilot (Norfolk)

Wall Street Journal (New York)

Wisconsin State Journal/Capital Times (Madison)

World-Herald (Omaha)

3) 회사 웹사이트로 직접 지원하자

대부분의 회사 웹사이트에는 채용 지원을 직접 할 수 있게 되어 있다. 보통 회사에서는 30% 정도 웹사이트로 직접 지원한 후보자를 채용한다. 30%를 전문 헤드헌터 그리고 40%를 광고 혹은 취업박람회 등 기타 방법으로 채용한다. 이처럼 회사 웹사이트를 통해 많은 채용이 이루어지는 편이다. 채용 담당자에게 이력서 및 관련 서류를 보낸 후에는 확인 이메일을 한 번 더 보내야 한다. 어떤 경우에는 서류가 전달되지 않거나 미쳐 서버에서 확인하지 못하는 경우가 있기 때문이다.

4) 직접 부딪히자

우선 포지션에 지원하기 전에 희망하는 도시, 생활비, 연봉 등의 자료를 찾아보고, 지원하고 싶은 회사 정보에 대해서도 알아보아야 한다. 그리고 그 회사의 가고자 하는 포지션의 높은 직위에서 근무하고 있는 사람을 찾아내서 Cover Letter와 Resume 등 간단한 소개를 하는 이메일을 보내야 한다. 이때 어떻게 정보를 찾았는지에 대해 밝히는 것이 좋다. 간단한 자기소개, 찾고 있는 포지션, 채용관련 정보를 보내 달라는 부탁 등의 내용들을 같이 보내야 한다. 이때 첨부 자료보다는 이메일에 같이 넣어서 이메일을 받았을 때 한눈에 볼 수 있게 보내야 한다. 첨부파일을 다운로드하는 시간도 절약할 수 있으며 경력을 어필할 수도 있다.

　이력서 검토는 대부분이 채용 담당이 하지만, 관련 부서 담당자로부터 전해지는 이력서라면 한 번 더 채용 담당자의 관심을 받을 수 있다.

　직접적인 관련 경력이 없고, 간접적인 관련 경력이 있을 경우에 일차 서류 심사 중 채용 담당자에게 채택되지 않을 수도 있지만, 업무에 대해 자세히 알고 있는 관련 포지션의 경력 담당자라면 관심 있게 봐줄 수도 있기 때문이다.

5. 인터뷰 준비하기 [복장 준비, 예상 질문 등등]

1) 인터뷰 관련 자료 준비

인터뷰 스케줄이 잡혔다면 사전 준비를 철저하게 하여야 한다.

우선 인터넷 서치 및 인맥을 통해서 회사에 대해 알아보아야 한다. 회사의 최근 근황 및 관심 프로젝트, 지원 포지션과 관련된 제품 라인에 대한 정보 등에 대해 미리 알아보고 인터뷰 때 어떤 질문을 할지 미리 준비해두어야 한다. 단순한 채용 조건을 물어보는 것보다 회사의 어떤 프로젝트에 관심이 있으며, 나는 이런 경력이 있으며, 이런 일들을 할 수 있다고 어필하는 것이 보다 적극적일 뿐 아니라 전문적으로 보인다.

예를 들어서, 마케팅 관련 포지션에 지원을 했을 경우, 지원 포지션에서 다루어야 될 제품의 시장 조사 및 전략 기획들을 프레젠테이션 식으로 준비해서 발표하는 것도 좋은 방법이다. 이미 동종 제품 시장 조사를 통해 시장 동향에 대해 잘 알고 있으며 전략 계획도 다 짜져 있으므로 일만 시작하면 된다는 이미지를 보여줄 수 있다.

신입 사원으로 지원할 때 인턴 때 했던 업무 중 지원하는 회사와 관련된 부분이 있다면 경력이 많진 않지만 나름 경력직 못지않은 전문 지식이 있다는 것을 어필하여야 한다.

예를 들어서, 디자이너 신입인 경우, 인턴을 할 때 이미지 및 시장 성향을 조사하는 일을 하여서 디자인 시장의 트렌드를 이해하고 있으며 학교에서 드로잉관련 수업을 들어서 새로운 제품 디자인을 어느 정도는 할 수 있다. 물론 실무 경력이 부족하지만 전문적인 지식이 있기 때문에 잘할 수 있다는 이미지를 보여주는 것이 좋다.

인턴 경험이 없다면 대학교를 다닐 때 채용하는 포지션에 관한 업무와 관련 있는 진행했던 프로젝트나 졸업 논문으로 했던 과제에 대해 이야기하여야 한다.

무작정 인터뷰를 가서 자신에 대한 어필보다 얼마짜리 포지션인지, 회사 직원은 몇 명인지, 휴가는 며칠인지 이야기하는 일은 하지 말아야 한다. 담당자와의 처음 하는 인터뷰에서는 자신의 전문성과 능력을 이야기하는 것이다. 채용 조건도 중요하지만 그것은 전문성과 능력이 인정되고 난 다음 회사에서 채용에 관해 고려할 때 체크해야 되는 사항들인 것이다. 회사에서 채용에 욕심을 낸다면 나머지 좋은 채용 조건들은 따라오는 것이다.

2) 인터뷰 복장 준비

미국 생활 가전 회사에서 세일즈 부사장의 채용을 위한 인터뷰를 할 때의 일이었다. 일차 서류 심사 및 전화 인터뷰 결과 5명의 후보자를 채택하고, 회사 경영진들과의 인터뷰 스케줄을 잡고 한 명씩 인터뷰를 진행하고 있었던 중이였다. 미국 시장을 공략할 포지션이기에 대부분이 미국인 이였으며 한 명의 한국인 후보자 K씨[48세, 뉴욕 거주]는 동종 업체 19년 경력이 있으며 영어 실력 또한 매우 좋아서 유력한 후보자 중 한 명이었다. 몇 명의 미국인 후보자 인터뷰 이후에 후보자 K씨의 인터뷰를 준비하고 있었다.

회사의 중역들이 기대감으로 회의실에 모여 있었고, 마침내 후보자 K씨와의 인터뷰가 진행되었다. 첫 대면 이후 중역들의 표정이 그리 긍정적으로 보이지 않았다. 자세히 살펴보니 후보자 K씨의 복장에 많은 문제점이 있었다. 다들 미국이 자유분방한 나라라고만 생각한다. 하지만 항상 그런 것은 아니다.

일상생활에서는 복장에 있어서 자유분방하지만 격식이 필요한 자리에서는 누구보다도 격식을 차리는 것 또한 미국이다. 대부분의 미국인 후보자들은 인터뷰 때 한국에서의 인터뷰 못지않게 정장과 구두, 필기도구, 이력서 및 참고 자료 등의 격식을 차린다. 이점에서 후보자 K씨는 미국 문화에 대한 착각을 했는지 유력한 후보자 K씨는 가족 외출에나 어울리는 연두색 캐주얼한 슈트를 입었으며 머리에는 선글라스가 있었다.

인터뷰 내용은 비교적 좋았으나 2차 인터뷰로 진행되지 못했다. 미국인 임원진들에게 조차 인터뷰 격식을 차리지 않았고, 업무상 미팅이 많은 세일즈 포지션이여서 복장의 잘못된 설정은 인터뷰에 치명적인 영향을 미친 것이다. 이처럼 제한된 인터뷰에서 자신의 능력과 잠재력을 어필해야 하므로 작은 것 하나라도 주의해서 준비해야 하는 것이다.

미국이라도 인터뷰 복장이 너무 캐주얼해도 안 되지만 너무 격식을 차린 슈트 정장도 좋은 평가를 받기 힘들다. 제일 좋은 것은 '적당한 격식을 차린 복장'이다. 제일 어려운 표현이지만 말이다. '적당한 격식을 차린 복장'에 대해 알아보자.

- 너무 컬러풀한 옷은 피하자

검정색, 남색, 회색 등의 색이 무난하다. 인터뷰의 첫 이미지는 화사함과 발랄함보다는 책임감과 진지함으로 남는 것이 좋다.

- 향수를 너무 짙게 뿌리지 말자

대부분의 후보자들이 인터뷰를 하러 올 때 향수를 뿌린다. 은은한 향수는 좋은 이미지를 남기지만 너무 찐한 향수는 인터뷰 내내 채용 담당자를 인상 쓰게 만든다.

- 청결에 신경 쓰자

셔츠를 깨끗하게 손질해서 다려 입고, 재킷에는 얼룩이 있는지 확인하고, 손톱을 단정하게 손질하고, 머리에 너무 많은 헤어용품을 사용하지 말아야 한다. 청결해 보이지 않는 모습은 게을러 보인다.

- 정장 선택이 중요하다

아무리 미국 이래도 인터뷰의 격식은 중요하게 평가된다. 장소와 목적에 따라 옷을 잘 선택해서 입는 것은 매우 중요하다.

깔끔한 세미 정장이 좋을 듯하다. 파티에서나 입을 듯한 정장은 보는 사람도 어색하게 만들며 센스가 없어 보인다.

스커트의 경우 너무 짧거나 심하게 찢어진 것은 피하여야 한다. 무릎 아래 한 뼘 정도 내려오며 너무 헐렁하지 않게 적당히 타이트한 A라인 스타일이 좋다. 약간의 타이트함은 날렵한 전문가처럼 보이기도 한다. 너무 펑퍼짐한 스타일은 답답해 보이기도 하기 때문이다.

남자의 바지인 경우 너무 기장이 짧아서 발목이 훤히 드러나는 옷은 피하는 게 좋다. 발등을 가볍게 덮는 정도의 길이가 무난하다. 신중하며 책임감 있어 보이기 때문이다.

- 가방 선택이 중요하다

너무 많은 액세서리가 달린 가방은 피하는 게 좋다. 여성 후보자인 경우 작은 액세서리가 많이 달린 핸드백을 들고 오는 경우가 간혹 있다. 경력이 좋고 태도가 좋아도 진지함과 전문성이 떨어져 보인다.

보통의 경력직 후보자들은 서류 가방을 이용한다. 경우에 따라 메모지와 자료들을 준비하며 인터뷰할 때 메모하는 습관을 보인다. 채용담당자에게 이런 모습들은 매우 준비성 있어 보이며 진지해 보인다.

3) 인터뷰 예상 질문 및 인터뷰 관점

회사의 채용 담당자와 인터뷰를 하게 되면 당연히 예상하지 못한 질문에 긴장하게 되며 실수하기 마련이다.

　한국과 미국은 채용의 관점에서 많은 차이점이 있기 때문에 인터뷰를 할 때 물어보는 질문 또한 다르다.

　미국 인터뷰에서는 어떤 질문이 오고 갈지 예상 질문을 알아보고 미리 준비하여 인터뷰에서 자신에 대한 설명을 충분히 마칠 수 있도록 하여야 한다.

Potential Interview Questions

*** Basic Interview Questions:**

- Tell me about yourself.
- What are your strengths and weaknesses ?

: 인터뷰를 시작할 때 주로 많이 물어보는 기본 질문 사항이다.

이때 논리적인 이야기 전개를 하는 것이 주 관건이다. 경험이 별로 없는 후보자들이 가장 많이 하는 실수는 자신에 대해 이야기를 하라고 하면 서두 없이 그저 아무런 생각 없이 말들을 열거하는데 주력을 한다. 그러고는 자신이 무슨 이야기를 했는지 기억조차 하지 못한다. 말을 많이 한다고 다 좋은 것은 아니다. 논리적으로 차근차근 사례를 들어서 자신에 대해 전략적으로 이야기하여야 한다.

예를 들어서, 나는 끊기 있게 문제를 해결하는 것을 잘한다고 이야기할 때는, 이전 회사에서 업무를 수행할 때 업무상 어떤 문제가 발생하였으며 며칠 동안 문제를 해결하기 위해 노력하였고, 마침내 그 문제를 해결하였다 라고 자세하게 이야기하는 것이 자신을 어필할 수 있다. 단점에 대해 이야기할 때는, 나는 이런 단점이 있다고 하기보다는 이런 단점이 있어서 이런 노력을 해서 극복했다는 사례를 이야기하는 것이 좋다. 목적 없이 논리 없이 그냥 자신을 이야기하는 일은 하지 말아야 한다. 한마디 한마디에 목적을 생각하고 논리적으로 이야기하여야 한다. 주제와 논리에 맞지 않는 이야기들은 도움이 되지도 않을 뿐 아니라 때론 신중하지 못하다는 인상을 심어주기도 한다.

- Why do you want this job in our company?
- Where would you like to be in your career five years from now?
- What's your ideal company?
- What attracted you to this company?
- Why should we hire you?

: 채용담당자들은 경력자일 경우 후보자의 구직 이유 또는 이직 사유에 대해 비중을 높이 둔다. 이전 회사를 이직하는 사유가 취업하길 원하는 회사의 이직 사유가 될 확률이 높기 때문이다.

이전 회사와의 문제, 상사와의 마찰, 업무 능력의 한계 등의 부정적인 문제점의 여부에 대해 가장 많이 걱정한다.

어떤 후보자의 경우 인터뷰 시 이전 근무하였던 회사에 대한 부정적인 말들을 거침없이 한다. 결론은 보나마나 채용 담당자로부터 채택되지 않을 것이다. 조직에 대해 부정적인 성향이 많다는 것은 취업하는 회사에서도 같은 태도일 확률이 99%라는 것이 채용 담당자들의 의견인 것이다. 보통 이직을 희망할 때에는 여러 가지 복합적인 이유가 있을 것이다. 여기서 강조할 것과 강조하지 말 것을 구분하자는 것이다.

물론 이직을 생각하기에 앞서 많은 불만이 생기기 마련이다. 하지만 그 많은 이유들 중에 구지 회사에 대한 부정적인 감정을 설명할 필요는 없는 것이다. 나는 이런 일들을 하고 싶고, 더 많이 능력을 발휘하고 싶은데 업무들이 많이 제한적이다. 좀 더 같이 클 수 있는 회사를 찾고 있다 등과 같이 진취적인 계획들을 이야기하도록 하여야 한다.

- When were you most satisfied in your job?
- What did you like least about your last job?
- What were the responsibilities of your last position?
- What can you do for us that other candidates can't?
- What do you know about this industry?

: 경력직일 경우 동종 업계의 어떤 전문적인 경력을 가지고 있는지 매우 중요하다. 특별한 경력이나 능력이 없다면 굳이 경력직으로 뽑을 이유가 없기 때문이다.

세일즈 포지션에 대한 예를 들어보자.

채용 담당자와 경영진이 듣고 싶은 말은 동종 업계 세일즈 경력이 있으며 직접 어카운트를 만들었던 경험이 있다 등의 답변이다. 미국일 경우 COSTCO, TARGET, OFFICE DEPOT 등 대형 마트와 영업 계약을 한 경험이나 구매 담당자와의 세일즈 미팅에서 좋은 조건으로 계약을 했다는 등과 같은 자세한 업무 관련 경력을 이야기해서 이 사람을 채용함으로써 많은 성과를 얻을 수 있겠다는 생각이 들게 만들어야 한다.

신입 사원과 차이점이 없는 경력직일 경우 경력직으로 채용되지 않을 뿐더러 신입 사원으로도 채용되지 않을 것이다.

- Are you willing to relocate?
- Do you have any questions for me?
- What do you know about our company?

: 인터뷰 이전에 회사에 대한 간단한 사전 정보에 대해서 알아두어야 한다. 무조건 취업을 희망한다는 식의 답변은 다른 후보자들과 별다른 차이점이 없는 것이다. 회사에서 하는 마켓 쪽에 관심이 많았다든지, 회사의 시스템 혹은 분야가 이전부터 계획하고 있었다든지, 구체적인 것이 전문적인 것이다. 미국에는 시골일 경우 사람을 채용하기 많이 힘들다. 현재 거주하고 있는 곳과 거리가 상당히 먼 곳에서 근무를 해야 된다면 회사에서는 그 점에 대해 걱정을 많이 할 것이다. 가족들이 그곳에 살고 있어서 이주에 문제가 없다든지, 싱글이래서 금방 이주할 수 있다 등의 많은 답변들이 있을 것이다. 이 단계의 질문을 들을 때에는 회사에서 어느 정도 채

용에 관심이 있다는 것이다.

* Behavioral Interview Questions:

- Have you ever been on a team where someone was not pulling their own weight? How did you handle it?
- Can you describe a time when your work was criticized?
- What was the last project you headed up, and what was its outcome?
- Give me an example of a time that you felt you went above and beyond the call of duty at work.
- What is your greatest failure, and what did you learn from it?
- What irritates you about other people, and how do you deal with it?
- Tell me about a time when you had to give someone difficult feedback. How did you handle it?
- What was the most difficult period in your life, and how did you deal with it?
- Give me an example of a time you did something wrong. How did you handle it?
- If I were your supervisor and asked you to do something that you disagreed with, what would you do?
- What irritates you about other people, and how do you deal with it?

- Tell me about a time where you had to deal with conflict on the job.
- If you were at a business lunch and you ordered a rare steak and they brought it to you well done, what would you do?
- What assignment was too difficult for you, and how did you resolve the issue?
- What's the most difficult decision you've made in the last two years and how did you come to that decision?
- If you found out your company was doing something against the law, like fraud, what would you do?
- Describe how you would handle a situation if you were required to finish multiple tasks by the end of the day, and there was no conceivable way that you could finish them.

: 인터뷰가 어느 정도 진행되고 나서 후보자의 첫인상이 합격이라면 채용 담당자들은 구체적으로 왜 이 사람을 뽑아야 하는지에 대한 자료를 수집하게 된다. 그중의 하나가 구체적으로 힘든 상황을 극복한 사례이다. 학력, 전문적인 지식, 이 두 가지가 만족스럽다면 다음은 인성적인 부분인 것이다. 인터뷰하기 전에 구체적인 사례가 있다면 미리 정리해 두어야 한다. 인터뷰 중 너무 갑작스런 질문을 받게 된다면 구체적인 사례들을 체계적으로 설명하기는 힘들기 때문이다. 채용이 결정되고 회사생활을 하다 보면 모든 것이 항상 잘 해결되기는 힘이 든다. 업무 진행상 힘든 일들이 생기기 마련이고 문제는 항상 일어나기 마련이다. 그런 일들을 어떻게 지

혜롭게 극복하고 처리했는지에 대한 사례들을 한두 개 정도는 준비해 두어야 한다.

*** Salary Questions:**

- What salary are you seeking?
- If I were to give you this salary you requested but let you write your job description for the next year, what would it say?
- What's your salary history?

: 연봉 문제는 회사와 지원자 모두에게 민감한 사안이다. 하지만 연봉 문제에 있어서 떳떳해져야 한다. 회사에서 채용을 원하는 상대이고 연봉에서 그렇게 큰 차이가 없다면 협상을 하려 할 것이다. 제시한 연봉에 대해 협상도 않고 반대한다면 원래부터 채용에 대한 큰 기대가 없었던 것이다.

한국에서든 미국에서든 나의 경력과 교육 배경에 자신감을 가져야 한다. 그러기 위해서는 차근차근히 충분한 설명을 하여야 한다. 어쩌면 일생에 있어서 같은 자리에서 그렇게 자신을 설명할 수 있는 기회는 한 번뿐인 것이다. 지금 인터뷰 시간이 그 시간이다.

*** Brainteaser Questions:**

- How would you weigh a car without scales?
- Tell me 5 ways to use a pin other than holding a paper on the wall.
- Sell me this book.
- How many times do a clock's hands overlap in 12 hours?
- If you were an flower, which one would you want to be?
- Why is there knot on a baseball?
- If you could choose one superhero power, what would it be and why?
- With your eyes closed, tell me step-by-step how to know the name of materials on the table.
- If you could get rid of any city of the world, which one would you get rid of and why?

: 회사 인터뷰를 할 때 가끔 돌발적인 질문을 할 때가 있다. 정답을 말하는 것도 주요하지만 순간적인 순발력과 재치를 테스트하는 것이다. 정확한 답이 떠오르지 않으면 머릿속에 있는 논리를 체계적으로 설명하는 것도 좋은 방법이다.

수년 전에 한국에 있는 한국 회사에서 인터뷰를 본적이 있다. 부모님 직업, 형제자매의 수 그리고 직업에서부터 나의 나이, 결혼 여부, 미혼일 경우 향후 몇 년간은 결혼하지 않겠다는 이야기까지 듣고 싶어 했던 기억이 있다. 미국에서는 상상도 할 수 없는 일들인 것이다. 미국은 개인의 신상 정보 유출에 매우 민감하다.

이처럼 미국 회사에서의 인터뷰에서 물어볼 수 없는 질문들이 있다.

- 이혼 여부를 확인할 수 있는 결혼 전의 이름, 다 알겠지만 미국은 결혼을 하고 나면 남편의 성을 따른다.
- 집의 소유여부
- 나이, 18세가 넘었는지는 물어봐도 되지만 고등학교 졸업 연도는 물어 볼 수 없다.
- 시민권의 여부를 알 수 있는 출생지를 물어봐도 안 되며, 당연히 시민권 자인지 물어봐도 안 된다. 또한 출생지를 유추할 수 있는 주로 사용하는 언어에 대해 물어봐도 안 되지만, 업무에 필요한 경우 영어 외에 구사할 수 있는 언어에 대해서는 물어볼 수 있다.
- 고용 전에 합법 체류자를 증명하는 서류를 요청할 수 있고, 고용 후에 합 법적 취업 가능자인지의 증명 서류 제출을 요구할 수 있다.
- 종교 및 과거에 가입했던 단체에 대한 질문도 해서는 안 되며, 건강 상태 나 신체적인 장애에 관한 질문도 해서는 안 된다.

인종, 나이, 성별, 국적, 신체상의 결함 등에 상관없이 모두가 평등한 대 우를 받아야 한다는 미국 헌법에 기인한 것이기도 하다. 미국 회사에서는 철저하게 이런 원칙들을 지켜 해서는 안 되는 질문들은 하지 않는다. 하지만 미국에 있는 많은 한국 관련 회사들은 간혹 이런 질문들을 하기도 한다. 인터뷰 상에서 이런 질문들을 받게 되면 구지 질문에 답하지 않아도 된다. 답할 수 없는 질문이라고 알려줘도 된다. 경우에 따라 소송 문제로 발전할 수도 있는 일이다.

4) 인터뷰 평가

"지피지기, 백전불태"라는 말이 있듯이 상대방의 기준을 알고 인터뷰를 본다면 누구보다도 성공적인 인터뷰를 끝낼 수 있는 것이다. 미국에서의 채용 담당자들은 인터뷰를 할 때 어떤 평가서를 가지고 인터뷰를 하는지 알아보자. 취업을 하기 위해서 적을 알고 시작한다면 어떤 식의 인터뷰 준비가 가장 적절한지 알 수 있으니 말이다.

미국 인터뷰 평가서 중 가장 기본적인 내용에 대해 알아보자.

Name of the interviewee:

Name of the interviewer:

Please use the rank table below to rate the questions that follow:

1. Superior

2. Good

3. Average

4. Fair

5. Poor

How was the dressing and general appearance of the candidate?

How well did he maintain an eye contact throughout the interview?

Assertiveness of the interviewee during the session?

Very persuasive and can express himself well orally

Proud of his own achievements and hopes to continue the trend

---

Very open minded and dedicated to his work

Shows willingness to learn new ways and improve on the old ones

---

Displays interest and reasons for the application of that job

---

Have necessary skills and qualifications for the job

How creative is he in decision making or solving difficult problems

---

Shows enough potential to grow the company in future

Experienced for the job and has enough potential to change the company's image

---

Briefly summarize the overall performance of the interviewee during the interview

---

인터뷰 평가서를 보면서 신선한 문화 차이를 느꼈을 것이다.

한국에서의 인터뷰와는 달리 유명 대학을 나왔는지, 본적은 어느 지역인지, 나이는 몇 살인지, 그리고 직장 경력은 몇 년인지는 당연히 나와 있지 않다. 이처럼 미국에서의 인터뷰에서는 후보자 자체에 대한 평가를 하는 것이다.

적절한 의상을 입었는지, 인터뷰의 관심 혹은 호응은 있는지, 자기주장이 강한지, 논리적인 설득력이 있는지 등과 같이 후보자의 업무 능력이나 성향에 대한 질문들이 대부분이다. 현실적으로 업무를 다룰 수 있는지, 조직과 잘 융화가 될지를 우선 보는 것이다.

나이가 몇 살 이상 되어야 어느 직급에 오를 수 있다는 한국식 사고로는 이해하기 힘들지도 모른다. 하지만 미국에서 취업하길 원한다면 로마법을 따라야 한다. 이런 문화적인 차이를 극복하기 위해서는 인터뷰 이전에 체크 항목들을 다시 확인해 보고, 어떤 자세로 인터뷰에 응해야 할지 준비하고 인터뷰를 해야 하는 것이다.

5) 인터뷰 태도

인터뷰를 할 때에는 너무 경직되어 수동적으로 끌려가는 인터뷰 보다는 후보자 스스로 직접 이끌어가는 인터뷰가 인상적이다.

간단한 Presentation 정도는 준비하거나 관련 업무 및 회사 관련 자료들을 정리해서 이야기할 준비가 되어 있음을 알리는 것도 좋은 방법중 한가지 이다. 인터뷰를 위해 많은 내용들을 준비하여야 한다. 인터뷰를 할 때 담당자들에게 할 전문적인 질문을 준비하거나, 사전조사를통해 회사와 관련된 분야의 분석으로 자신의 분석 능력과 전문적 경력을 어필할 수도 있다. 하지만 중요하지 않은 부분에 지나치게 많은 질문을 한다든지 엉뚱한 질문을 한다면 오히려 역효과를 보이게 된다.

인터뷰를 하다보면 채용 담당자와의 인터뷰에서 후보자들이 간혹 채용 담당자의 질문의 주제와는 상관없는 다른 이야기를 하는 경우가 종종 있다.

예를 들어, 이전에 근무했던 회사에서 했던 업무내용에 대한 질문을받았는데도 불구하고 자신은 이 회사에서 근무하고 싶다는 것과 같이다른 답변을 하게 된다면, 이런 행동은 당연히 채용 담당자와 경영진이 이 후보자는 인터뷰에 집중을 하고 있지 않다고 생각하거나, 영어이해 능력이 부족하다고 생각하게 만들 수 있다. 당연히 이들의 관심을 끄는 데는 실패하기 마련이다.

항상 채용 담당자 및 경영진과 눈은 맞추어서 충분히 인터뷰에 집중하고 있으며 관심 있음을 표현하여야 한다. 또한 인터뷰 내용을 간간히 메모하는 습관도 보이는 것이 좋다. 작은 부분도 빠뜨리지 않겠다는 모습으로 보여 적극적이고 준비성 있어 보인다.

준비된 당당함과 결코 비굴해 보이지 않는 모습이라면 채용 담당자및 경영진의 관심을 사로잡기에 충분한 것이다.

내가 채용 담당자라면 어떤 후보자를 뽑을 것인지에 대한 태도로 인터뷰를 준비한다면 인터뷰 준비를 하는데 많은 도움이 될 것이다.

3

미국에는 어떤 포지션들이 있을까?

3 미국에는 어떤 포지션들이 있을까?

1. 미국 내 좋은 직업 순위 100위

어떤 직업일 경우 한국에서는 선호하는 직업인데, 미국에서는 그렇지 않은 경우가 있다. 한국과 미국의 직업들 중에서는 직업의 성격 및 채용 조건 등에서 많은 차이점을 보이는 경우가 있는데, 미국에서 취업준비를 하기 전에 미국에는 어떤 직업이 어떤 일들을 하며 어떤 대우를 받을 수 있는지 알아보자.

2008년부터 2018년간 직업 수의 예상성장률(미국 노동 통계국 통계 참조)과 연봉, 스트레스 정도, 베네핏 등 여러 가지 상황을 고려하여 미국 내 좋은 직업 순위100위를 적어봤다.

어떤 조건에서 근무할 수 있을지, 어떤 일들을 하는지 알아보자.

Rank	Job Title	Job growth
1	Software Architect	34%
2	Physician Assistant	39%
3	Management Consultant	24%
4	Physical Therapist	30%
5	Environmental Engineer	31%
6	Civil Engineer	24%
7	Database Administrator	20%
8	Sales Director	15%
9	Certified Public Accountant	22%
10	Biomedical Engineer	72%
11	Actuary	21%
12	Dentist	15%
13	Nurse Anesthetist	13%
14	Risk Management Manager	24%
15	Product Management Director	12%
16	Healthcare Consultant	24%
17	Information Systems Security Engineer	23%
18	Software Engineering / Development Director	17%
19	Occupational Therapist	26%
20	Information Technology Manager	17%
21	Telecommunications Network Engineer	53%
22	Environmental Health & Safety Specialist	28%
23	Construction Project Manager	17%
24	Network Operations Project Manager	23%
25	Emergency Room Physician	22%
26	Information Technology Business Analyst	20%
27	Director of Nursing	16%
28	Information Technology Consultant	17%
29	Psychiatrist	24%
30	Test Software Development Engineer	20%

Rank	Job Title	Job growth
31	Information Technology Network Engineer	23%
32	Senior Sales Executive	15%
33	Information Technology Program Manager	17%
34	Primary Care Physician	22%
35	Computer and Information Scientist	24%
36	Hospital Administrator	16%
37	Programmer Analyst	20%
38	Applications Engineer	34%
39	Research & Development Manager	15%
40	Regional Sales Manager	15%
41	Project Engineer	24%
42	Training Development Director	23%
43	Human Resources Consultant	21%
44	Speech-Language Pathologist	19%
45	Business Development Analyst	24%
46	Physical Therapy Director	16%
47	Structural Engineer	24%
48	Nursing Home Director	16%
49	Systems Engineer	13%
50	Healthcare Services Program Director	13%
51	Transportation Engineer	24%
52	Operations Research Analyst	22%
53	Practice Administrator	16%
54	Construction Estimator	25%
55	Attorney / Lawyer	13%
56	Optometrist	30%
57	Clinical Research Associate	12%
58	Employment Recruiter	28%
59	Intensive Care Unit Nurse	22%
60	Information Technology Specialist	17%
61	Marketing Consultant	12%

Rank	Job Title	Job growth
62	Tax Manager	22%
63	General Sales Manager	15%
64	Statistician	13%
65	Nurse Practitioner	13%
66	Systems Administrator	23%
67	Web Developer	13%
68	Anesthesiologist	22%
69	Accounting Director	11%
70	Technical Services Manager	17%
71	Social Worker	22%
72	Customer Service Manager	18%
73	Sales Account Manager	15%
74	Rehabilitation Services Director	19%
75	General Surgeon	22%
76	Biotechnology Research Scientist	13%
77	Information Technology Systems Manager	13%
78	Auditing Manager	22%
79	Information Technology Training Specialist	23%
80	Outside Sales Manager	15%
81	Category Manager	12%
82	Practice Manager	16%
83	Compensation Analyst	24%
84	Public Relations Director	13%
85	Environmental Project Manager	15%
86	Clinical Services Director	16%
87	Director of Communications	13%
88	Technical Writer	18%
89	Business Operations Manager	12%
90	Construction Superintendent	17%
91	Business Manager	12%
92	Senior Product Development Scientist	12%

Rank	Job Title	Job growth
93	Senior Data Analyst	13%
94	Architect	16%
95	Information Technology Project Coordinator	17%
96	Web Project Manager	13%
97	Geographic Information Systems Analyst	13%
98	Security Director(Facilities, Personnel, etc.)	12%
99	Medical Case Manager	22%
100	Obstetrician / Gynecologist	22%

미국의 선호 직업 100위 안에 드는 직업들은 어떤 분야의 일인지 알아보도록 하자.

Healthcare분야가 28%로 가장 많았으며 IT분야가 26%, Construction, Architecture, Engineering이 8%, Consulting 7%, Business Services 6%, Scientific Research 4% 기타가 21% 이다.

선호도가 높은 직업을 분석해 보면, 오랜 시간 전문 지식을 배워야 하며 막대한 책임감을 요하는 의사(Doctor)에 비해 전문 자격증 정도의 전문성을 요하는 직업을 선호하는 성향을 보인다. 또한 IT관련 업종도 높은 선호도를 보이는데, 오늘날 채용이 증가해서 직업 안정도가 높으며 고소득 직업이라는 이유가 높은 선호도를 보이는 이유이다.

당연한 일이지만, 대부분의 직업들이 공부를 많이 해야만 하는 전문직들의 소득이 높았다.

Rank	Job Title	Best Jobs Rank	Median pay
1	Anesthesiologist	68	$290,000
2	General Surgeon	75	$260,000
3	Emergency Room Physician	25	$250,000
4	Obstetrician / Gynecologist	100	$210,000
5	Psychiatrist	29	$185,000
6	Primary Care Physician	34	$174,000
7	Nurse Anesthetist	13	$156,000
8	Product Management Director	15	$148,000
9	Software Engineering / Development Director	18	$144,000
10	Sales Director	8	$142,000
11	Dentist	12	$142,000
12	Actuary	11	$133,000
13	Senior Sales Executive	32	$127,000
14	Software Architect	1	$119,000
15	Attorney / Lawyer	55	$118,000
16	Management Consultant	3	$117,000
17	Research & Development Manager	39	$116,000
18	Computer and Information Scientist	35	$115,000
19	Accounting Director	69	$112,000
20	Optometrist	56	$108,000

미국 내 중간경력직[2~7년 이상의 경력직]의 연봉이 많은 순으로는 어떤 직업들이 있는지 알아보자.

연봉이 높은 순위의 직업을 봤을 때 7위 안에 드는 직업은 모두 의료계이다. 반면에 이 직업들의 선호 직업 순위는 그다지 높은 편이 아니다. 이들 직업은 높은 연봉을 받을 수 있는 반면에 다른 직업들에 비해 오랜 기간 공부해야 하고, 스트레스 또한 많으며 시간적 여유가 별로 없다는 점에서 선호 순위가 낮은 것이다.

미국에는 의료계 종사자들이 많이 부족한 것이 현실이다. 하지만 미국에서 영주권이나 시민권이 없이 스폰서를 받으면서 의료계로 취업하는 것은 많은 어려움이 있다. 또한 의사 자격증의 경우 한국 자격증이 미국에서 인정이 되지 않기 때문에 미국 내의 학교로 재입학해서 자격증을 준비해야 한다. 특정 의료 직종일 경우 이처럼 많은 시간과 재정적 지원을 필요로 하기도 한다. 주마다 차이가 있지만 간호사, PT, 치과 의사는 비교적 빠른 시간 안에 미국에서 자격증을 딸 수 있으며, 또한 좋은 조건으로 취업할 수 있으므로 많은 한국인들이 선호하는 직종 중에 하나이다.

Software Architect

Top 100 rank: 1

Sector: Information Technology

Software Architect는 보통 소프트웨어를 개발할 때 전체적인 설계와 프로그램의 전반적인 영향을 결정하여 프로그래머 등 연관된 작업을 하는 팀원들의 작업 방향을 결정하는 역할을 한다. 소프트웨어의 전체적인 디자인과 관련되는 부분을 전반적으로 이해하고 진행하는 능력을 필요로 하므로 관련 학사 및 석사 또는 관련 경력이 필요하다. 미국의 많은 회사에서 채용을 하고 있으며 2008년부터 2018년간 업종의 성장률을 예상해 봤을 때 34%의 높은 성장률을 예상할 정도로 많이 필요로 하는 직종이다. 연봉 또한 다른 직종에 비해 높은 편이므로 많은 사람들이 선호하는 직업이기도 하다.

Pay

Median pay (experienced 2-7yr) $119,000

Top pay $162,000

Opportunity

10-year job growth (2008-2018) 34%

Total jobs (current) 110,000 현재 채용하고 있는 수

•Quality of life ratings

	D	C	B	A
Personal satisfaction	■	■	■	
Job security	■	■	■	
Future growth	■	■	■	■
Benefit to society	■	■		
Low stress	■	■		
Flexibility	■	■	■	■

■■■ **Software Architect**

Top 100 rank: 2

Sector: Health Care

Physician Assistant는 간단한 치료, 수술보조, 환자 의료교육 등의 일정 부분에 있어서 의사의 업무를 보조해주는 역할을 한다. 의료 시설이 많이 부족한 미국에서는 앞으로 더욱 많은 채용을 예상할 수 있다. 2008-2018 년간 예상 성장률 또한 39%로 매우 높다. 공부를 많이 해야 하는 의사에 비해 학사학위, 4년 이상의 경력 혹은 평균 26개월의 특정 교육기간을 수료를 요건으로 하는 PA포지션은 미국 내서 가장 선호하는 직종 중 하나이다. 오늘날 많은 의과대학 혹은 의료 기관에서 PA 교육 프로그램은 늘려가는 상황이다.

Pay

Median pay (experienced 2-7yr) $92,000

Top pay $124,000

Opportunity

10-year job growth (2008-2018) 39%

Total jobs (current) 100,000 현재 채용하고 있는 수

Quality of life ratings

	D	C	B	A
Personal satisfaction	■	■	■	■
Job security	■	■	■	
Future growth	■	■	■	■
Benefit to society	■	■	■	■
Low stress	■			
Flexibility	■	■	■	

■■■ Management Consultant

Top 100 rank: 3

Sector: Consulting

Management Consultant란 기업의 경영실태를 독립적·객관적 입장에서 문제를 진단하여 경영 관리에 최신 지식 및 기법 혹은 다른 기업의 성공 사례를 적용할 수 있는 등 구체적인 개선방법을 기획하는 일을 전문으로 하는 사람이다. 종류에는 전략 기획 컨설팅, HR 컨설팅, 종합 컨설팅 등이 있으며 미국 내 유명 컨설팅으로는 Accenture, CapGemini, KPMG, Deloitte, Booz Allen & Hamilton, McKinsey 등이 있다. 그 중에서도 IT Consulting은 특히 빠른 성장세를 보이고 있다. 자격 요건으로는 특별한 자격증이나 교육 과정이 필요 없다.

하지만 MBA와 연관된 전문분야의 경력이 필요하다.

Pay

Median pay (experienced 2-7yr) $117,000

Top pay $209,000

Opportunity

10-year job growth (2008-2018) 24%

Total jobs (current) 50,000 현재 채용하고 있는 수

Quality of life ratings

	D	C	B	A
Personal satisfaction	■	■	■	
Job security	■	■	■	

Future growth				
Benefit to society				
Low stress				
Flexibility				

▪▪▪▫ **Physical Therapist**

Top 100 rank: 4

Sector: Health Care

한국에서와는 달리 미국에서는 전문 의사 수준의 전문직으로 인정되어 개인 클리닉을 오픈하거나 병원에 취업하여 좋은 조건으로 근무할 수 있다. 미국의 대다수의 주에서는 Physical Therapist가 직접 환자를 보고 시술하고 있다. 의료 시설이 부족한 미국에서 전문성을 띤 1차 진료 기관 역할을 하고 있다.

최근 뚜렷한 채용 증가를 보이고 있으며 현재 채용 수도 210,000건으로 많은 채용을 하고 있다. Physical Therapist의 자격 요건으로는 3년 이상의 관련 학위와 주에서 허용되는 자격증이 필요하다.

Pay

Median pay (experienced 2-7yr) $75,000

Top pay $97,000

Opportunity

10-year job growth (2008-2018) 30%

Total jobs (current) 210,000 현재 채용 하고 있는 수

Quality of life ratings

	D	C	B	A
Personal satisfaction	■	■	■	■
Job security	■	■	■	
Future growth	■	■	■	■
Benefit to society	■	■	■	■
Low stress	■	■		
Flexibility	■	■	■	

■■■ Environmental Engineer

Top 100 rank: 5

Sector: Consulting

Environmental Engineer는 여러 가지 분야에서 활동할 수 있는데 예를 들면, Air-Pollution Control, Water Treatment, Waste Management Energy, and Conservation의 환경 규제 준수를 위한 일을 많이 한다. 주로 정부기관 및 사설 기관에서 근무하게 되는데 연방, 주정부, 자치단체의 각종 행정규제, 정책에 영향을 많이 받는다. 정부관련 업무를 많이 하는 Environmental Engineer는 경기에 상관없이 항상 채용하고 있다. EPA(The U.S. Environ-mental Protection Agency 미국 환경 보호국)에 의하면 앞으로 10년간 수백억 달러의 자본이 미국의 노후 상하수도 시스템 교체, 보수 및 확장을 위해 사용된다고 한다. 최근 10년간 예상 채용 수 증가율이 31%로 높은 수준이다.

현재 미국에서는 관련 경력자 채용을 많이 하고 있으며 상당 실력의 영어 구사력을 요구하는 직업이다.

자격요건으로는 신입일 경우 관련 Engineering 학위 이상이 되어야 하며 PE 및 그에 상당한 경력이 있는 지원자를 선호하는 편이다.

Pay

Median pay (experienced 2-7yr) $81,000

Top pay $113,000

Opportunity

10-year job growth (2008-2018) 31%

Total jobs (current) 35,000 현재 채용하고 있는 수

Quality of life ratings

	D	C	B	A
Personal satisfaction	■	■	■	
Job security	■	■	■	■
Future growth	■	■	■	■
Benefit to society	■	■	■	
Low stress	■	■		
Flexibility	■	■	■	■

■■■ Civil Engineer

Top 100 rank: 6

Sector: Construction, Architecture, Engineering

Civil Engineer는 고속도로, 다리 건설, 상하수도 건설 등의 건설 관련 분야에서 건설 현장 감독관, 도시 관련 기술자의 감독직 등의 다양한 분야에서 근무 할 수 있다.

이와 같이 대부분의 Civil Engineer들은 건축, 기술 및 토목 관련 프로젝트 개발 설계 회사, 연방, 지방 정부 등의 행정 기관 그리고 독립 컨설턴트로써 일하고 있다.

2012년까지 토목기사들에 대한 고용 성장은 인구 증가에 따른 인프라 구축이 주요 요인이다. 미국 내 인구 증가로 인한 수송시설, 수도 공급시설의 증설 및 보안 등을 위해 Civil Engineer의 채용이 증가하고 있는 것이 현실이다. 자격요건은 토목공학 관련 학위와 각주에서 지원하는 자격증이 있어야 한다.

Pay

Median pay (experienced2-7yr) $80,000

Top pay $120,000

Opportunity

10-year job growth (2008-2018) 24%

Total jobs (current) 170,000 현재 채용하고 있는 수

Quality of life ratings

	D	C	B	A
Personal satisfaction	■	■	■	
Job security	■	■	■	
Future growth	■	■	■	■
Benefit to society	■	■	■	
Low stress	■	■		
Flexibility	■	■	■	

■■□ **Database Administrator**

Top 100 rank: 7

Sector: Information Technology

Database Administrator는 말 그대로 데이터베이스 환경을 관리하고 설계, 관리, 보안, 유지 보수 등의 활동을 지휘감독 혹은 직접 수행한다. DBA는 최근에 생겨난 기술들이나 새로운 설계기법 등이 뒤떨어지지 않아야 한다. Database Administrator의 자격 요건에는 컴퓨터 과학에 관한 학위가 필요하며 자격증이 있는 것을 선호하지만 관련 경력이 있다면 필수 요건이 되지는 않는다.

직원들의 새 데이터베이스 관련 교육도 해야 하므로 최신 환경에 대한 경험이 필수조건인 경우가 많다.

Pay

Median pay (experienced 2-7yr) $93,000

Top pay $129,000

Opportunity

10-year job growth (2008-2018) 20%

Total jobs (current) 110,000 현재 채용하고 있는 수

Quality of life ratings

	D	C	B	A
Personal satisfaction				
Job security				
Future growth				

	D	C	B	A
Benefit to society	▓	▓		
Low stress	▓	▓		
Flexibility	▓	▓	▓	

■■■ Sales Director

Top 100 rank: 8

Sector: Other

Sales Director는 전반적인 Sales Staff의 세일즈 전략 및 성과에 책임이 있다. 특정한 자격 요건을 필요로 하진 않는다. 보통 엔지니어 관련 경력 및 마케팅 경력 등 다른 관리직의 경력을 쌓은 후 Sales Director로 근무하는 경우가 많다.

Pay

Median pay (experienced 2-7yr) $142,000

Top pay $222,000

Opportunity

10-year job growth (2008-2018) 15%

Total jobs (current) 90,000 현재 채용하고 있는 수

Quality of life ratings

	D	C	B	A
Personal satisfaction	▓	▓	▓	▓
Job security	▓	▓	▓	
Future growth	▓	▓	▓	
Benefit to society	▓	▓		

226

Low stress				
Flexibility				

■■■ Certified Public Accountant

Top 100 rank: 9

Sector: Business Services

Certified Public Accountant는 회계 업무에 대한 회계감사, 기업의 자산 운영 및 세무 업무 컨설팅 등 회계 관련의 전반적인 업무를 담당한다. 주로 회계법인, 기업, 컨설팅 회사 등 여러 분야에서 채용하고 있다. 자격 요건은 회계 관련 전공자이며 일정 경력 조건을 전제로 발급되는 미국 공인 회계사 자격증이 필요하다. 경영학 또는 회계학을 일정 학점 이상 이수한 사람에게 주어지는데 주마다 차이가 많다.

Certified Public Accountant는 꼼꼼하고 근면 성실한 한국인들이 많이 지원하는 포지션 중의 하나이다. 주 정부마다 다른 일정 자격을 요건으로 하기 때문에 주로 회계 법인에 근무하면서 시험 준비를 하는 경우가 많다.

Pay

Median pay (experienced 2-7yr) $73,000

Top pay $127,000

Opportunity

10-year job growth (2008-2018) 22%

Total jobs (current) 200,000 현재 채용하고 있는 수

Quality of life ratings

	D	C	B	A
Personal satisfaction	■	■	■	■
Job security	■	■	■	
Future growth	■	■		■
Benefit to society	■	■		
Low stress	■	■		
Flexibility	■	■	■	■

■■■ Biomedical Engineer

Top 100 rank: 10

Sector: Scientific Research

Biomedical Engineer는 생명과학, 화학, 의학과 함께 인간 및 동물의 생물학 체계에 관한 연구와 공학이 연결되어 연구를 수행하여 의료 및 건강을 위한 해석 과정 및 설비를 개발하는 일을 한다. 매우 광범위하며 주로 나노 테크놀로지와 인간 게놈(Genome) 지도, 안과용 엑시머 레이저 시스템, 혈액 분석 장비, 의료 진단영상, 보청기, 인공 기관 등의 개발을 한다.

인구의 고령화로 인해 Biomedical Engineer의 채용은 늘어날 것으로 예상된다. 10-year job growth (2008-2018) 성장률 또한 72%로 다른 직종에 비해 급속도로 성장할 것이라고 예상된다.

자격요건으로는 기계공학, 전자공학 혹은 화학공학 관련 학위를 선호하며 약간의 의학적인 경력을 요구한다.

Pay

Median pay (experienced2-7yr) $76,000

Top pay $111,000

Opportunity

10-year job growth (2008-2018) 72%

Total jobs (current) 20,000 현재 채용하고 있는 수

Quality of life ratings

	D	C	B	A
Personal satisfaction	■	■	■	■
Job security	■	■	■	
Future growth	■	■	■	■
Benefit to society	■	■	■	
Low stress	■	■	■	
Flexibility	■	■	■	■

▉▉▉ Actuary

Top 100 rank: 11

Sector: Consulting

Actuary는 보험회사에서 상품 개발 및 계리 업무를 담당한다. 대부분이 데이터의 분석을 통해 사고발생 개연성에 따라 보험료를 책정하는 업무를 맡고 있다.

자격요건으로는 전공에 상관없이 자격증만 있으면 가능하지만 통계 분석 업무 능력을 많이 요하는 직업이므로 Mathematics, Statistics, Actuarial Science, Economics 등의 수학 관련 전공자를 선호하는 편이다. 많은 미국인들이 근무하고 있고 근무 조건이 좋아 많은 구직자들이 선

호하는 직업이기 때문에 외국인으로써의 비자 지원을 받기 어려운 것이 현실이다.

Pay

Median pay (experienced2-7yr) $133,000

Top pay $222,000

Opportunity

10-year job growth (2008-2018) 21%

Total jobs (current) 20,000 현재 채용하고 있는 수

Quality of life ratings

	D	C	B	A
Personal satisfaction	■	■	■	■
Job security	■	■	■	■
Future growth	■	■	■	■
Benefit to society	■	■		
Low stress	■	■		
Flexibility	■	■	■	■

■■■ **Dentist**

Top 100 rank: 12

Sector: Health Care

Dentist는 치과문제의 치료 및 구강 건강을 관리하는 일을 한다.

외국인으로써 한국의 치과 의대를 졸업하고 미국에서 치과 의사로 일하게 된다는 것은 미국 의사 면허시험인 USMLE (U.S. Medical Licensing

Examination) 시험 Part 1과 Part 2 테스트 그리고 ECFMG의 영어 시험
에 합격하고, ECFMG Certificate [자기가 졸업한 외국 의과 대학 공부가
미국 의과 대학에서 배운 것과 동등하다는 증명서]를 발급받고, 미국 내에
서 레지던트 과정을 거쳐야만 미국에서 의사로 일할 수 있는 것과는 달리
미국 치과 면허만 있으면 치과 의사로 근무 할 수 있다.

이런 차이점 때문에 많은 한국인들이 실질적으로 치과의사로 미국에서
근무를 하고 있다.

Pay

Median pay (experienced 2-7yr) $142,000

Top pay $237,000

Opportunity

10-year job growth (2008-2018) 15%

Total jobs (current) 110,000 현재 채용하고 있는 수

Quality of life ratings

	D	C	B	A
Personal satisfaction	■	■	■	■
Job security	■	■	■	
Future growth	■	■	■	■
Benefit to society	■	■	■	■
Low stress	■	■		
Flexibility	■	■	■	

■■■ Nurse Anesthetist

Top 100 rank: 13

Sector: Health Care

미국의 Nurse Anesthetist는 석사 졸업의 학력을 요구하는 전문 간호사이다. 높은 연봉과 좋은 조건으로 미국 내 인기가 높은 전문직 중 하나이다. Nurse Anesthetist는 학사 이상의 학력과 일정 자격 조건이 있다면 마취전문 간호사 석사 과정을 시작할 수 있다.

Nurse Anesthetist는 고도의 전문적인 기술과 책임감도 같이 요구하는 직업이므로 자격요건이 많이 까다로운 편이다. 직업적 스트레스가 높은 편이지만 어떤 경우 의사보다 높은 연봉을 받을 수도 있다.

Pay

Median pay (experienced 2-7yr) $156,000

Top pay $206,000

Opportunity

10-year job growth (2008-2018) 13%

Total jobs (current) 20,000 현재 채용하고 있는 수

Quality of life ratings

	D	C	B	A
Personal satisfaction				
Job security				
Future growth				

232

	D	C	B	A
Benefit to society				
Low stress				
Flexibility				

■■■■ Risk Management Manager

Top 100 rank: 14

Sector: Consulting

Risk Management Manager는 재무 분야 뿐 아니라 기업의 실물 자산위험 및 인적자원과 배상책임 위험에 관련된 위험 관리 분야를 다루는 일을 한다. 미국 시장의 불안정한 경제상황에 대비하는 리스크 관리는 위험을 실시간 관리하고 업무 효율을 증진시키는 역할을 하고 있다. 자격요건으로는 관련 전공 학위 및 특정기간 전문적인 경력을 가진 지원자의 채용을 선호한다.

Pay

Median pay (experienced 2-7yr) $107,000

Top pay $175,000

Opportunity

10-year job growth (2008-2018) 24%

Total jobs (current) 20,000 현재 채용하고 있는 수

Quality of life ratings

	D	C	B	A
Personal satisfaction				

Job security	■	■		
Future growth	■	■	■	■
Benefit to society	■	■	■	
Low stress	■	■		
Flexibility	■	■	■	

■■■ Product Management Dir.

Top 100 rank: 15

Sector: Other

Product Management Dir는 일반적으로 새로운 제품 라인의 유지 보수뿐 아니라 생산의 전체 주기에 관한 총괄적인 관리를 한다. Product Management Dir가 되기 위해서는 기획, 마케팅, 공학, 자원 관리 등 다양한 능력을 요하기 때문에 최소한 경영관리 관련 학사 이상의 학위와 전문적인 관련 경력을 가진 지원자를 선호한다.

보통 공대를 졸업하고 실무 경력을 쌓은 뒤 MBA를 졸업한 지원자들이 많이 지원하는 분야이다.

Pay

Median pay (experienced 2-7yr) $148,000

Top pay $192,000

Opportunity

10-year job growth (2008-2018) 12%

Total jobs (current) 20,000 현재 채용하고 있는 수

Quality of life ratings

	D	C	B	A
Personal satisfaction	■	■	■	■
Job security	■	■	■	■
Future growth	■	■	■	■
Benefit to society	■	■		
Low stress	■			
Flexibility	■	■	■	■

Healthcare Consultant

Top 100 rank: 16

Sector: Consulting

한국에서는 많이 흔하지 않는 직업인 Healthcare Consultant는 보통 의료 기관을 보조하는 일을 한다. 병원의 건강관리 시스템을 관리하여 보다 효과적이고 효율적으로 연구 및 평가 시스템을 만들고 절차를 진행하는 데 도움을 준다. 자격요건은 경영학 및 건강관리 전공자를 선호하며 경우에 따라 자격증이 필요하다.

Pay

Median pay (experienced 2-7yr) $96,000

Top pay $174,000

Opportunity

10-year job growth (2008-2018) 24%

Total jobs (current) 30,000 현재 채용하고 있는 수

Quality of life ratings

	D	C	B	A
Personal satisfaction	■	■	■	
Job security	■	■	■	
Future growth	■	■	■	■
Benefit to society	■	■		
Low stress	■			
Flexibility	■	■	■	■

■■■■ IS Security Engineer

Top 100 rank: 17

Sector: Information Technology

IS Security Engineer는 많은 양의 데이터 및 정보들을 보안하기 위한 시스템을 개발하고 건물 보안 유지 및 개발, 데이터베이스의 유지 보안 및 전송을 담당한다. IS Security Engineer가 되기 위해서는 관련 전공자를 선호하며 경우에 따라 자격증을 필요로 한다.

Pay

Median pay (experienced 2-7yr) $105,000

Top pay $162,000

Opportunity

10-year job growth (2008-2018) 23%

Total jobs (current) 15,000 현재 채용하고 있는 수

Quality of life ratings

	D	C	B	A
Personal satisfaction	■	■	■	■
Job security	■	■	■	■
Future growth	■	■	■	■
Benefit to society	■	■	■	
Low stress	■	■		
Flexibility	■	■	■	

■■■■ Software Engineering/Development Dir.

Top 100 rank: 18

Sector: Information Technology

Software Engineering/Development Director는 Software 개발의 전반적인 부분을 담당한다. 분야 별로 필요로 하는 자격증의 종류는 다양하다.

Pay

Median pay (experienced2-7yr) $144,000

Top pay $202,000

Opportunity

10-year job growth (2008-2018) 17%

Total jobs (current) 15,000 현재 채용하고 있는 수

Quality of life ratings

	D	C	B	A
Personal satisfaction	■	■	■	
Job security	■	■	■	
Future growth	■	■	■	■
Benefit to society	■	■		
Low stress	■			
Flexibility	■	■	■	■

■■■ Occupational Therapist

Top 100 rank: 19

Sector: Health Care

Occupational Therapist는 환자가 신체적 또는 정신적으로 어떠한 기능을 상실했을 때 그 기능을 회복할 수 있도록 도와주는 일을 한다. 대부분이 큰 병원의 부속 재활 센터에서 일하거나 독립하여 재활 병원을 운영한다. 자격요건으로는 4년제 관련 학위를 취득한 후 전문 대학원을 수료하여야만 Occupational Therapists 의사 자격증을 딸 수 있다.

Pay

Median pay (experienced 2-7yr) $72,000

Top pay $102,000

Opportunity

10-year job growth (2008-2018) 26%

Total jobs (current) 110,000 현재 채용하고 있는 수

Quality of life ratings

	D	C	B	A
Personal satisfaction	■	■	■	■
Job security	■	■	■	
Future growth	■	■	■	■
Benefit to society	■	■	■	■
Low stress	■	■		
Flexibility	■	■	■	

■■■ IT Manager

Top 100 rank: 20

Sector: Information Technology

IT Manager는 과거에는 순수 기술직이었던 것에 비해서 오늘날은 사업 운영에 필요한 IT 조율에서부터 유통, 재고 관리, 국제 무역 및 E-Commercial 등 다양하다. 이처럼 오늘날의 조직은 IT 관점에서 비즈니스 전략을 제시하는 경우가 많으므로 IT Manager의 역할이 많아진 것이다. 많은 기업에서 IT 부분의 전문적인 기술과 비즈니스 관리 능력을 동시에 가진 지원자의 채용을 선호한다. 자격요건으로는 IT 관련 학위 이상의 소유자이며 오늘날 많은 기업에서는 IT 경력을 가진 MBA 학위 소유자를 선호하는 편이다.

Pay

Median pay (experienced 2-7yr) $102,000

Top pay $169,000

Opportunity

10-year job growth (2008-2018) 17%

Total jobs (current) 150,000 현재 채용하고 있는 수

Quality of life ratings

	D	C	B	A
Personal satisfaction				
Job security				
Future growth				
Benefit to society				
Low stress				
Flexibility				

◼◼◼ Telecom Network Engineer

Top 100 rank: 21

Sector: Information Technology

Telecom Network Engineer는 Data, Voice, and Video Communication 을 위한 통신에 쓰이는 Telecommunication Networks를 계획하고 유 지 보수하는 일을 한다. 10-year job growth (2008-2018)이 53%로 앞 으로의 채용비율의 성장이 매우 기대되는 직업 중의 하나이다. 새로운 기 술 계발이 빈번히 일어나는 업종이므로 기술의 업그레이드가 자주 필요 하다. 자격요건으로는 전자 또는 컴퓨터 관련 전공을 선호하며 자격증이 나 실무 경력자를 선호하는 편이다.

Pay

Median pay (experienced 2-7yr) $87,000

Top pay $116,000

Opportunity

10-year job growth (2008-2018) 53%

Total jobs (current) 15,000 현재 채용하고 있는 수

Quality of life ratings

	D	C	B	A
Personal satisfaction	■	■	■	
Job security	■	■	■	
Future growth	■	■	■	■
Benefit to society	■	■		
Low stress	■			
Flexibility	■	■	■	■

■■■ Environmental Health and Safety Specialist

Top 100 rank: 22

Sector: Consulting

Environmental Health and Safety Specialist는 식품 관련 사업체, 물, 폐수, 쓰레기수거 사업체 등을 정기적으로 검사함으로써 모든 사람의 건강을 유지하도록 전염병을 예방하고 보건을 증진시키는 역할을 한다.

승인된 프로그램을 제공하는 학교에서 학사 이상의 학위를 소유하여야 하며 주 정부 인가 자격증이 있어야 한다.

Pay

Median pay (experienced 2-7yr) $71,000

Top pay $99,000

Opportunity

10-year job growth (2008-2018) 28%

Total jobs (current) 30,000 현재 채용하고 있는 수

Quality of life ratings

	D	C	B	A
Personal satisfaction	■	■	■	■
Job security	■	■	■	
Future growth	■	■	■	
Benefit to society	■	■	■	
Low stress	■	■		
Flexibility	■	■	■	■

Construction Project Mgr.

Top 100 rank: 23

Sector: Construction, Architecture, Engineering

Construction Project Manager는 일반적으로 설계, 기획, 시공 등 건설의 전반적인 프로젝트 관리를 한다. 프로젝트를 감독, 통제하기 위해서는 인적 자원 또는 물적 자원, 효율적인 수행 계획, 비용 관리 등 전문적인 지식을 필요로 한다. 주로 대규모 건설 회사의 부분적인 프로젝트를 맡아서 근무하고 있거나 개인 비즈니스를 운영하면서 프로젝트를 담당하기도 한다. Construction Project Manager의 자격요건으로는 관련 전공 학사 이상의 학력을 필요로 한다. 관련 공사 관리 경력자를 선호한다. 다른 직

장에 비해 채용 비율이 경기에 영향을 많이 받는 편이다.

Pay

Median pay (experienced 2-7yr) $90,000

Top pay $140,000

Opportunity

10-year job growth (2008-2018) 17%

Total jobs (current) 390,000 최근 채용하고 있는 수

Quality of life ratings

	D	C	B	A
Personal satisfaction	■	■	■	■
Job security	■	■	■	
Future growth	■	■	■	
Benefit to society	■	■	■	
Low stress	■			
Flexibility	■	■	■	■

■■■ Network Project Manager

Top 100 rank: 24

Sector: Information Technology

Network Project Manager는 서비스, 설비, 데이터 관련 분석 및 유지, 비용 관리 등 Network 프로젝트 전반적인 부분을 스케줄하고 관리한다.

Pay

Median pay (experienced 2-7yr) $103,000

Top pay $155,000

Opportunity

10-year job growth (2008-2018) 23%

Total jobs (current) 10,000 현재 채용하고 있는 수

Quality of life ratings

	D	C	B	A
Personal satisfaction	■	■	■	■
Job security	■	■	■	■
Future growth	■	■	■	
Benefit to society	■	■		
Low stress	■			
Flexibility	■	■	■	■

▪▪▪ Emergency Room Physician

Top 100 rank: 25

Sector: Health Care

Emergency Room Physician은 Emergency Room에 찾아온 환자들의 질병과 상처에 대해 진단 및 비 수술 처방을 한다. 이때 나이나 상처의 종류에 상관없이 수용해야 한다. 평균 연봉은 3위로 높으나 심한 스트레스 때문에 직업 선호도는 25위로 연봉에 비해 낮은 편이다.

Pay

Median pay (experienced 2-7yr) $250,000

Top pay $368,000

Opportunity

10-year job growth (2008-2018) 22%

Total jobs (current) 25,000 현재 채용하고 있는 수

Quality of life ratings

	D	C	B	A
Personal satisfaction	▓	▓	▓	▓
Job security	▓	▓	▓	
Future growth	▓	▓	▓	▓
Benefit to society	▓	▓	▓	▓
Low stress	▓			
Flexibility	▓	▓	▓	

■■■ IT Business Analyst

Top 100 rank: 26

Sector: Information Technology

IT Business Analyst는 관리, 운영, 헬스케어, 엔지니어링 및 기타 비즈니스 정보를 분석하고 파악하여 컴퓨터 소프트웨어 및 하드웨어 솔루션에 적용한다.

Pay

Median pay (experienced 2-7yr) $82,000

Top pay $115,000

Opportunity

10-year job growth (2008-2018) 20%

Total jobs (current) 140,000 현재 채용하고 있는 수

Quality of life ratings

	D	C	B	A
Personal satisfaction	▨	▨	▨	
Job security	▨	▨	▨	
Future growth	▨	▨	▨	▨
Benefit to society	▨	▨		
Low stress	▨			
Flexibility	▨	▨	▨	

■■■■ Director of Nursing

Top 100 rank: 27

Sector: Health Care

Director of Nursing은 병원, Clinics, Managed Care Organizations, 보건 기관 및 관련 기관의 Medicine and Health Services를 계획, 관리, 유지하는 일들을 한다. 경력이 많은 Director of Nursing일 경우 의사보다 좋은 조건으로 근무하기도 한다. 많은 한국인 의료 경력자 및 관련 전공자들이 취업을 위해 미국에 오지만 제한된 비자 쿼터 때문에 취직에 어려움을 겪는다. 오늘날 의료 전문인이 부족한 미국에서 외국인 간호사를 채용하기 위한 간호사 비자 쿼터 늘리자는 법안이 연방 하원에서 많이 상정되고 있다. 앞으로 미국 취업을 원하는 한인 간호사들에게 보다 많은 채용의 기회가 기대된다.

Pay

Median pay (experienced 2-7yr) $85,000

Top pay $123,000

Opportunity

10-year job growth (2008-2018) 16%

Total jobs (current) 70,000 현재 채용하고 있는 수

Quality of life ratings

	D	C	B	A
Personal satisfaction	■	■	■	■
Job security	■	■	■	
Future growth	■	■	■	■
Benefit to society	■	■	■	■
Low stress	■			
Flexibility	■	■	■	■

IT Consultant

Top 100 rank: 28

Sector: Information Technology

IT Consultant는 고객 관련 정보기술 시스템 시설의 새로운 설치와 이동, 시스템과 Network관련 문제들을 관리하고, 시설의 개발 및 자원에 관련된 자료를 분석하고, 새로운 기술로 기업의 경영 환경에 부합하는 정보시스템을 제공하는 일이다.

IT Consultant가 되기 위해서는 시스템 관련 전문적 지식이 필요할 뿐 아니라 관련 비즈니스 관련 경력을 필요로 한다.

Pay

Median pay (experienced 2-7yr) $97,000

Top pay $161,000

Opportunity

10-year job growth (2008-2018) 17%

Total jobs (current) 65,000 현재 채용하고 있는 수

Quality of life ratings

	D	C	B	A
Personal satisfaction	■	■	■	
Job security	■	■	■	
Future growth	■	■	■	■
Benefit to society	■	■		
Low stress	■	■		
Flexibility	■	■	■	■

■■■ **Psychiatrist**

Top 100 rank: 29

Sector: Health Care

Psychiatrist는 정신 병리에 관련된 진단 및 치료를 위해 처방을 하거나 정신 치료학적 치료를 위한 지도 및 관리를 한다. 담당 치료의 치료계획, 진행 및 결과, 평가 등을 다른 전문가들과 의논하기도 한다. 오늘날 미국에서는 Psychiatrist의 채용이 지속적으로 증가하고 있는 추세이다.

Pay

Median pay (experienced 2-7yr) $185,000

Top pay $269,000

Opportunity

10-year job growth (2008-2018) 24%

Total jobs (current) 40,000 현재 채용하고 있는 수

Quality of life ratings

	D	C	B	A
Personal satisfaction	■	■	■	
Job security	■	■		
Future growth	■	■	■	■
Benefit to society	■	■	■	■
Low stress	■			
Flexibility	■	■	■	

■■■ Test Software Dev. Eng

Top 100 rank: 30

Sector: Information Technology

Software의 Test Planning, 핵심 Test 등과 같이 Software의 테스트를 관리하는 Test Software Engineer와는 달리 Test Software Development Engineer는 테스트 코드 작성, 코드 리뷰, 테스팅 툴 개발 등 실질적인 업무에 사용되는 Software Test 관련 업무를 관리 개발하는 업무를 하고 있다.

Pay

Median pay (experienced 2-7yr) $84,000

Top pay $116,000

Opportunity

10-year job growth (2008-2018) 20%

Total jobs (current) 90,000 현재 채용하고 있는 수

Quality of life ratings

	D	C	B	A
Personal satisfaction				
Job security				
Future growth				
Benefit to society				
Low stress				
Flexibility				

■■■ **IT Network Engineer**

Top 100 rank: 31

Sector: Information Technology

IT Network Engineer는 보통 Network 관련 시설의 문제점을 해결, 설비 구축, 보안하는 일을 한다. 업무 영역 범위는 장비에서부터 소프트웨어까지 관리한다. 미국에서는 보통 컴퓨터 관련 전공자들이 IT Network Engineer로 근무하고 있다. 경력이 없는 경우 인턴이나 정규 트레이닝을 받거나 자격증을 따서 전문성을 보완하기도 한다.

Pay

Median pay (experienced 2-7yr) $84,000

Top pay $123,000

Opportunity

10-year job growth (2008-2018) 23%

Total jobs (current) 90,000 현재 채용하고 있는 수

Quality of life ratings

	D	C	B	A
Personal satisfaction	▓	▓	▓	
Job security	▓	▓	▓	
Future growth	▓	▓	▓	▓
Benefit to society	▓	▓	▓	
Low stress	▓	▓		
Flexibility	▓	▓	▓	

▪▪▪ Senior Sales Executive

Top 100 rank: 32

Sector: Other

기술 및 전략도 중요하지만 무엇보다 회사의 핵심은 영업이다. Senior Sales Executive는 영업 관리, 어카운트 관리 및 담당 어카운트와의 관계를 쌓는데 많은 비중을 둔다. 관련 사업의 신규 상품의 선호도를 조사하며 경쟁사의 상품의 종류, 가격 및 서비스 등을 연구하며 신규 상품의 개발에 도움을 준다.

미국에서 상당한 금액의 연봉을 받는 사람들 대부분의 직업이 영어 관련 직종이다. 물론 고정 연봉만을 본다면 전문직이지만 그것 또한 뛰어넘는 것이 영업 사원의 커미션이다.

Pay

Median pay (experienced 2-7yr) $127,000

Top pay $222,000

Opportunity

10-year job growth (2008-2018) 15%

Total jobs (current) 20,000 현재 채용하고 있는 수

Quality of life ratings

	D	C	B	A
Personal satisfaction	■	■	■	
Job security	■	■	■	
Future growth	■	■	■	■
Benefit to society	■	■		
Low stress	■			
Flexibility	■	■	■	■

■■■ IT Program Manager

Top 100 rank: 33

Sector: Information Technology

IT Program Manager는 모든 IT Project를 유지, 개발, 진행을 담당하고 있으며 상품 기획을 위해 Developers and Tester 뿐 아니라 Project 관계자

들과 조율하여야 한다. 보통 Project Manager와 업무 적인 부분에서 중복
되는 부분이 있으나 Project Manager는 주어진 조건하에서 제품을 생산
하는데 목적이 있고, IT Program Manager는 상품의 시장성을 고려하여
생산 전 과정에 관여한다는 부분에 있어서 차이점이 있다.

Pay

Median pay (experienced 2-7yr) $103,000

Top pay $149,000

Opportunity

10-year job growth (2008-2018) 17%

Total jobs (current) 20,000 현재 채용하고 있는 수

Quality of life ratings

	D	C	B	A
Personal satisfaction	■	■	■	
Job security	■	■	■	
Future growth	■	■	■	■
Benefit to society	■	■		
Low stress	■			
Flexibility	■	■	■	■

■■■■ **Primary Care Physician**

Top 100 rank: 34

Sector: Health Care

Primary Care Physician은 주치의사로 많이 알려져 있다. 주로 가족원

들의 일반적인 진료를 맞으며 경우에 따라 2차 진료기관의 진료를 위해 진료 의뢰서를 작성해서 보내는 일을 한다. 일반적으로 보수가 높은 내과, 성형외과, 마취과를 선호하기 때문에 Primary Care Physician은 많이 부족한 사안이다. 미국의 의료보험을 가입하기 위해서는 Primary Care Doctor를 지정해야 하며, 앞으로도 많은 인력 부족현상이 예상되는 직종 중 하나이다.

Pay

Median pay (experienced 2-7yr) $174,000

Top pay $256,000

Opportunity

10-year job growth (2008-2018) 22%

Total jobs (current) 35,000 현재 채용하고 있는 수

•Quality of life ratings

	D	C	B	A
Personal satisfaction	■	■	■	■
Job security	■	■	■	
Future growth	■	■	■	■
Benefit to society	■	■	■	
Low stress	■			
Flexibility	■	■	■	

Computer Scientist

Top 100 rank: 35

Sector: Information Technology

Computer Scientist는 컴퓨터와 정보과학 관련 연구를 하는 업종이다. 컴퓨터의 Computer Hardware and Software의 문제나 개발을 담당하고 있다.

Pay

Median pay (experienced 2-7yr) $115,000

Top pay $167,000

Opportunity

10-year job growth (2008-2018) 24%

Total jobs (current) 25,000 현재 채용하고 있는 수

Quality of life ratings

	D	C	B	A
Personal satisfaction	■	■	■	■
Job security	■	■	■	
Future growth	■	■	■	
Benefit to society	■	■	■	
Low stress	■	■	■	
Flexibility	■	■	■	■

■■■ Hospital Administrator

Top 100 rank: 36

Sector: Health Care

Hospital Administrator는 병원, 진료소, 진료 기관, 보건 기관 또는 그와 유사한 조직의 의학 및 의료 서비스를 계획하고 관리한다. 또한 의료 직원

과 부서장 및 관리자들 사이에서 중재자 역할을 한다.

Pay

Median pay (experienced 2-7yr) $98,000

Top pay $180,000

Opportunity

10-year job growth (2008-2018) 16%

Total jobs (current) 15,000 현재 채용하고 있는 수

Quality of life ratings

	D	C	B	A
Personal satisfaction	■	■	■	■
Job security	■	■	■	■
Future growth	■	■	■	■
Benefit to society	■	■	■	■
Low stress	■			
Flexibility	■	■	■	

■■■ Programmer Analyst

Top 100 rank: 37

Sector: Information Technology

Programmer Analyst는 보통 프로그램을 분석, 설계하여 사양서 제작 및 코딩관련 업무를 한다. 컴퓨터 관련 회사일 경우 포지션 이름과 하는 일이 조금씩 차이가 있기 때문에 취업을 할 경우 포지션 이름 및 Job Description을 꼭 확인해야 한다.

Pay

Median pay (experienced 2-7yr) $77,000

Top pay $109,000

Opportunity

10-year job growth (2008-2018) 20%

Total jobs (current) 130,000 현재 채용하고 있는 수

Quality of life ratings

	D	C	B	A
Personal satisfaction	▓	▓	▓	
Job security	▓	▓	▓	
Future growth	▓	▓	▓	
Benefit to society	▓	▓		
Low stress	▓	▓		
Flexibility	▓	▓	▓	

■■■ **Applications Engineer**

Top 100 rank: 38

Sector: Information Technology

Application Engineer는 일반적으로 기술을 지원하는 일들을 하는데 Computer Applications과 프로그램 및 컴퓨터 솔루션의 전반적인 시스템의 테스트 및 기술적인 서술을 한다.

Pay

Median pay (experienced 2-7yr) $81,000

Top pay $114,000

Opportunity

10-year job growth (2008-2018) 34%

Total jobs (current) 15,000 현재 채용하고 있는 수

Quality of life ratings

	D	C	B	A
Personal satisfaction	■	■	■	
Job security	■	■	■	
Future growth	■	■	■	■
Benefit to society	■	■	■	
Low stress	■	■		
Flexibility	■	■	■	■

■■■ R&D Manager

Top 100 rank: 39

Sector: Scientific Research

A Research & Development Manager는 팀 또는 그룹 직원의 관리 및 계획 그리고 일반적으로 생명이나 신체과학을 다루는 연구 분야에서 새로운 프로세스의 개발을 담당한다. 신기술 및 전문 지식을 제공하기도 하고, 효과적인 업무 수행을 위해 예산 및 기획을 담당하고 있다. 자격요건으로는 일반적으로 석사 이상의 학위를 자격 요건으로 한다.

Pay

Median pay (experienced 2-7yr) $116,000

Top pay $156,000

Opportunity

10-year job growth (2008-2018) 15%

Total jobs (current) 10,000 현재 채용하고 있는 수

Quality of life ratings

	D	C	B	A
Personal satisfaction	■	■	■	■
Job security	■	■	■	■
Future growth	■	■	■	■
Benefit to society	■	■	■	
Low stress	■			
Flexibility	■	■	■	■

■■■ Regional Sales Manager

Top 100 rank: 40

Sector: Other

Regional Sales Manager는 영업직원 관리, 판매 전략의 방향 제시, 지역의 판매 전략 분석, 사원의 훈련 등을 담당한다. 제품 또는 서비스의 판매 유통을 관리하고 회사의 제품 라인에 대한 정보의 모니터링, 분석 등을 통해 영업에 대한 분석 및 기획 등을 담당하고 있다.

Pay

Median pay (experienced 2-7yr) $107,000

Top pay $167,000

Opportunity

10-year job growth (2008-2018) 15%

Total jobs (current) 125,000 현재 채용하고 있는 수

Quality of life ratings

	D	C	B	A
Personal satisfaction				
Job security				
Future growth				
Benefit to society				
Low stress				
Flexibility				

■■■ Project Engineer

Top 100 rank: 41

Sector: Construction, Architecture, Engineering

Project Engineer는 Technical Projects의 개념부터 완성까지의 계획과 관리를 담당한다. Projects를 위한 기술적인 지식 제공, 예산 결정, 스케줄 및 직원들 교육 등의 전반적인 Projects에 대한 책임이 있다.

Pay

Median pay (experienced 2-7yr) $100,000

Top pay $148,000

Opportunity

10-year job growth (2008-2018) 24%

Total jobs (current) 50,000 현재 채용하고 있는 수

Quality of life ratings

	D	C	B	A
Personal satisfaction				
Job security				
Future growth				
Benefit to society				
Low stress				
Flexibility				

■■■■ Training Dev. Director

Top 100 rank: 42

Sector: Other

Training Development Director는 기업의 전반적인 전략적 목표를 위해 교육 프로그램을 개발 및 실행하는 일을 담당한다. 연구를 통해 업계 동향, 새로운 기술, 개념 및 기술 등을 현재의 교육 커리큘럼에 적절히 적용하는 것이 주 업무이다.

Pay

Median pay (experienced 2-7yr) $95,000

Top pay $158,000

Opportunity

10-year job growth (2008-2018) 23%

Total jobs (current) 20,000 현재 채용하고 있는 수

Quality of life ratings

	D	C	B	A
Personal satisfaction	■	■	■	■
Job security	■	■	■	
Future growth	■	■	■	■
Benefit to society	■	■	■	
Low stress	■			
Flexibility	■	■	■	■

■■■■ HR Consultant

Top 100 rank: 43

Sector: Other

Human Resources Consultant는 조직의 정책 문제에 조언을 하고 필요로 하는 변경 사항을 제시하는 일을 한다. 보상, 이익, 성능 관리 프로그램 등 다양한 HR 관련 업무를 개발하고 기획 및 실행하는 업무를 담당한다. 또한 정책적인 업무를 분석 및 평가하며 법률적인 업무에 있어서 전반적인 관리를 한다.

Pay

Median pay (experienced 2-7yr) $92,000

Top pay $159,000

Opportunity

10-year job growth (2008-2018) 21%

Total jobs (current) 20,000 현재 채용하고 있는 수

Quality of life ratings

	D	C	B	A
Personal satisfaction	■	■	■	■
Job security	■	■	■	
Future growth	■	■	■	■
Benefit to society	■	■	■	
Low stress	■		■	
Flexibility	■	■	■	■

■■■■ Speech-Language Pathologist

Top 100 rank: 44

Sector: Health Care

Speech-Language Pathologist는 환자의 청력, 음성 그리고 사용 언어를 평가하거나 시험하는 일을 한다. 환자의 청력, 말하기, 언어 테스트 등의 결과와 의학적 지식으로 치료를 위한 진단 및 치료 계획을 세운다. 말더듬이, 삼킴 장애, 목소리 장애 등의 최초 진단 및 치료 등을 하며 장애개선을 위한 교육 등을 실시한다.

자격요건으로는 보통 관련 석사 이상의 학위 혹은 동등한 자격을 가져야 하는데 이를 위해서는 전문 언어 병리학자의 감독 아래 300~375시간의 진료 경험과 국가에서 인증하는 시험에 합격한 후 대학원에서 9개월간의 전문 임상 경력을 쌓아야 한다.

Pay

Median pay (experienced 2-7yr) $71,000

Top pay $111,000

Opportunity

10-year job growth (2008-2018) 19%

Total jobs (current) 130,000 현재 채용하고 있는 수

Quality of life ratings

	D	C	B	A
Personal satisfaction	■	■	■	■
Job security	■	■	■	
Future growth	■	■	■	■
Benefit to society	■	■	■	■
Low stress	■	■		
Flexibility	■	■	■	

■■■ Business Dev. Analyst

Top 100 rank: 45

Sector: Consulting

Business Development Analyst는 시장 조사, 고객 및 경쟁업체 동향 파악 및 분석하여 시장 개척 안에 대한 여러 가지 자료제공 및 해결 안을 제시하는 일을 한다.

Pay

Median pay (experienced 2-7yr) $75,000

Top pay $109,000

Opportunity

10-year job growth (2008-2018) 24%

Total jobs (current) 20,000 현재 채용하고 있는 수

Quality of life ratings

	D	C	B	A
Personal satisfaction	■	■	■	
Job security	■	■	■	
Future growth	■	■	■	
Benefit to society	■	■		
Low stress	■	■		
Flexibility	■	■	■	

■■■ Physical Therapy Director

Top 100 rank: 46

Sector: Health Care

Physical Therapy Director는 환자들의 병이나 사고에 의한 신체적 장애를 회복시키는 전반적인 프로그램 개발 및 기획하는 일을 담당한다. 또한 발생한 신체장애가 영구적인 기능 불구로 발전하지 않도록 방지하며 기능을 회복할 수 있도록 도와주는 역할을 한다. 환자의 상태 및 병원의 치료 과정에 따라 의사, 간호사, 언어 요법사 등과 한 팀으로 일을 하는 경우가 많다.

물리치료사는 병원, 요양소, 진료소, 학교 등의 진료 관련 기관에서 근무하거나 스스로 경영하는 경우도 있다. 자격요건으로는 주 정부 인가를 받은 관련 학사 학위나 수료증(Certificate) 또는 관련 석사학위 과정을 수료해야 한다.

Pay

Median pay (experienced 2-7yr) $84,000

Top pay $111,000

Opportunity

10-year job growth (2008-2018) 16%

Total jobs (current) 20,000 현재 채용하고 있는 수

Quality of life ratings

	D	C	B	A
Personal satisfaction	■	■	■	■
Job security	■	■	■	
Future growth	■	■	■	■
Benefit to society	■	■	■	■
Low stress	■	■		
Flexibility	■	■	■	

■■■ Structural Engineer

Top 100 rank: 47

Sector: Construction, Architecture, Engineering

Structural Engineer는 보통 대규모 건물의 구조에 대한 전반적인 부분에 대한 관리를 한다. Project Site의 관리 및 직원들의 교육 그리고 해외건설, 건물, 다리 및 기타 대규모 구조물의 기획, 디자인 등을 담당한다. 계획 사업과 관련된 지도, 청사진, 사진, 도표 등의 각종 데이터를 분석하여 프로젝트에 관련된 기획과 관리를 한다.

Pay

Median pay (experienced 2-7yr) $83,000

Top pay $114,000

Opportunity

10-year job growth (2008-2018) 24%

Total jobs (current) 70,000 현재 채용하고 있는 수

Quality of life ratings

	D	C	B	A
Personal satisfaction	█	█	█	
Job security	█	█		
Future growth	█	█	█	█
Benefit to society	█	█	█	
Low stress	█	█		
Flexibility	█	█	█	

■■■ Nursing Home Director

Top 100 rank: 48

Sector: Health Care

Nursing Home Director는 환자들의 Nursing Home의 직원 서비스와 임상 서비스의 만족에 전반적인 책임이 있다. 직원 업무, 비즈니스 계획, 예산 관리 및 서비스 개선을 위해 노력하며, 전문 요양원 표준 및 주 정부, 연방정부 규제요건을 준수하여야 한다.

또한 업무 수행에 필요한 주의 법규, 재무기획, 컴퓨터 시스템에 관한 지

식을 요건으로 한다.

Pay

Median pay (experienced 2-7yr) $88,000

Top pay $125,000

Opportunity

10-year job growth (2008-2018) 16%

Total jobs (current) 25,000 현재 채용하고 있는 수

Quality of life ratings

	D	C	B	A
Personal satisfaction	■	■	■	■
Job security	■	■	■	
Future growth	■	■	■	■
Benefit to society	■	■	■	■
Low stress	■			
Flexibility	■	■	■	■

■■■ Systems Engineer

Top 100 rank: 49

Sector: Information Technology

Systems Engineer는 복잡한 컴퓨터 문제, 시스템 관리문제, 또는 네트워크 관리 통합에 관련한 일들을 하는데, 주어진 여러 가지 조건으로 최적의 시스템 모델을 디자인하고 개발하는 일을 한다. 폰뱅킹 시스템(Phone-Banking System 또는 Tele-Banking System: 고객이 전화로 은행 업무를

할 수 있게 해주는 시스템), 일반 회사에서는 사무처리 시스템, 편의점에

서의 상품 스캔장치 등을 예로 들 수 있으며 이 프로젝트를 전반적으로 개

발하고 디자인하는 역할을 한다.

Pay

Median pay (experienced 2-7yr) $88,000

Top pay $130,000

Opportunity

10-year job growth (2008-2018) 13%

Total jobs (current) 100,000 현재 채용하고 있는 수

Quality of life ratings

	D	C	B	A
Personal satisfaction	▓	▓	▓	
Job security	▓	▓	▓	
Future growth	▓	▓	▓	▓
Benefit to society	▓	▓		
Low stress	▓	▓		
Flexibility	▓	▓	▓	▓

■■■ Healthcare Program Dir.

Top 100 rank: 50

Sector: Health Care

Healthcare Program Directors는 병원이나 클리닉 등의 의료 기관에서
의학 및 의료 서비스를 계획하고 지휘, 관리하는 일을 한다.

Pay

Median pay (experienced) $85,000

Top pay $147,000

Opportunity

10-year job growth (2008-2018) 13%

Total jobs (current) 15,000 현재 채용하고 있는 수

Quality of life ratings

	D	C	B	A
Personal satisfaction				
Job security				
Future growth				
Benefit to society				
Low stress				
Flexibility				

■■■ Transportation Engineer

Top 100 rank: 51

Sector: Construction, Architecture, Engineering

Transportation Engineer는 운송에 필요한 모든 시설을 분석하고 디자인하는 일을 한다. 고속도로, 철도, 항공 시스템과 관로 등을 분석 계획하며 전문적인 지식을 요하는 직업이이다.

자격요건으로는 석사 학위 이상의 자격을 요한다. 보통 건설회사에서 근무하거나 Consulting에서 근무할 수 있다.

Pay

Median pay (experienced 2-7yr) $78,000

Top pay $114,000

Opportunity

10-year job growth (2008-2018) 24%

Total jobs (current) 25,000 현재 채용하고 있는 수

Quality of life ratings

	D	C	B	A
Personal satisfaction	■	■	■	
Job security	■	■	■	
Future growth	■	■	■	
Benefit to society	■	■	■	■
Low stress	■	■	■	
Flexibility	■	■	■	■

■■■ **Operations Research Analyst**

Top 100 rank: 52

Sector: Other

Operations Research Analyst는 조직 운영 및 통합에 공학적 기법과 수학적인 원리를 적용해서 가장 효율적인 방법으로 문제를 해결하고 여러 가지 대안들을 제시한다. 전략 수립, 자원 예측, 성과 측정, 시스템 설계 및 체인 관리 등과 관련된 일들을 한다.

Pay

Median pay (experienced 2-7yr) $97,000

Top pay $136,000

Opportunity

10-year job growth (2008-2018) 22%

Total jobs (current) 15,000 현재 채용하고 있는 수

Quality of life ratings

	D	C	B	A
Personal satisfaction	▨	▨	▨	▨
Job security	▨	▨	▨	
Future growth	▨	▨	▨	
Benefit to society	▨	▨	▨	
Low stress	▨	▨		
Flexibility	▨	▨	▨	

■■▨ **Practice Administrator**

Top 100 rank: 53

Sector: Health Care

Practice Administrator는 병원 및 의료 시설의 전반적인 행정적인 업무를 수행한다. Billing, Staffing, 회계 및 직원 관리 등을 하며 여러 가지 사무적인 능력을 요한다.

Pay

Median pay (experienced 2-7yr) $80,000

Top pay $122,000

Opportunity

10-year job growth (2008-2018) 16%

Total jobs (current) 25,000 현재 채용하고 있는 수

Quality of life ratings

	D	C	B	A
Personal satisfaction	■	■	■	■
Job security	■	■	■	
Future growth	■	■	■	
Benefit to society	■	■	■	
Low stress	■	■		
Flexibility	■	■	■	

■■■ Construction Estimator

Top 100 rank: 54

Sector: Construction, Architecture, Engineering

Construction Estimator는 상업, 산업분야에서 진행하는 회사의 건축공사나 정부 공사 프로젝트 업무를 하며 전반적인 공사에 드는 경비와 기간을 정확한 분석을 통해 산출하는 업무를 담당한다. 건축 자재, 인건비, 기타 장비 마련에 필요한 경비를 견적하며 전반적인 살림을 파악하는 일을 한다. 기계, 전기, 토공 등과 같이 공학적인 전문지식을 요구하기 때문에 관련 전공 이후 연관되는 현장 경험이 필수적이다.

Pay

Median pay (experienced 2-7yr) $68,000

Top pay $105,000

Opportunity

10-year job growth (2008-2018) 25%

Total jobs (current) 160,000 현재 채용하고 있는 수

Quality of life ratings

	D	C	B	A
Personal satisfaction	■	■	■	
Job security	■	■	■	
Future growth	■	■	■	
Benefit to society	■	■		
Low stress	■	■		
Flexibility	■	■	■	

■■▨ Attorney / Lawyer

Top 100 rank: 55

Sector: Business Services

Attorney / Lawyer는 변호사 혹은 법률 대리인을 말하며 자격요건으로 는 대학과 Law School을 졸업하고 각 주에서 실시하는 Bar Exanimation 에 합격해야 한다.

Pay

Median pay (experienced 2-7 yr) $118,000

Top pay $246,000

Opportunity

274

10-year job growth (2008-2018) 13%

Total jobs (current) 530,000 현재 채용하고 있는 수

Quality of life ratings

	D	C	B	A
Personal satisfaction	■	■	■	
Job security	■	■	■	
Future growth	■	■	■	
Benefit to society	■	■		
Low stress	■			
Flexibility	■	■	■	

■■■ Optometrist

Top 100 rank: 56

Sector: Health Care

Optometrist는 일반적으로 눈의 질병 및 상태를 진단하고 치료하는 일을 한다. 시력 테스트, 문제점 진단, 시력 손상 및 교정 렌즈의 처방 등 눈과 관련된 업무를 한다. 한국에서와는 달리 미국에서는 안경을 맞추기 위해서는 Ophthalmologist나 Optometrist의 처방전이 필수 조건이다. 안경을 맞추기 위해 시력 측정뿐 아니라 환자의 건강 상태도 확인해야 하는 것이다. 각종 눈 질병뿐 아니라 당뇨병, 콜레스테롤 수치 등을 알 수 있다. 자격요건으로는 특정 교과를 학부에서 이수 후 College of Optometry의 4년 교육 과정을 졸업한 후 주 정부에서 실시하는 자격시험을 통과해야 한다.

Pay

Median pay (experienced 2-7yr) $108,000

Top pay $163,000

Opportunity

10-year job growth (2008-2018) 30%

Total jobs (current) 35,000 현재 채용하고 있는 수

Quality of life ratings

	D	C	B	A
Personal satisfaction	■	■	■	■
Job security	■	■		
Future growth	■	■	■	■
Benefit to society	■	■	■	■
Low stress	■	■		
Flexibility	■	■	■	

■■■ Clinical Research Associate

Top 100 rank: 57

Sector: Health Care

Clinical Research Associate는 새로운 약품 개발을 위해 해당 임상시험의 계획서, 표준작업지침서, 임상시험의 진행사항 및 규정에 적합한지를 기록하고 확인 검토하는 업무를 담당한다.

일반적으로 제약회사에서 근무하며 약물의 임상 시험이 규정에 따라 잘 시행되고 있는지의 일을 하고, 인간 및 동물의 질병을 조사하며 직간접적

인 연구를 한다.

Pay

Median pay (experienced 2-7yr) $89,000

Top pay $136,000

Opportunity

10-year job growth (2008-2018) 12%

Total jobs (current) 35,000 현재 채용하고 있는 수

Quality of life ratings

	D	C	B	A
Personal satisfaction	▓	▓	▓	
Job security	▓	▓	▓	
Future growth	▓	▓	▓	
Benefit to society	▓	▓	▓	
Low stress	▓	▓		
Flexibility	▓	▓	▓	▓

■■■ Employment Recruiter

Top 100 rank: 58

Sector: Business Services

Employment Recruiter는 직원 채용 및 교육에 대한 전반적인 업무를 수행한다. 채용광고 포스팅, 이력서 데이터 검색, 인터뷰 등 채용 포지션에 필요한 경험 및 기술에 관련된 정보를 정의하는 일 또한 수행한다. 기업 및 공공 기관 또는 전문 컨설팅Firm에서 근무 하게 된다.

Pay

Median pay (experienced 2-7yr) $60,000

Top pay $102,000

Opportunity

10-year job growth (2008-2018) 28%

Total jobs (current) 190,000 현재 채용하고 있는 수

•Quality of life ratings

	D	C	B	A
Personal satisfaction	■	■	■	
Job security	■	■	■	
Future growth	■	■	■	
Benefit to society	■	■	■	
Low stress	■	■		
Flexibility	■	■	■	

■■■ Intensive Care Unit Nurse

Top 100 rank: 59

Sector: Health Care

Intensive Care Unit Nurse는 중환자실 환자의 건강 문제와 관리 및 진료기록 관리 등과 같은 일을 담당한다. 자격요건으로는 지속적으로 긴밀한 관찰을 요구하는 중환자실의 환자를 담당하므로 고도의 숙련된 기술이 필요하다. 또한 미국에서 간호사가 되기 위해서는 자격증 및 관련 학과 졸업 이수와 영어 성적이 요구된다.

Pay

Median pay (experienced 2-7yr) $77,000

Top pay $104,000

Opportunity

10-year job growth (2008-2018) 22%

Total jobs (current) 20,000 현재 채용하고 있는 수

Quality of life ratings

	D	C	B	A
Personal satisfaction	■	■	■	■
Job security	■	■	■	
Future growth	■	■	■	■
Benefit to society	■	■	■	■
Low stress	■			
Flexibility	■	■	■	

■■■ IT Specialist

Top 100 rank: 60

Sector: Information Technology

IT Specialist는 컴퓨터 시스템과 서버의 보안 및 실행에 관련된 문제들을 관리, 문제해결, 유지하는 업무를 담당한다. 정부 관련 기관이나 회사 등에서 근무한다.

Pay

Median pay (experienced 2-7yr) $69,000

Top pay $110,000

Opportunity

10-year job growth(2008-2018) 17%

Total jobs (current) 60,000 현재 채용하고 있는 수

Quality of life ratings

	D	C	B	A
Personal satisfaction				
Job security				
Future growth				
Benefit to society				
Low stress				
Flexibility				

■■■ Marketing Consultant

Top 100 rank: 61

Sector: Other

Marketing Consultant는 조직의 상품 및 서비스의 독창적인 마케팅 전략을 계획하고 지원하는 역할을 한다. 효과적인 마케팅, 광고, Communications Programs들의 기획, 전략 및 새로운 시장을 제시하는 일들을 담당한다.

Pay

Median pay (experienced 2-7yr) $91,000

Top pay $220,000

Opportunity

10-year job growth (2008-2018) 12%

Total jobs (current) 35,000 현재 채용하고 있는 수

•Quality of life ratings

	D	C	B	A
Personal satisfaction	■	■	■	
Job security	■	■	■	
Future growth	■	■	■	■
Benefit to society	■	■		
Low stress	■			
Flexibility	■	■	■	■

■■■■ Tax Manager

Top 100 rank: 62

Sector: Business Services

Tax Manager는 Tax에 관련된 전반적인 업무를 담당한다. 회계부서관리, 해외 Tax Return 등과 같은 일을 한다.

Pay

Median pay (experienced 2-7yr) $95,000

Top pay $155,000

Opportunity

10-year job growth (2008-2018) 22%

Total jobs (current) 30,000 현재 채용하고 있는 수

Quality of life ratings

	D	C	B	A
Personal satisfaction	■	■	■	
Job security	■	■	■	
Future growth	■	■	■	■
Benefit to society	■	■		
Low stress	■			
Flexibility	■	■	■	■

General Sales Manager

Top 100 rank: 63

Sector: Other

General Sales Manager는 1개 이상의 회사 제품을 위한 세일즈 프로그램을 관리하고 개발하는 일을 한다. 고도로 발달한 영업 전략, 계획, 광고 및 판촉 프로그램들을 관리하는 일을 하며 예산 관리 및 기획하는 일도 담당한다.

Pay

Median pay (experienced 2-7yr) $90,000

Top pay $168,000

Opportunity

10-year job growth (2008-2018) 15%

Total jobs (current) 60,000 현재 채용하고 있는 수

Quality of life ratings

Quality of life ratings	D	C	B	A
Personal satisfaction	▨	▨	▨	▨
Job security	▨	▨	▨	
Future growth	▨	▨	▨	
Benefit to society	▨	▨		
Low stress	▨			
Flexibility	▨	▨	▨	▨

■■■ Statistician

Top 100 rank: 64

Sector: Other

Statistician은 수학적 이론의 개발, 통계 이론의 적용 및 방법들을 수집, 분석, 해석을 통해 유용한 정보의 분석을 제공하는 업무를 담당한다. 일반적으로 생물 통계, 자연과학 통계, 사회 통계, 수리 통계, 인구 통계 등으로 나누어진다.

Pay

Median pay (experienced 2-7yr) $97,000

Top pay $151,000

Opportunity

10-year job growth (2008-2018) 13%

Total jobs (current) 20,000 현재 채용하고 있는 수

Quality of life ratings

	D	C	B	A
Personal satisfaction	■	■	■	
Job security	■	■	■	
Future growth	■	■	■	■
Benefit to society	■	■	■	
Low stress	■	■	■	
Flexibility	■	■	■	■

■■■ Nurse Practitioner

Top 100 rank: 65

Sector: Health Care

Nurse Practitioner는 환자의 치료를 위해 일반적인 간호업무와 진단 그리고 약 처방을 하는 업무를 담당하고 있다. 의료 시설이 많이 부족한 미국에서 Nurse Practitioner의 채용의 증가를 위해 많은 제도적인 지원을 하고 있다. 자격 요건은 주마다 조금씩 차이점이 있지만 관련 전공의 석사 이상 학력을 소지해야 하며 자격증 소지와 더불어 일정 기간 이상의 임상 경력이 필요하다.

Pay

Median pay (experienced 2-7yr) $86,000

Top pay $110,000

Opportunity

10-year job growth (2008-2018) 13%

Total jobs (current) 20,000 현재 채용하고 있는 수

Quality of life ratings

	D	C	B	A
Personal satisfaction	■	■	■	■
Job security	■	■	■	
Future growth	■	■	■	■
Benefit to society	■	■	■	■
Low stress	■			
Flexibility	■	■	■	

■■■ Systems Administrator

Top 100 rank: 66

Sector: Information Technology

Systems Administrator는 직접적으로 시스템을 관리하고 지원, 보완하며 새로운 시스템이나 Hardware, Software를 추천하는 업무와 시스템의 문제점 해결들과 같이 기본적인 시스템과 관련된 전반적인 업무를 담당한다.

Pay

Median pay (experienced 2-7yr) $75,000

Top pay $110,000

Opportunity

10-year job growth (2008-2018) 23%

Total jobs (current) 60,000 현재 채용하고 있는 수

Quality of life ratings

	D	C	B	A
Personal satisfaction	▓	▓	▓	
Job security	▓	▓		
Future growth	▓	▓	▓	
Benefit to society	▓	▓		
Low stress	▓			
Flexibility	▓	▓	▓	

■■■ Web Developer

Top 100 rank: 67

Sector: Information Technology

Web Developer는 비즈니스 관련 서버와 데이터베이스 관리 및 일반적인 웹 페이지의 개발 및 관리를 담당한다. 전문 디자이너와 콘텐츠 담당자 간에 팀으로 일을 하며 웹사이트의 웹 문서와 Software를 테스트하고 개발하는 일을 한다.

Pay

Median pay (experienced 2-7yr) $76,000

Top pay $111,000

Opportunity

10-year job growth (2008-2018) 13%

Total jobs (current) 50,000 현재 채용하고 있는 수

Quality of life ratings

	D	C	B	A
Personal satisfaction	■	■	■	
Job security	■	■	■	
Future growth	■	■	■	■
Benefit to society	■	■		
Low stress	■	■		
Flexibility	■	■	■	

■■■ Anesthesiologist

Top 100 rank: 68

Sector: Health Care

Anesthesiologist는 수술 및 의료 진료 중 마취를 담당하는 의사이다. 수술 환자의 진단, 치료, 통증 제어, 수술 후 회복, 만성 급성 통증 관리, 신경 마취, 소아 마취 등과 관련된 업무를 관리한다,

자격요건은 보통 석사, 박사 이상의 관련 전문 학위와 의사 자격증 및 일정 기간의 마취전문의 교육 및 인턴 과정을 거쳐야 한다.

Pay

Median pay (experienced 2-7yr) $290,000

Top pay $393,000

Opportunity

10-year job growth (2008-2018) 22%

Total jobs (current) 25,000 현재 채용하고 있는 수

Quality of life ratings

	D	C	B	A
Personal satisfaction	■	■	■	■
Job security	■	■		
Future growth	■	■	■	■
Benefit to society	■	■	■	■
Low stress	■			
Flexibility	■	■	■	

■■■ Accounting Director

Top 100 rank: 69

Sector: Other

Accounting Director는 회계 부서의 매일의 업무를 관리하는 일을 한다. 회계 감사를 위한 자료를 정리, 제공하며 회계 감사원을 지원하는 업무를 한다. 회사 내의 재무 관리, 회계 분석들에 관련된 업무를 기획하며 관리하는 업무를 한다.

Pay

Median pay (experienced2-7yr) $112,000

Top pay $179,000

Opportunity

10-year job growth (2008-2018) 11%

Total jobs (current) 15,000 현재 채용하고 있는 수

Quality of life ratings

	D	C	B	A
Personal satisfaction	■	■	■	■
Job security	■	■	■	
Future growth	■	■	■	
Benefit to society	■	■		
Low stress	■			
Flexibility	■	■	■	■

■■■ Technical Services Mgr.

Top 100 rank: 70

Sector: Information Technology

Technical Services Manager는 전반적인 IT Team을 관리하는 일을 하며, IT Infrastructure의 개발, 지원, 유지 등의 업무를 한다.

Pay

Median pay (experienced 2-7yr) $85,000

Top pay $135,000

Opportunity

10-year job growth (2008-2018) 17%

Total jobs (current) 10,000 현재 채용하고 있는 수

Quality of life ratings

	D	C	B	A
Personal satisfaction	■	■	■	
Job security	■	■	■	■

	D	C	B	A
Future growth	▓	▓	▓	
Benefit to society	▓	▓	▓	
Low stress	▓			
Flexibility	▓	▓	▓	▓

◼◼◻ Social Worker

Top 100 rank: 71

Sector: Health Care

Social Worker는 Case Issues, 기관 교육, 지원 단체와 위탁인을 위한 정보에 관련된 업무를 하는데 서류의 재평가, 환자들의 재평가, 환자들과 가족들의 치료 평가, 감정적 사회적 문제의 이해와 치료를 도와준다. 의료 시설 및 관련 기관에서 환자의 복지 및 서비스 개선을 위해 노력한다. 자격요건으로는 관련 전공 학사 학위와 면허 또는 자격증이 필요하다.

Pay

Median pay (experienced 2-7yr) $49,000

Top pay $75,000

Opportunity

10-year job growth (2008-2018) 22%

Total jobs (current) 115,000 현재 채용하고 있는 수

Quality of life ratings

	D	C	B	A
Personal satisfaction	▓	▓	▓	
Job security	▓	▓	▓	▓

	D	C	B	A
Future growth	▓	▓	▓	
Benefit to society	▓	▓	▓	
Low stress	▓			
Flexibility	▓	▓	▓	▓

■■■ Customer Service Manager

Top 100 rank: 72

Sector: Other

Customer Service Manager는 고객 지원 서비스와 관련된 전반적인 업무를 수행하고 Customer Service Representative의 교육 및 업무관리를 한다.

Pay

Median pay (experienced 2-7yr) $67,000

Top pay $116,000

Opportunity

10-year job growth (2008-2018) 18%

Total jobs (current) 200,000 현재 채용하고 있는 수

Quality of life ratings

	D	C	B	A
Personal satisfaction	▓	▓	▓	
Job security	▓	▓		
Future growth	▓	▓	▓	
Benefit to society	▓	▓	▓	▓
Low stress	▓			
Flexibility	▓	▓	▓	

■■■■ Sales Account Manager

Top 100 rank: 73

Sector: Other

Sales Account Manager는 담당 어카운트와의 관계를 유지하고 새로운 비즈니스를 개척하는 일을 한다. 담당 고객의 서비스를 제공하고 요구사항을 반영하여 관계를 유지하는 작업을 한다.

Pay

Median pay (experienced 2-7yr) $83,000

Top pay $146,000

Opportunity

10-year job growth (2008-2018) 15%

Total jobs (current) 110,000 현재 채용하고 있는 수

Quality of life ratings

	D	C	B	A
Personal satisfaction	░	░	░	
Job security	░	░	░	
Future growth	░	░	░	
Benefit to society	░	░		
Low stress	░			
Flexibility	░	░	░	

■■■■ Rehabilitation Services Dir.

Top 100 rank: 74

Sector: Health Care

Rehabilitation Services Director는 물리 치료, 작업 치료, 언어 치료 등의 재활치료 관련 프로그램의 전반적인 부분을 계획하고 관리하는 일을 한다.

Pay

Median pay (experienced 2-7yr) $90,000

Top pay $118,000

Opportunity

10-year job growth (2008-2018) 19%

Total jobs (current) 15,000 현재 채용하고 있는 수

Quality of life ratings

	D	C	B	A
Personal satisfaction	■	■	■	
Job security	■	■	■	
Future growth	■	■	■	■
Benefit to society	■	■	■	■
Low stress	■			
Flexibility	■	■	■	■

■■■ General Surgeon

Top 100 rank: 75

Sector: Health Care

General Surgeon은 여러 가지 기구들을 사용하여 환자의 상처 혹은 신

체적 기형, 사고로 인한 뼈의 이탈 및 섬유조직 보완 등을 치료하는 전문 의사이다.

Pay

Median pay (experienced 2-7yr) $260,000

Top pay $412,000

Opportunity

10-year job growth (2008-2018) 22%

Total jobs (current) 20,000 현재 채용하고 있는 수

Quality of life ratings

	D	C	B	A
Personal satisfaction	■	■	■	
Job security	■	■	■	■
Future growth	■	■	■	
Benefit to society	■	■	■	■
Low stress	■			
Flexibility	■	■	■	

■■■ Biotech Research Scientist

Top 100 rank: 76

Sector: Scientific Research

Biotech Research Scientist는 식물, 동물의 유전방식을 연구하고 유전자를 재조합하여 새로운 품종을 만들어 내는 일을 한다. 생명을 분자수준에서부터 환경과의 관계를 이해하고 이를 실질적인 분야에 응용하는 것

에 중점을 두고 있다. 예를 들어, 암 치료에 사용되는 인터페론, 당뇨병 치료제인 인슐린, 소인병 치료제인 성장호르몬, 질병에 강하고 더 많은 열매를 맺어주는 식물, 우량종의 결합으로 태어난 슈퍼 송아지 등은 유전자 재조합을 통해 개발된 대표적인 결과다.

Pay

Median pay (experienced 2-7yr) $90,000

Top pay $136,000

Opportunity

10-year job growth (2008-2018) 13%

Total jobs (current) 30,000 현재 채용하고 있는 수

Quality of life ratings

	D	C	B	A
Personal satisfaction				
Job security				
Future growth				
Benefit to society				
Low stress				
Flexibility				

■■■ IT Systems Manager

Top 100 rank: 77

Sector: Information Technology

IT Systems Manager는 Network와 시스템의 관찰, 보완 등과 같이 보완

유지를 관리하며 작은 사무실이나 오피스에서 사용되는 소프트웨어, 하드웨어의 설치, 배열, 유지, 업데이트 등 IT와 관련된 업무를 한다.

Pay

Median pay (experienced 2-7yr) $88,000

Top pay $126,000

Opportunity

10-year job growth (2008-2018) 13%

Total jobs (current) 10,000 현재 채용하고 있는 수

Quality of life ratings

	D	C	B	A
Personal satisfaction	■	■	■	
Job security	■	■	■	
Future growth	■	■		■
Benefit to society	■	■		
Low stress	■	■		
Flexibility	■	■	■	■

■■■ Auditing Manager

Top 100 rank: 78

Sector: Business Services

Auditing Manager는 회사의 재무적인 관리 역할, 회계 감사와 관련된 행정 업무 및 회계 기록의 분석과 회계 감사 등을 담당한다.

Pay

Median pay (experienced 2-7yr) $93,000

Top pay $122,000

Opportunity

10-year job growth (2008-2018) 22%

Total jobs (current) 25,000 현재 채용하고 있는 수

Quality of life ratings

	D	C	B	A
Personal satisfaction	■	■	■	
Job security	■	■	■	
Future growth	■	■	■	■
Benefit to society	■	■		
Low stress	■			
Flexibility	■	■	■	■

■■■■ IT Training Specialist

Top 100 rank: 79

Sector: Information Technology

IT Training Specialist는 회사에서 사용하고 있는 Information Technology and Systems에 관련된 새로운 교육 시스템을 개발하고 교육하는 일을 한다.

Pay

Median pay (experienced 2-7yr) $63,000

Top pay $98,000

Opportunity

10-year job growth (2008-2018) 23%

Total jobs (current) 15,000 현재 채용하고 있는 수

Quality of life ratings

	D	C	B	A
Personal satisfaction	■	■	■	■
Job security	■	■	■	■
Future growth	■	■	■	
Benefit to society	■	■	■	
Low stress	■	■		
Flexibility	■	■	■	

■■■ **Outside Sales Manager**

Top 100 rank: 80

Sector: Other

Outside Sales Manager는 신상품과 해외시장 진출을 위한 시장 조사 및 평가 자료를 제공해야 하며 영업 전략과 기획 그리고 광고 및 홍보 프로그램을 개발해야 한다. 직접 방문을 통해 해외지역 시장 조사 및 분석을 하고 주요 고객과의 관계유지에 노력해야 한다.

Pay

Median pay (experienced 2-7yr) $81,000

Top pay $138,000

•Opportunity

10-year job growth (2008-2018) 15%

Total jobs (current) 20,000 현재 채용하고 있는 수

Quality of life ratings

	D	C	B	A
Personal satisfaction	■	■	■	
Job security	■	■	■	
Future growth	■	■	■	■
Benefit to society	■	■		
Low stress	■	■		
Flexibility	■	■	■	

■■■ Category Manager

Top 100 rank: 81

Sector: Other

Category Manager는 회사의 이익을 높이기 위해 영업 자료와 시장의 분석 이후에 신규 카테고리를 설정하고 개발 및 이행하는 역할을 한다.

Pay

Median pay (experienced 2-7yr) $94,000

Top pay $126,000

Opportunity

10-year job growth (2008-2018) 12%

Total jobs (current) 20,000 현재 채용하고 있는 수

Quality of life ratings

	D	C	B	A
Personal satisfaction	▓	▓	▓	
Job security	▓	▓	▓	▓
Future growth	▓	▓	▓	▓
Benefit to society	▓	▓		
Low stress	▓			
Flexibility	▓	▓	▓	

■■■ Practice Manager

Top 100 rank: 82

Sector: Health Care

Practice Manager는 전반적인 비즈니스 직종별 전문적인 훈련을 담당한다. 효과적인 업무처리 향상을 위한 프로그램의 개발 및 진행을 담당하고, 직원 및 전반적인 예산과 재무 관련 업무도 관리한다.

Pay

Median pay (experienced 2-7yr) $63,000

Top pay $124,000

Opportunity

10-year job growth (2008-2018) 16%

Total jobs (current) 50,000 현재 채용하고 있는 수

Quality of life ratings

	D	C	B	A
Personal satisfaction	▓	▓	▓	▓

	D	C	B	A
Job security	▨	▨		
Future growth	▨		▨	
Benefit to society	▨	▨	▨	
Low stress	▨			
Flexibility	▨	▨	▨	

■■■ Compensation Analyst

Top 100 rank: 83

Sector: Other

Compensation Analyst는 해외 및 국내의 연봉 조사 및 회사의 베네핏 등의 데이터를 분석 조사하여 비교해서 직종별, 지역별 연봉 조사들을 통해 경영진들에게 표준을 제시하는 일을 한다. 회사에 필요한 포지션과 업무 내용들을 작성하고 Incentive Programs을 기획 및 개발하며 예산을 결정하는 일을 한다.

Pay

Median pay (experienced 2-7yr) $73,000

Top pay $97,000

Opportunity

10-year job growth (2008-2018) 24%

Total jobs (current) 40,000 현재 채용하고 있는 수

Quality of life ratings

	D	C	B	A
Personal satisfaction	▨	▨	▨	

	D	C	B	A
Job security	■	■	■	
Future growth	■	■	■	
Benefit to society	■	■		
Low stress	■	■		
Flexibility	■	■	■	

■■■ Public Relations Director

Top 100 rank: 84

Sector: Other

Public Relations Director는 고용주 및 고객의 이미지를 창조하거나 유지하기 위해 PR 프로그램을 기획하고 관리하는 일을 담당하며 비영리 기관을 위해서는 고객 유추 및 기금 마련을 위한 프로젝트를 담당하기도 한다.

Pay

Median pay (experienced 2-7yr) $85,000

Top pay $153,000

Opportunity

10-year job growth (2008-2018) 13%

Total jobs (current) 20,000 현재 채용하고 있는 수

Quality of life ratings

	D	C	B	A
Personal satisfaction	■	■	■	■
Job security	■	■	■	
Future growth	■	■	■	
Benefit to society	■	■	■	

Low stress				
Flexibility				

■■■ **Environmental Project Mgr.**

Top 100 rank: 85

Sector: Scientific Research

Environmental Project Manager는 환경 문제를 해결하기 위한 전반적인 연구를 담당한다. Environmental Scientists, Hydrologi-sts, Geologists 등과 같이 연구팀을 만들어 공동 작업을 하기도 한다.

Pay

Median pay (experienced 2-7yr) $79,000

Top pay $117,000

Opportunity

10-year job growth (2008-2018) 15%

Total jobs (current) 35,000 현재 채용하고 있는 수

Quality of life ratings

	D	C	B	A
Personal satisfaction				
Job security				
Future growth				
Benefit to society				
Low stress				
Flexibility				

■■■ Clinical Services Director

Top 100 rank: 86

Sector: Health Care

Clinical Services Director는 환자 Care Service와 의료 기록과 다른 관련 정보 자료를 기획, 개발, 진행하고 관리하는 일을 한다. 프로그램의 개발, 재정 예산 그리고 업무 실적 향상을 관리하고 모든 직원들의 채용, 관리 및 교육을 담당한다.

Pay

Median pay (experienced 2-7yr) $77,000

Top pay $122,000

Opportunity

10-year job growth (2008-2018) 16%

Total jobs (current) 20,000 현재 채용하고 있는 수

Quality of life ratings

	D	C	B	A
Personal satisfaction	■	■	■	
Job security	■	■		
Future growth	■	■	■	■
Benefit to society	■	■	■	■
Low stress	■			
Flexibility	■	■	■	■

■■■■ Communications Director

Top 100 rank: 87

Sector: Other

Communications Director는 PR 프로그램을 기획하고 지도하며 기업이 최고의 이미지를 개발 및 유지할 수 있도록 관리와 관련된 업무를 진행한다.

Pay

Median pay (experienced 2-7yr) $80,000

Top pay $144,000

Opportunity

10-year job growth (2008-2018) 13%

Total jobs (current) 35,000 현재 채용하고 있는 수

Quality of life ratings

	D	C	B	A
Personal satisfaction				
Job security				
Future growth				
Benefit to society				
Low stress				
Flexibility				

■■■ Technical Writer

Top 100 rank: 88

Sector: Information Technology

Technical Writer는 Equipment Manuals, Online Help Documentation, Operating Directions and Maintenance Instructions 등과 같이 기술적인 설명문을 작성하는 일을 한다.

Pay

Median pay (experienced 2-7yr) $69,000

Top pay $99,000

Opportunity

10-year job growth (2008-2018) 18%

Total jobs (current) 50,000 현재 채용하고 있는 수

Quality of life ratings

	D	C	B	A
Personal satisfaction	■	■	■	
Job security	■	■	■	
Future growth	■	■	■	
Benefit to society	■	■		
Low stress	■	■		
Flexibility	■	■	■	■

■■■ **Business Operations Mgr.**

Top 100 rank: 89

Sector: Other

Business Operations Manager는 회사의 전반적인 운영에 관한 기획,

전략의 개발 그리고 관리를 담당한다. Human Resources, Finance, and Accounting 부서와 같이 다른 부서와의 업무 향상을 위해 규정, 규칙, 절차 등을 고안하며 회사의 재정적인 결정을 하는 업무를 담당한다.

Pay

Median pay (experienced 2-7yr) $79,000

Top pay $131,000

Opportunity

10-year job growth (2008-2018) 12%

Total jobs (current) 60,000 현재 채용하고 있는 수

Quality of life ratings

	D	C	B	A
Personal satisfaction	■	■	■	
Job security	■	■	■	
Future growth	■	■	■	
Benefit to society	■	■	■	
Low stress	■		■	
Flexibility	■	■	■	■

■■■ Construction Superintendent

Top 100 rank: 90

Sector: Construction, Architecture, Engineering

Construction Superintendent는 건설현장에서의 일정과 스케줄 기획, 전반적인 프로젝트의 예산과 전반적인 업무 관리를 한다.

전반적인 건설 프로젝트의 이해와 전문적인 경력이 필요하다.

Pay

Median pay (experienced 2-7yr) $79,000

Top pay $119,000

Opportunity

10-year job growth (2008-2018) 17%

Total jobs (current) 105,000 현재 채용하고 있는 수

Quality of life ratings

	D	C	B	A
Personal satisfaction	■	■	■	■
Job security	■	■	■	
Future growth	■	■	■	
Benefit to society	■	■	■	
Low stress	■			
Flexibility	■	■	■	

■■■ **Business Manager**

Top 100 rank: 91

Sector: Other

Business Manager는 업무의 목적 달성과 직원의 능률 및 효율을 높이기 위해 전반적인 업무를 관리하는 일을 하며 회사 업무의 성과규정을 제시해야 한다.

Pay

Median pay (experienced 2-7yr) $74,000

Top pay $142,000

Opportunity

10-year job growth (2008-2018) 12%

Total jobs (current) 55,000 현재 채용하고 있는 수

Quality of life ratings

	D	C	B	A
Personal satisfaction	■	■	■	
Job security	■	■	■	
Future growth	■	■	■	
Benefit to society	■	■	■	
Low stress	■			
Flexibility	■	■	■	■

■■■□ Sr. Product Dev. Scientist

Top 100 rank: 92

Sector: Scientific Research

Senior Product Development Scientist는 물질 생산 및 구성 연구에 관한 연구실 실험을 계획하고 진행하는 업무를 담당한다.

Pay

Median pay (experienced 2-7yr) $107,000

Top pay $150,000

Opportunity

10-year job growth (2008-2018) 12%

Total jobs (current) 10,000 현재 채용하고 있는 수

Quality of life ratings

	D	C	B	A
Personal satisfaction	■	■	■	
Job security	■	■	■	
Future growth	■	■	■	
Benefit to society	■	■	■	
Low stress	■	■		
Flexibility	■	■	■	■

■■■ Senior Data Analyst

Top 100 rank: 93

Sector: Other

Senior Data Analyst는 분석적이며 통계학적인 방법을 이용해서 모델 데이터를 수집, 분류, 분석하는 작업을 총괄한다. 데이터의 정확성을 유지하고 특별 보고서를 작성하며 데이터의 유지 및 개발에 관련된 업무를 담당한다.

Pay

Median pay (experienced 2-7yr) $75,000

Top pay $107,000

Opportunity

10-year job growth (2008-2018) 13%

Total jobs (current) 25,000 현재 채용하고 있는 수

Quality of life ratings

	D	C	B	A
Personal satisfaction				
Job security				
Future growth				
Benefit to society				
Low stress				
Flexibility				

■■■ Architect

Top 100 rank: 94

Sector: Construction, Architecture, Engineering

Architect는 개인 주거지, 사무실 건물, 극장, 공장 및 구조물 등의 건물을 짓기 위해 기획, 설계, 시공하는 일을 한다.

Pay

Median pay (experienced 2-7yr) $70,000

Top pay $112,000

Opportunity

10-year job growth (2008-2018) 16%

Total jobs (current) 100,000 현재 채용하고 있는 수

Quality of life ratings

	D	C	B	A
Personal satisfaction	▨	▨	▨	
Job security	▨	▨	▨	
Future growth	▨	▨	▨	
Benefit to society	▨	▨	▨	
Low stress	▨	▨		
Flexibility	▨	▨	▨	

◼◼◼ IT Project Coordinator

Top 100 rank: 95

Sector: Information Technology

IT Project Coordinator는 IT 프로젝트를 기획하고 스케줄 관리와 전반적인 과정 및 예산을 관리하는 업무를 담당한다.

Pay

Median pay (experienced 2-7yr) $63,000

Top pay $91,000

Opportunity

10-year job growth (2008-2018) 17%

Total jobs (current) 15,000 현재 채용하고 있는 수

Quality of life ratings

	D	C	B	A
Personal satisfaction	▨	▨	▨	▨
Job security	▨	▨	▨	
Future growth	▨	▨	▨	

	D	C	B	A
Benefit to society	▓	▓		
Low stress	▓	▓		
Flexibility	▓	▓	▓	

■■■ Web Project Manager

Top 100 rank: 96

Sector: Information Technology

Web Project Manager는 웹 사이트의 계획의 구성, 개발, 디자인하는 일을 담당하는데 파트너 및 고객이 원하는 형식과 구성대로 웹사이트의 디자인을 개발하는 전반적인 업무를 담당한다.

Pay

Median pay (experienced 2-7yr) $74,000

Top pay $116,000

Opportunity

10-year job growth (2008-2018) 13%

Total jobs (current) 25,000 현재 채용하고 있는 수

Quality of life ratings

	D	C	B	A
Personal satisfaction	▓	▓	▓	
Job security	▓	▓	▓	
Future growth	▓	▓	▓	▓
Benefit to society	▓	▓		
Low stress	▓	▓		
Flexibility	▓	▓	▓	

GIS Analyst

Top 100 rank: 97

Sector: Information Technology

Geographic Information Systems Analyst는 GIS 데이터베이스의 구성, 관리, 준비하는 일을 담당하는데 GIS 시스템의 데이터 입력, 자료 검증 그리고 현재 데이터의 유지 등을 담당한다.

Pay

Median pay (experienced 2-7yr) $59,000

Top pay $82,000

Opportunity

10-year job growth (2008-2018) 13%

Total jobs (current) 15,000 현재 채용하고 있는 수

Quality of life ratings

	D	C	B	A
Personal satisfaction	█	█	█	
Job security	█	█	█	
Future growth	█	█	█	█
Benefit to society	█	█	█	
Low stress	█	█		
Flexibility	█	█	█	█

Security Director

Top 100 rank: 98

Sector: Business Services

Security Director는 도둑이나 강도, 폭력 등을 방지하기 위해 경호 및 감시하는 경비원이나 직원의 전반적인 관리를 담당한다.

Pay

Median pay (experienced 2-7yr) $83,000

Top pay $149,000

Opportunity

10-year job growth (2008-2018) 12%

Total jobs (current) 20,000 현재 채용하고 있는 수

Quality of life ratings

	D	C	B	A
Personal satisfaction	■	■	■	■
Job security	■	■		
Future growth	■	■	■	
Benefit to society	■	■	■	
Low stress	■			
Flexibility	■	■	■	■

■■■ Medical Case Manager

Top 100 rank: 99

Sector: Health Care

Medical Case Manager는 환자의 서비스의 질을 향상시키고 수익을 높이기 위한 절차 및 정책을 추천하고 관리하는 일을 담당한다.

연구 조사 자료를 분석하고 결과 및 추천 내용을 보고해야 하며, 의사들과 면담 및 의견을 수렴하여 실수나 생략된 부분을 수정하거나 의심이 가는 Claim을 조사하는 일을 담당한다. 환자 진료 기록, 진료 경과 및 진료 보고서를 분석 조사하며, 진료의 성과를 높이며 비용을 산정하기 위한 자료를 제공하는 일을 한다.

Pay

Median pay (experienced 2-7yr) $54,000

Top pay $85,000

Opportunity

10-year job growth (2008-2018) 22%

Total jobs (current) 55,000 현재 채용하고 있는 수

Quality of life ratings

	D	C	B	A
Personal satisfaction	▩	▩	▩	
Job security	▩	▩		
Future growth	▩	▩	▩	
Benefit to society	▩	▩	▩	
Low stress	▩			
Flexibility	▩	▩	▩	

Obstetrician / Gynecologist

Top 100 rank: 100

Sector: Health Care

Obstetrician / Gynecologist는 태아의 건강과 출산하는 과정에서 일어날 수 있는 임신과 분만에 대한 진단, 치료 및 질병예방을 도와주는 일을 한다.

Pay

Median pay (experienced 2-7yr) $210,000

Top pay $313,000

Opportunity

10-year job growth (2008-2018) 22%

Total jobs (current) 20,000 현재 채용하고 있는 수

Quality of life ratings

	D	C	B	A
Personal satisfaction				
Job security				
Future growth				
Benefit to society				
Low stress				
Flexibility				

2. 미국 기업 구조

미국 회사에서의 자신의 업무를 이해하기 위해서는 우선 회사의 구조가 어떤 식으로 되어 있는지, 그 구성 안에서 어떤 일들을 해야 하는지에 대한 이해가 있어야 한다. 회사의 성향 및 규모에 따라 각각의 구성 요소마다 하는 업무가 차이가 있다. 구조를 알고 나면 지원하는 직무에 대한 이해뿐 아니라 전반적인 직업에 관한 계획도 세우기 쉬어질 것이다.

회사의 규모에 따라 같은 포지션이라도 하는 업무의 차이점이 있다. 예를 들어, Big Size Company이며 같은 Logistics Specialist의 포지션에 근무하는 경우 여러 명이 함께 근무하며 각각이 물류 관련 여러 벤더 중 하나의 어카운트와 업무를 진행하는 역할을 할 것이다. 하나의 같은 벤더와 많은 양의 물류와 관련된 업무들을 진행하게 될 것이며, 대부분이 반복되는 업무이다. 반면에 Small Size Company이며 Logistics Specialist의 포지션에 근무하는 경우 한 명의 Specialist가 전반적인 물류 관련 업무를 모두 진행한다. 그리 많지 않는 물류 양에 관한 전반적인 물류에 관련된 업무를 진행하게 될 것이다. 이처럼 회사 규모에 따라 같은 Title의 포지션에 근무를 하더라도 전혀 다른 업무를 맡을 수 있는 것이다.

내가 포지션에 지원하고 인터뷰를 할 회사의 구조와 성향이 어떤지, 지원 포지션의 업무범위는 어떻게 정해지는지에 대해 알아보고, 회사마다 규모에 따라 여러 가지 차이가 있으므로 그 장단점도 알아보자.

1) Small Size Company

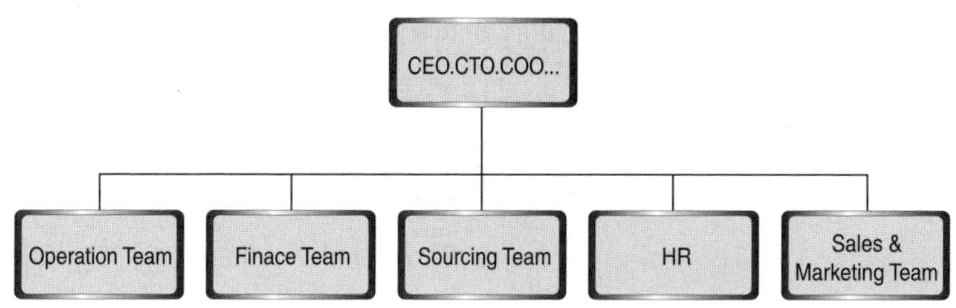

미국의 대부분의 Small Size Company들은 회사 특성상 차이점이 있으나 기본적으로는 유사한 구성을 가지고 있다. 또한 재정적으로 많은 이익을 얻기 위해서 조직의 많은 부분을 외주를 주어서 운영하는 방식을 택하고 있다.

대도시의 작은 회사들은 세일즈 위주의 구성을 가지고 있다. 즉 제조시설은 아시아나 남미처럼 인건비 절약이 가능한 곳에 제조공장을 운영하거나 OEM으로 생산한다. 보통 Sourcing Team이나 구매 팀에서 신규제품 개발에 관련된 일을 한다.

세일즈 역시 COSTCO, SEARS, TERGET 등과 같은 미국 내 대형 Distributor와의 세일즈 미팅을 통해서 진행하며 경우에 따라서 세일즈의 아웃 소싱을 담당하는 Sales Rep을 통해 영업을 하기도 한다. 그래서 보통 세일즈 관리직을 채용할 때 회사의 수익과 바로 연결될 수 있는 동종 업종의 세일즈 미팅 경력자를 많이 선호하는 편이다.

또한 물류 관련 업무들은 외주를 주기도 하지만 회사 내의 물류팀과 에이전시가 함께 업무를 진행하는 경우가 많으며 비용절감의 이유로 신입사원 보다 경력직 채용을 선호한다. 미국 내 물류에 관한 경력이 많이 있다는 것은 어떤 회사가 비용이 비교적 싸며 서비스가 좋은지, 운송의 경로를 어떤 식으로 해야지 비용 절감이 가능한지 등의 정보에 따라 상당량의 비용 차이가 있기 때문이다. Warehouse 같은 경우 보통 대도시에 위치한 세일즈 관련 회사 근처에는 소규모의 시설이 설비되어 있으며 남미나 아시아에서 온 물류의 보관을 위한 시설은 Outsourcing으로 운영하는 것이 대부분이다. 운영비나 건물 렌트비 등의 재정적인 이유도 있다. 또한 Customer Service Rep 관련 포지션들은 Outsourcing을 주기도 하는데 서비스의 질적 문제 등과 같이 여러 가지 문제들로 인해 회사에서 직접 운영하는 회사가 많다.

Small Size Company일 경우 업무 진행시 경영진의 의사가 가장 많이 반영되어 지므로 대부분의 부서가 경영진과 직접적인 상하 관계를 맺으며 업무를 이행한다. 회사의 신규제품 기획에 관련된 Sourcing Team, 재정적인 부분을 관리하는 재무팀 및 인사를 담당하는 인사부 등등이 경영진의 직접적인 지시로 운영되기 때문에 여러 단계의 절차를 거쳐야 되는 대기업과는 다른 차이점이 있다.

이러한 Small Size Company 회사의 구조는 채용을 할 경우에도 많은 영향을 미친다. 작은 인원으로 회사 운영에 필요한 전반적인 업무를 진행해야 하기 때문에 빠르고 신속하게 또한 여러 가지 업무를 모두 할 수 있는 지원자를 선호한다. 예를 들어, Operation Manager 채용에 있어서 Logistics나 Inventory에 관련된 업무의 부분적인 분야에만 전문성을 가지고 있다면 회사에서는 채용을 꺼리게 된다.

회계, CSR, Logistics, Tech Support 등 여러 가지 경험을 가진 비슷한 규모의 회사 경험이 있는 지원자나 Big Size Company의 물류 관련 경험과 개인 비즈니스 경험을 가진 지원자가 있다면 그 지원자와의 인터뷰에 관심을 가질 것이다. 무엇보다 중요한 것은 업무의 진행 및 결정을 하는 부분에 있어서 경영진의 영향을 많이 받으므로 경영진과의 의견이나 비즈니스 관점이 잘 맞아야 하는 것이다.

인사관리 부분에 있어서 직원 수가 적기 때문에 Big Size Company에 비해 직원들 간에 친밀성이 있는 편이다.

물론 Insurance나 보너스와 같이 다른 혜택이 없는 경우나 제한적인 경우가 대부분이며 사내 교육 같은 부분에 있어서도 미흡하다. 하지만 승진의 경우에는 Big Size Company에 비해 빠른 편이다.

업무적인 면에 있어서 작은 양의 물류에 관련된 전반적인 업무를 처리하는 것이 대부분인데, 많은 양의 물류에 관한 부분적인 업무를 담당하는 Big Size Company의 업무 형태에 비해 여러 가지 다양한 업무를 배울 수 있는 장점이 있다.

2) Big Size Company

Small Size Company에서는 업무들이 통합되어 한 명이 여러 가지 업무를 동시에 진행해야 하는 반면에 Big Size Company는 대부분의 업무가 분업화되어 있어서 개개의 포지션이 전문성을 가지고 있다.

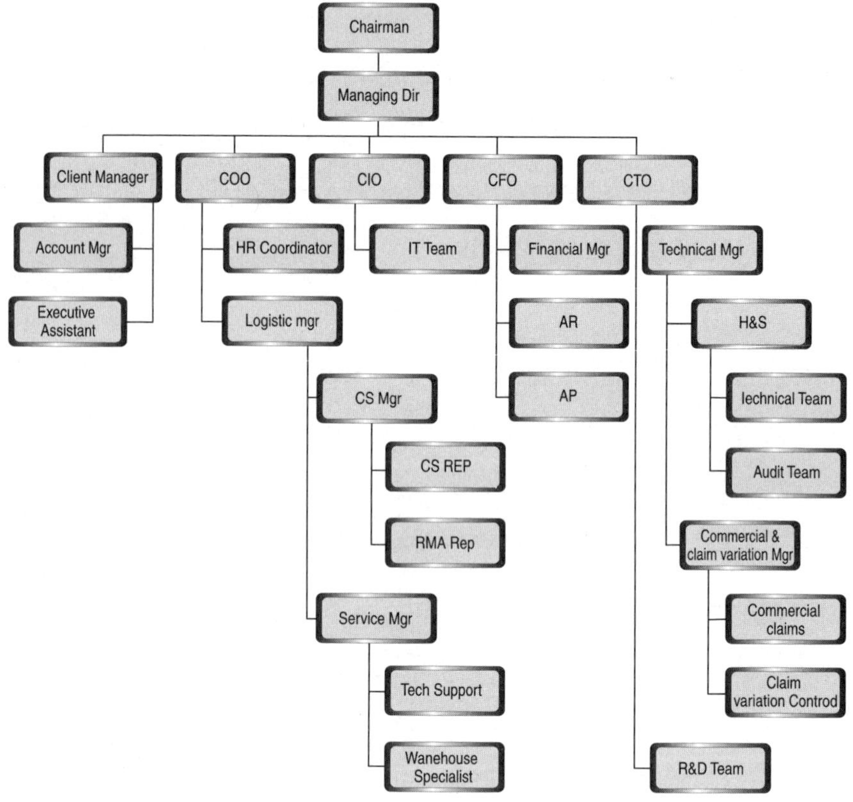

예를 들어, Small Size Company에서의 Logistics 관련 부서에서 일을 하

며 CSR, RMA, Inventory 등의 업무들을 함께 진행해야 한다면 Big Size Company에서는 Logistics 중 운송 관련 하나의 Vendor의 업무를 처리하는 것이다. 규모가 큰 일들을 다루기 때문에 일의 양은 많으나 업무의 다양성은 없다. 지원자의 성향에 따라 이런 일들을 선호하기도 하지만 쉽게 매너리즘에 빠지기 쉬운 것 또한 현실이다.

전문적인 교육 없이 바로 업무를 시작해야 하는 Small Size Company에서 신입 사원에게 첫 6개월간은 영문도 모르는 실수와 질타의 연속일 것이다. 말 그대로 업무의 이해에 대한 전반적인 내용을 모르고 업무를 진행하게 되는 것이다.

신입 사원일 경우 업무에 관한 교육이 체계적으로 되어 있는 Big Size Company에서 경력을 쌓는 것도 좋은 기회인 것이다.

Benefits는 회사마다 다르지만 Health, Vision, Dental Insurances 와 연말 보너스 등 다양하다.

업무에 관한 결제 또한 상당한 시간과 여러 단계의 절차가 있다. 형식 또한 까다로울 수 있다. 이런저런 이유로 업무진행이 느린 편이다.

인사관리는 상당히 엄격한 편이다. 입사 때도 혈액 검사 및 각종 약물 검사, 신분 조회 등 다양한 조건들을 검사한다. 또한 입사 이후에도 출퇴근 관리가 시스템으로 되기 때문에 약간의 실수도 체크되며 인사부로 리포터 된다. 또한 이메일이나 회사 내 컴퓨터 사용 내역 등과 같이 회사 기밀과 관련된 부분에 있어서 많은 제약이 있을 뿐 아니라 항상 기록되고 인사부로 보고된다.

예를 들어, 미국 인슐런스 회사의 관리직에서 근무하고 있는 G씨의 경우 친구들의 개인 이메일이 회사 이메일로 보내져 왔고 그 이메일에는 친구의 장난으로 보내어진 누드 사진이 첨부되어 있었다. 아무런 생각 없이 간단한 답변으로 "Cool"이란 답변만 보냈을 뿐인데 회사 시스템에서는 파일이 첨부되어진 발송 메일이 항상 체크되고 있었으며 음란 사진 파일이 첨부되어 있었다는 이유로 G씨는 퇴사 처리 되었다. 본인이 직접 발송한 것도 아니었는데 답변 메일에 본인이 생각지도 못한 첨부되어 있던 파일 때문에 회사 중역자리에서 나오게 된 것이다.

Big Size Company에서는 일괄적인 업무처리를 하기 때문에 융통성을 찾기란 쉽지 않은 일인 것이다.

3) Project 관련 회사

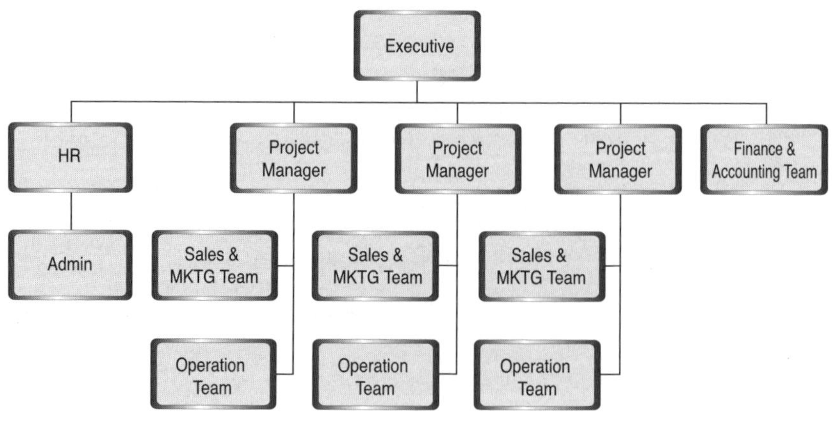

오늘날 새로이 생긴 업종 중의 많은 회사들이 Project를 기준으로 업무를

진행하는 구조를 가지고 있으며 업무 효율성과 전문성이 상당히 높은 편이다. 업무가 영역별로 분업화되어 있는 기존의 미국 회사들의 구조에 비하면 그 분야의 전문가에 의해 재무, 영업, 마케팅 그리고 개발 등 전반적인 업무가 관리되기 때문에 예산 절감 및 업무의 일관성 등과 같이 많은 장점을 가지고 있다.

포지션별 연봉 측정 또한 업무 실적을 기준으로 하기 때문에 업무의 효율성과 추진력을 가지고 있다. Project 별 담당 PM에 의해 관리되기 때문에 위험 부담 또한 나누어질 수 있는 장점이 있다.

많은 업무에 대한 책임감을 져야 하는 Project Manager는 스트레스를 많이 받는 직종 중 하나이지만 연봉과 채용조건이 상당히 좋은 업종 중에 하나이며 오늘날 많은 미국인들이 선호하는 직종 형태이다.

Project 업무를 기본으로 회사에 대해 알아보자.

예를 들어, IT 관련 회사, Construction, Company, Architecture, Engineering 및 컨설팅 회사들이 일반적으로 Project를 기본으로 하는 구조를 가지고 있다.

일반적으로 업무를 철저하게 분업하는 미국의 운영방식과는 달리 Project를 기본적으로 하는 회사에서는 Project Manager가 담당 Project와 관련된 모든 업무에 대한 권한과 책임을 가진다.

HR Consulting 회사인 경우 각 어카운트 별로 담당 Consultant가 있으며 그 담당 Consultant가 담당 어카운트의 전반적인 프로젝트를 관리,

진행하며 Project에 관련된 수금 업무도 관리한다. 기존의 업무 분담 형식의 구조보다는 업무 진행 속도가 빠르며, 어카운트들은 고정된 담당자를 통해 전반적인 업무를 수행할 수 있어서 신속한 업무처리를 할 수 있을 뿐 아니라 양질의 서비스를 받을 수 있는 장점이 있다.

회사마다 조금씩 다른 차이점이 있지만 대부분의 Project Manager 들은 Project 관련 어카운트 세일즈 & 마케팅에서부터 진행, 관리, 및 수금에 관련된 업무 전반적인 일들을 수행한다.

　전문적인 지식 및 경력뿐 아니라 재무 및 어카운트와의 관계, 관리 등 기존의 업무 분업형 방식과는 달리 많은 업무를 통합적으로 수행해야 하기 때문에 요구하는 자격요건 또한 엄격하며 대부분이 동종 업계 경력자를 선호하는 편이다.

미국에는 이미 Project 형식의 회사에서 근무하는 많은 분야별 전문 Project Manager들이 있으며 연봉이 상당히 높은 편이여서 Project 단위로 계약되어 근무하는 프리랜서형식 채용자도 상당히 많이 있는 편이다. 개인 Consulting 회사를 운영하는 Project Manager도 많은 편이다.

4

취업 결정이
다가 아니다

4 취업 결정이 다가 아니다

1. 취업 결정 후 평가 기간

채용 담당자들은 보통 2~3차례 인터뷰 이후 채용결정을 하게 되는데, 일차서류 심사는 보통 HR부서에서 이력서를 검토한 후 담당 부서에서의 재검토 이후 일차 인터뷰가 셋업 된다. 인사 담당자와 매니저와의 인터뷰가 진행된 후 임원단과의 2차 인터뷰가 진행되는 것이 보통이다. 보통 2차 인터뷰에서 연봉이 책정되는 것이 일반적이다. 이후 채용이 결정되며 법률 문제에서부터 일정관리까지 업무를 시작하고 평가되는 기간 동안의 전반적인 업무를 인사 담당자와 의논해서 진행한다. 채용의 첫 단계는 Offer Letter에 서명을 하면서 시작된다. 미국의 Offer Letter에는 어떤 내용들이 있는지 알아보자.

1) Offer Letter

우선 채용 결정이 나면 회사에서부터 Offer Letter를 받는데 회사와 채용자 사이의 채용에 대한 Contract인 것이다. 채용 결정된 후보자와 회사 채용담당자 양쪽의 서명이 있어야 유효하다. Offer Letter에는 근무를 시작하는 날짜, Probation 기간, 휴가, Sick Day, Insurance, Moving Package[이주 할 경우, 보통 매니저급 이상 적용된다] 등과 같이 포지션과 Benefits의 내용이 상세하게 적혀 있다. Offer Letter에 서명하기 전에 꼼꼼하게 검토해서 인터뷰 시 제시한 내용들과 다른 점이 있는지 확인해야 된다.

✏ Sample : Offer Letter

Name of Company _______________________

Title _______________________

Name of employer _______________________

Address _______________________

City/state _______________________

Telephone number _______________________________

Fax _______________________________

Email address _______________________________

Name of employee _______________________________

Address _______________________________

City/state _______________________________

Telephone number _______________________________

Fax _______________________________

Email address _______________________________

Job title _______________________________

Location of job _______________________________

Type of contract _______________________________

Annual salary $ _______________________________

Working hours _______________________________

Working days _______________________________

Monthly earning _______________________________

Benefits _______________________________

Start date _______________________________

Job description

____

____

____

Additional information

____

____

____

Sign _______________________ Date _______________________

가장 먼저 확인해야 될 것은 포지션 Title과 Description이다. 회사마다 타이틀에 대한 업무내용의 차이는 조금씩 있다. Offer 받은 포지션이 지원하고 인터뷰를 본 업무를 하는 것인지 확인하여야 한다.

정확하게 어떤 구조의 회사에서 어느 부분의 업무를 진행하는지 확인하고, 회사의 구조와 업무역할이 이해가 된다면 업무진행에 있어서 많은 도움이 될 것이다. Offer Letter에 적혀 있는 연봉의 액수 그리고 각종 Benefits의 상세내용에 대해서도 확인하여야 한다. 궁금한 사항이 있으면 인사 담당자에게 물어 확실하게 확인하고 시작하여야 한다.

- Probation Period : 채용 결정이 난 신입사원의 근무 시작 날짜부터 보통 90 Calender days 동안 수습기간을 둔다. 이기간은 정직원이 아닌 일종의 업무 능력을 테스트 받는 기간이기도 하다. 담당 매니저들은 수습기간 동안 문제를 해결하게 하거나 업무분석을 하는 일을 주어서 관찰하고 평가해서 경영진에게 보고하게 되어 있다.

보통 채용 결정이 되고 Offer Letter를 받고 출근을 하게 되면 어느 정도 긴장감이 풀어져서 경우에 따라 지각을 하거나 업무 중 실수를 하는 경우가 종종 있다. 하지만 명심하여야 한다. 채용결정은 경쟁이 끝난 것이 아닌 이제 시작 된 것이며 회사문 밖에는 아직도 채용을 희망하는 많은 능력 있는 후보자들이 자신을 호명해 주기만을 기다리고 있다는 것을 말이다.

이 기간이 끝날 무렵에 수습사원의 업무능력이 평가되어지고 Regular Full-Time 혹은 Regular Part-Time Employee가 될지 결정되어 진다. 만족도 평가에서 부적합 판정을 받았을 경우 채용 계약이 취소될 수도 있다.

회사의 Benefits을 받을 수 있는지의 여부에 따라 직원 종류가 달라지는 데 어떤 차이점이 있는지 알아보자.

- Regular Full-Time Employee : 보통 한국에서는 정규직이라고도 하는데 일주일에 40시간 근무하며 기본적으로 회사에서 주어지는 Benefits을 받을 수 있다. 물론 Insurance Plan에 등록할 수 있다.

- Regular Part-Time Employee : 주당 근무 시간이 40시간 미만 10시간 이상이여야 하며 회사의 Benefits을 받을 수 없다. 물론 Vacations, Insurance 등의 혜택도 주어지지 않는다.

- Temporary Employee : 일정기간 동안 일을 하는 직원을 말하며 회사의 Benefits을 받을 수 없다. 어떤 업무를 담당하기 위해 일정기간 동안 근무하기도 한다.

임금의 형태에 따라 나누어지는 직원 분류에 대해 알아보자.

- Exempt Employee : 회사 내 대부분의 전문직종이나 관리직 등과 같은 직종은 시간으로 업무의 성과를 평가하기 어렵기 때문에 채용 당시의 연봉 산정 시 추가 수당의 일정금액이 포함되어 진다.

Executive, Administrative, Professional and Outside Sales Employees 등과 같은 Exempt Employee 직원들은 초과 근무 시 Over Time 비율이 적용되지 않는다. 예를 들어, 컴퓨터 전문가는 Exempt

Employee이며 한 주간의 근무시간이 40시간 초과하여 근무하여도 초과 수당 비율인 1.5배의 임금이 지급되지 않는 것이다.

- Non-Exempt Employee : Exempt Employees를 제외한 나머지 직원은 Non-Exempt Employees에 속하며 초과 근무 시 Over Time[초과 근무] 비율이 적용된 초과수당을 받게 된다.

따라서 시간으로 업무의 성과를 평가하는 것이 의미가 없고 또한 초과 근무 여부를 판단하기가 어려운 관리직이나 전문직의 경우에는 최초 기본 연봉 산정 시 일정분을 포함시키고 그것을 명시하여 향후 문제 제기가 없도록 하는 것이 중요하다.

2) Benefits

Offer Letter는 말 그대로 회사와 사원 사이의 고용계약인 것이다. 회사에서 어떤 업무를 해야 하고, 회사에서는 어떤 혜택을 줄 것인지에 대해서 알아보자.
즉 Insurance, Pension Plan[연금], Vacation 등과 같은 것을 말한다. 미국 회사들은 지역마다 회사 특성마다 차이가 있지만 일반적으로 주어지는 조건들은 비슷하다.

- Working Hour : 미국 대부분의 회사들의 업무시간은 9:00AM-

6:00PM, 월요일에서 금요일까지 업무를 하며 회사의 상황에 따라 8:30AM-5:30PM 혹은 토요일 오전에 근무를 하는 것과 같이 조금씩 차이가 난다.

- Overtime payment : 초과근무 수당은 회사에서 스케줄이 승인되었을 경우 지급되며 Non-Exempt Employees일 경우 시간 기준으로 한 주 근무 시간이 40시간을 초과했을 경우 초과수당으로 정규 시간당 임금의 1.5배를 지급받아야 한다.

- Holiday : 일반적으로 미국 회사들은 3개월의 수습기간이 지나고 나면 10 Days Paid Vacation과 5 Days Sick Day가 주어지며 1년경과 이후에 Vacations와 Sick Day가 주어지는 회사도 있다. 일반적으로 Part Time 직원과 Hourly Based Employee들은 Paid Holidays가 주어지지 않는다. 보통 Vacations를 사용하기 위해서는 담당 매니저와 인사 담당자의승인을 10일 정도 전에 받아야 한다. 업무의 공백에 대한 계획을 세울수 있게 하기 위한 것이다. 일반적으로 회사에서 Vacations의 승인을위한 Form의 양식에 따르면 된다. 주어지는 Vacations의 날짜 수는 직원의 상황과 경력 등에 따라 달라질 수 있다.

- Insurance : 보통 3개월 수습기간이 지나면 Health Insu-rance, Dental Insurance 그리고 Vision Insurance에 가입할 수 있으며 회사에 따라 Health Insurance만 주어지거나 없을 수 있다. 등록을 Single Plan

혹은 Family Plan에 가입할 수 있으며 Family Plan 가입 시 보험료가 일정금액이 넘으면 개인이 부담해야 한다. Insurance 등록 시 보험료를 전액 회사에서 부담하기도 하는데 많은 회사들이 30%-50% 정도 직원 부담으로 하고 있다.

미국은 Insurance 비용이 한국에 비해 많이 비싼 편이다. 한국은 건강보험을 국가에서 관리하지만 미국은 사기업에서 관리하기 때문이기도 하다. 보험료를 부담해야 하는 경우 비용이 상당할 수도 있다. 채용 이전에 인사 담당자와 상담해 보는 것도 좋은 방법이다.

2. 미국 취업 후 업무평가는 어떻게 하나

일반적으로 채용결정 이후 근무 시작일로부터 90일 Business days 기간 동안 Probation 기간이 주어진다. 수습사원으로써 업무의 평가를 받는 기간인 것이다. 이 수습 기간 동안은 정식직원으로 등록되어 있는 것이 아니며 말 그대로 업무능력을 테스트하는 기간인 것이다. 태도, 복장, 출근 시간 등 모든 면에서 신경 써야 한다.

이 기간 동안 보통 담당 매니저에 의해 프로젝트의 수행 임무를 받거나 업무 인수에 대한 교육 및 평가를 받게 되며, 이 기간이 끝나고 나면 업무 실적에 대한 평가에 따라 정직원으로 등록이 될지 여부가 결정된다. 미국에서는 어떤 평가기준으로 업무능력을 평가하는지 알아보자.

- Performance Evaluations : 미국과 한국의 평가기준은 부분적으로 많은 차이점이 있다. 예절과 겸손을 미덕으로 삼는 동양의 문화와 실리 추구를 하는 서양의 문화 차이가 있듯이 업무평가를 하는 기준에서도 차이점이 있다.

한국의 기준은 우선 상사의 이야기를 우선으로 듣고 잘못된 점이 있더라도 먼저 수용하는 것이 바람직하다고 배워왔다. 미국도 같을 것이라고 생각한다면 큰 오산이다. 논리적이고 확신이 있다면 목소리를 적절히 높여도 된다. 업무 파악을 현실적으로 하고 잘못된 점이 있다면 논리적으로 분석하고 좋은 방안이 있다면 의견을 제시해야 한다. 물론 자기주장만 옳다는 행동은 바람직하지 않다. 다른 사람의 좋은 점은 수용하고 잘못된 점에 대해서는 과감하게 의견을 제시하여야 한다.

근무한 기간에 영향을 받는 한국식 직급과, 실력과 업무 능력에 따라 영향을 받는 미국식 직급의 차이 또한 이해하여야 한다. 업무를 감당하고 잘 해낼 수 있다면 나이와 업무 경력에 상관없이 일할 수 있는 곳 또한 미국이다.

업무를 수행함에 있어서 항상 논리적이고 합리적으로 업무 진행을 해야 한다.

✏️ Sample : Evaluation Form

Applicant name ______________________________

Position ___________________________

Department ___________________________

Location of job ___________________________

Date ___________________________

Education background ___________________________

Past Relevant job experience

____

____

____

Supervisory experience

____

____

____

Technical skills___________________________

Interpersonal skills ________________________________

Verbal communication ________________________________

Motivation ________________________________

Knowledge of company ________________________________

Initiative ________________________________

Strengths ________________________________

Weaknesses ________________________________

Overall ranking ________________________________

Salary expectations ________________________________

Date candidate is available to start work ________________________________

Overall impression and recommendation for hiring for this position

____

Interviewer______________________________

Signature _________________________________

Date of interview _______________________________

한국에서와 마찬가지로 미국회사에서도 일 년에 한번 혹은 두 번 업무 평가를 한다. 평가 이후에 연말 보너스 혹은 진급 등의 평가결과들이 주어지는데, 대부분의 미국 회사들은 Balance Scorecard를 도입하여 업무능력 평가를 하고 있다.

Balance Scorecard란 무엇인지 간단히 알아보자.

균형성과 기록표 [均衡成果記錄表, Balanced Scorecard]
기업의 성과관리 체계를 단순한 재무적 관점의 평가에서 벗어나 기업의 미래와 목표 달성을 위한 핵심적인 관점들인 재무, 고객, 내부 프로세스, 조직, 학습 등에 대해 일관된 측정 수단(Measure)을 통해 균형 있게 측정하고 관리함으로써 서로의 인과관계까지를 관리하고자 하는 기업의 성과 측정 수단의 하나.

출처 : IT 용어 사전

Balance Scorecard는 업무능력 평가를 하기 위한 기준을 제시하고 있다. 세일즈 같이 금액으로 능력을 평가받을 수 있는 포지션 이외에 일반 Operation, Adminstration, CSR 등과 같은 포지션은 업무 성과를 평가하기가 상당히 어렵다. Balance Scorecard를 기준으로 금전적인 부분으로만 평가하는 것이 아닌 아래의 4가지 관점에서 평가되어 진다. 당연히 포지션에 따라 각 항목의 비중이 달라지는 것이다.

① Financial Perspective: 수익 증가, 자산 활용 등
② Customer Perspective: 고객 유지, 수익성, 고객 관리 등
③ Internal Process Perspective: 제품 개발, 운영 프로세스 개발 등
④ Learning and Growth Perspective: 지식 공유, 조직문화, 기술 등

미국에서의 업무들은 철저하게 기록해 두어야 한다. 모든 결정들은 이메일로 처리하며 구두로 확인된 것들도 이메일로 한 번 더 확인하는 습관을 들여야 한다. 기간이 오래 되어버린 업무들을 다 기억하기란 쉬운 일이 아니다. 업무를 진행하다 보면 당연히 실수를 하거나 잘못된 정보로 인해 문제가 발생할 수도 있다. 이때 이메일이나 서류 등의 자료가 있을 경우 어느 부분에서 실수가 있었는지 혹은 잘못된 결정을 했는지 알 수가 있다. 회사의 업무 처리에 있어서 부정확한 기억이나 구두로 승인된 것 등에 의지해서는 안 된다. 스스로 철저하게 기록하면서 업무 처리를 해야 하는 것이다.

실질적으로 위의 항목들이 어떻게 적용되는지 샘플을 통해 알아보자.

Balanced Scorecard

Briefly describe the employee's principal accountabilities and/or specific performance objectives and indicate the extent to which these accountabilities/objectives were met.

A. Accountabilities

Performance Results

1. Achievement levels

   Rating:

   Detail:

2. Efficiency working individually & Effective Team Work

   Rating:

   Detail:

3. Working Etiquette with other employers

   Rating:

   Detail:

   - Other:

   Average Rating for Accountabilities:

B. Objectives Performance Results

1. Improvement of customer satisfaction

Rating:

2. Contribution to the company

   Rating:

3. Development of skill to progress

   Rating:

   Average Rating for Objectives:

C. Major Competencies Comments

1. Management

   Rating:

   •Leadership

   •Strategic Planning

   •Customer/Market Focus

   •Process Management

   •Other

2. Problem Solving

   Rating:

   • Information & Analysis

   • Know How

   • Other

3. Communications

   Rating:

   •Human Resource Focus

•Other

- Average Rating for Competencies :

D. Overall Performance Comments & Rating Average Ratings for:

A. accountabilities

B. Objectives

C. Competencies

Overall

E. Planned Development Experiences

F. Employee Comments

업무가 잘못 처리되었다면 그냥 묻어버려서 지나치는 일은 없도록 하여야 한다. 깔끔하게 마무리하고 자료를 정리해 놓아야 한다.

다른 부서 혹은 직장 동료들과 업무를 함께 하기 때문에 잘못 처리된 부분은 업무진행 중 지속적으로 나올 것이고 정리해둔 자료가 있다면 실수는 실수로 남는 것이 아닌 제대로 된 처리를 한 업무가 되기 때문이다. 미국 회사에서는 업무를 잘 못하거나 실수를 많이 한다고 해서 바로 앞에서 잘못을 지적하거나 야단치는 일은 없다. 미팅을 하고 의견을 이야기해줄 뿐이다. 하지만 담당 매니저와 함께 웃고 커피를 마신다고 해서 좋은 결과를 줄 것이라는 생각은 버려야 한다. 철저하게 합리적인 미국 사람들은 업무 평가를 할 때에도 철저하다. 아무리 친한 동료이자 친구라도 업무를 잘 못한다면 냉정하게 평가하는 것이 미국 사람들이다. 같이 웃고 친구 같이 지내려고 노력하는 것도 좋지만 우선 업무를 제대로 처리하여야 한다.

업무 처리 잘못에 대한 미팅을 하고 의견을 이야기했는데 이를 수정 하지 않은 채 계속되는 업무 실수가 일어난다면 당연히 인사부에 보고가 되고 심할 경우에는 경고를 받게 된다.

몇 번의 Warning Letter 이후에는 Termination Letter를 받게 되는 것이다. 해고가 일어나기 전까지 회사에서는 상사 및 동료와의 관계는 좋아 보인다. 하지만 명심하여야 한다. Nice한 경고 메시지를 그냥 넘어가서는 안 되는 것이다.

Sample : Warning Letter

Memorandum

TO: Lisa Adrian

FROM: Daniel Hoffman, Supervisor - Customer Requests Management
DATE: June 10, 2010

SUBJECT: Initial Written Warning for Poor Performance

At 11.30 am on March 10 2010, we met to discuss your failure to follow company procedures and instructions relating to handling of customer requests.

1. You did not respond to a customer's request on a timely basis and you also failed to make an important appointment for a long-time client who ended up taking her business to our competitor. Also, you prepared two customer-request forms which were later found to be incomplete with numerous errors. You even forgot to fill in the customer's surname making it difficult for the department to find out who had made the request.

2. Even though you were aware that filling in all areas of the request form should have been done on a daily basis, you let some areas accumulate for over two weeks before attending to the issue. Consequently, the requests were not processed on time and many of the customers concerned have complained about the poor handling of their requests. You were given verbal/oral instructions that nothing was to be left blank or incomplete. We also issued a reminder 2 weeks later to get all your work up to date including specific instructions relating to some very important cases. Both of these directives were ignored.

This type of work is unacceptable and I should let you make immediate improvements in your work performance before further corrective action becomes necessary.

cc: Customer Management department file

업무에 대한 경고는 담당 매니저 혹은 부서장도 직접 보낼 수 있으나 보통 인사부로 보고되어 인사부에서 Warning Letter를 보내는 것이 일반적이다. 이때 보고서와 함께 증거 파일들이 함께 보내지는데, 고객의 Complain Letter 혹은 기타 서류들이 첨부된다. 만일 업무에 차질이 있었고 이후 업무 처리를 제대로 마쳤다면 차후 평가를 위해서 자료들을 정리해 두어야 한다. 업무를 처리하다 보면 실수는 누구나 할 수 있는 것이다. 하지만 업무를 바로 처리하는 것과 아닌 것은 많은 차이가 있는 것이다. 업무에 항상 최선을 다하고 책임 있는 업무진행으로 신뢰를 쌓아나가야 한다.

미국내 career build-up 하기

5 미국내 Career Build-up 하기

1. 자신만의 계획된 직업의 전문화를 가져라

채용이 되었다고 모든 것이 끝난 것이 아니다. 어쩌면 이제 미국에서의 직장생활을 시작하는 것이다. 물론 취업이 처음부터 100% 만족스러울 리 없을 것이다. 원하는 포지션이 아니거나 업무내용이 다를 수도 있다. 너무 실망하지 말아야 한다. 기회는 언제든지 있으니 말이다.

우선 미국 내에서 자신의 Career를 Build-up 하기 위한 최고의 방법은 자신만의 전문성을 가지는 것이다. 회사의 재정상태가 좋지 않건 간에 전반적인 미국 채용이 줄어들고 있건 간에 자신만의 전문 분야를 가지고 있다면 불안해 할 이유가 없는 것이다.

자신만의 계획된 직업의 전문화를 가질 필요가 있는 것이다.

1) Licence

미국에서 취업한 이후 보다 전문적인 분야에서 일을 하기 위해서는 꾸준히 전문분야의 경력을 처음부터 쌓는 방법도 있지만 보다 전문적인 교육을 받았다거나 전문 지식을 가졌다는 것을 인정해줄 수 있는 자격증을 준비하는 방법도 좋은 방법 중에 한가지이다. 자신의 경력에 어느 정도의 공신력을 가지자는 말이다. 취업하고 일로 인해 경력을 쌓는 것도 중요하지만 누구나 할 수 있는 일을 한다는 것은 언제든지 나를 대신 할 수 있는 사람을 쉽게 구할 수 있다는 말이다.

스스로를 특수화 시켜야 한다. 학력이나 영어실력 기타 여러 가지 이유로 업무능력이 제한되거나 더 나은 포지션으로 나아가는 데 걸림돌이 된다면 전문성을 길러주는 자격증이 더더욱 필요한 것이다.

대학원에서 석사과정을 다시 시작하거나 박사과정을 하는 데에는 많은 시간과 비용이 든다. 하지만 회사를 다니면서 관련 분야의 자격증을 준비할 수 있다면 직장 경력을 얻는 동시에 스스로의 능력을 업데이트하는데 성공할 수 있는 것이다. 미국에서 Management Level로 승진하기 위해서는 몇 가지 중요한 점이 있다.

인술, 즉 사람을 다스리는 능력이 아주 우수하거나, 영업, 어카운트 담당자와 관계가 좋아서 영업 능력이 우수하거나 혹은 회사에서 꼭 필요로 하는 기능을 담당할 수 있어야 하는 것이다.

취업이 되었다고 모든 것이 안전경계 안에 있다고 오인하지 말아야 한다. 이제 겨우 시작한 것에 불구하고 어쩌면 전쟁은 더욱더 치열해질지 모를 일인 것이다.

예를 들어, Engineer로 채용된 경우 회사업무와 관련성이 있는 FE, PE와 같은 자격증을 준비해서 따놓아야 한다. 다른 사람과 다른 무언가가 있다는 것은 더 많은 기회를 잡을 수 있다는 것을 의미할 뿐 아니라 보다 전문성이 있는 업무의 진행을 담당할 수 있는 것이다.

Accounting이나 Finance 관련 업종에서 근무한다면 CPA, EA 등과 같은 자격증을 따놓는다면 구지 개인 사업을 하지 않는다고 하더라도 회사에서의 전문성을 인정받을 수 있는 것을 의미한다.

이외에도 전문성을 키울 수 있는 자격증들이 많이 있다. 전문성은 저절로 생기는 것이 아닌 이처럼 많은 노력으로 만들어 가는 것이다.

2) Education

우선 회사에서 채용 결정이 나고 정직원이 되고 나면 실무적인 부분에 있어서 어느 대학교를 나왔는지, 어떤 전공을 했는지, 학점은 얼마인지에 대한 관심이 줄어든다. 하지만 또다시 이런 교육에 대한 자료들이 언급되기 쉬운 경우는 진급을 할 경우이다.

예를 들어서, 공학 학사를 졸업하고 회사에서 엔지니어로 채용된 후 줄곧 공학관련 포지션에서 근무를 하였으며 Management Level 후보자로 고려

되어 질 경우 엔지니어로써의 전문성은 인정되지만, 관리, 경영에 대한 자질이나 관리에 대한 지식이 있는지에 대해서 의심을 받을 수도 있는 것이다. 하지만 만약 엔지니어 경력과 더불어 MBA가 있다면 경영진 경력은 없지만 경영이나 관리자에 필요한 지식이 준비되었다고 예상되어 질 것이다. 본인의 Career Build up 하기 위한 준비는 장거리 경주인 것이다. 쉬지 않고 달려야 하며 멈추는 순간 도태되어 세상 속에 묻혀 버리는 것은 시간 문제인 것이다.

항상 긴장하며 스스로를 진보시키기 위해서 어떤 교육이 필요한지 꾸준히 생각하여야 한다. 대학원을 진학하거나 전문 교육을 받는 것이 미래에 생각지도 못한 직종에서 근무를 할 수 있는 기회를 제공해줄지도 모를 일이다.

시간과 재정적인 요건이 주어진다면 석사 학위까지 이수를 해놓으면 좋을 것이다. 박사일 경우에는 신중한 고려가 필요하다. 어떤 경우에는 박사학위가 나의 경력을 쌓는데 있어서 걸림돌이 될 수도 있는 것이다. 미래를 위해 나를 위한 투자를 해야 하는 것이다.

물론 실무에 있어서 학위만을 보는 것은 아니다. 실질적인 업무처리 능력이 우선인 것이다. 하지만 이런 능력과 함께 전문성도 가지고 있다면 회사에서의 자신의 입지는 더욱더 확고해지는 것이다.

TOP 30 MBA School USA

June 27, 2011

Bloomberg BusinessWeek

1 Northwestern (Kellogg)

2 Chicago

3 Harvard

4 Stanford

5 Pennsylvania (Wharton)

6 MIT (Sloan)

7 Columbia

8 Michigan

9 Duke (Fuqua)

10 Dartmouth (Tuck)

11 Cornell (Johnson)

12 Virginia (Darden)

13 UC Berkeley (Haas)

14 Yale

15 NYU (Stern)

16 UCLA (Anderson)

17 USC (Marshall)

18 UNC (Kenan-Flagler)

19 Carnegie Mellon

20 Indiana (Kelley)

21 Texas (McCombs)

22 Emory (Goizueta)

23 Michigan State

24 Washington (Olin)

25 Maryland (Smith)

26 Purdue (Krannert)

27 Rochester (Simon)

28 Vanderbilt (Owen)

29 Notre Dame (Mendoza)

30 Georgetown (McDonough

회사를 다니면서 병행할 수 있는 수업도 많이 있으므로 시간과 여건이 된다면 자신의 Career의 전문화를 위해 준비하는 것도 좋은 방법 중에 하나이다.

3) Network

미국에서 또한 인맥은 자신의 Career Build-Up 하는데 있어서 매우 중요한 요소 중에 하나이다. 이전에 근무했던 회사에서 동료들과의 관계 혹은 전문가 모임에서의 인맥들을 관리하여야 한다. 한국에서와 마찬가지로 자신의 인맥으로 인해 새로운 기회를 가질 수도 있는 것이다. 나를 알고 있는 사람들의 추천이라면 나의 경력과 성향에 맞는 기회일 확률이 높기 때문이다.

　인맥을 관리하는 방법에는 전문가 모임이나 교육 프로그램에 주기적으로 참석하여 교제를 갖는 방법들이 있다.

미국 내 Profectional Group

- Human Resource

: Society for Human Resource Management (SHRM)

: www.shrm.org

- Finance

: The American Finance Association (AFA)

: www.afajof.org

- Logistics

: The International Society of Logistics

('SOLE'or 'the Society') : www.sole.org

- Design

: www.design.org

- Medical Group

: American Medical Association

: www.ama-assn.org

- Marketing

: Direct Marketing Association

: www.the-dma.org

- Mechanical Engineer

: American Society of Mechanical Engineering

: www.asme.org

- Industrial Design

: The Industrial Designers Society of America

: www.idsa.org

- Chemical Engineer

: The American Institute of Chemical Engineers (AIChE)

: www.aiche.org

- Civil Engineer

: American Society of Civil Engineers

: www.asce.org

- Pharmaceutist

: The Pharmaceutical Research and Manufacturers of America
 (PhRMA)

: www.phrma.org

미국에는 많은 전문 직종을 가진 사람들의 모임이 있다. 새로운 기술이나 정보를 공유하기 위한 학술 세미나 혹은 전문 자격증을 따기 위한 교육 프로그램에 대한 정보를 얻을 수 있을 뿐 아니라 미국 내 전문인 인맥을 만들 수 있는 기회를 가질 수도 있다. 매년 열리는 학술 세미나 혹은 교육 프로그램에 참여함으로써 전문 경력 뿐 아니라 자신만의 Network를 형성하는 것이다.

단순히 한국 사람들끼리 모여 수다나 떠는 모임이 아닌 미국 사회의 미국인 전문가들 사이에서 당당히 한몫을 하는 것을 말하는 것이다.

세상은 넓다. 그리고 우리는 충분히 그곳을 헤쳐나 갈 능력과 열정이 있는 것이다.

직업에 대해서도 선견지명이 있어야 한다

이 세상에는 우리가 알고 있는 직업군 외에도 상당히 다양한 직업들이 광범위하게 존재한다. 그 다양한 직업에 관한 정보와 자료를 찾아보는 것은 자신에게 적합한 직업을 찾는 첫 걸음 이라고 생각한다. 어떤 직업이 있는지도 모르고 원하는 직장을 찾을 수는 없는 일인 것이다.

또한 일반적으로 미국에서 원하는 직장을 선택할 때에는 물론 자기 적성에 맞는 일을 알아 봐야 하기도 하지만 한번쯤은 세상이 어떻게 흘러가고 있는지 앞으로 어떤 상황이 될지 조금이라도 예측할 수만 있다면 보다 나은 준비를 한 상태에서 자신에게 맞는 직장을 선택 하는데 도움이 될것이다.

이렇게 차근차근 세태를 파악하고, 하고 싶은 일을 구체적으로 계획한다면 단순히 대기업이라는 이유만으로 여기저기 이력서를 넣는다던가, 아무런 목적없이 면접에서 단지 경쟁자들의 글로벌한 스펙에 눌려 제대로 시도도 한번 해보지 않고 꿈을 접어 버리는 바보 같은 짓을 하지 않을 것이다.

또 세태가 어떻게 변하는지 생각도 하지 않은 채 앞만 보고 그 직업을 얻기 위해 노력 했지만 더 이상 그 직업이 필요하지 않아서 소멸하는 경우도 있으니 말이다.

물론 미국에만 국환되는 경우는 아니지만 베이비 붐 세대가 나이가 더 들어 은퇴를 하게 되는 경우를 생각하게 된다면 갑작스럽게 늘어나버린 은

퇴인구로 세태가 많이 변하게 될 것이다. 그렇다면 기존의 의료 관련 종사자로는 감당하기 힘든 사태가 오는 것은 당연한 일인 것이다.

또한 의학의 발달로 인간의 평균 수명이 늘어나고 거기에 따른 직장 군들이 생기게 마련이다.

신기술의 발달로 그에 따른 새로운 전문 직종들도 생기게 마련이다. 예를 들면 옛날에는 없었던 IT직업군이 그 중 하나일 것이다.

현재는 자기개발이 중요한 시대이다. 이로인해 가정에서 자녀교육, 혹은 가사일을 맡아 관리해 주는 직업이 새롭게 창조되어 많은 수요가 있을 것으로 전망된다. 이러한 사회변화에 따라 미국에서 필요로하는 직업군은 무엇인지 알아보자.

참고로 아직 한국에 정착되지 않은 몇몇 직업은 그 명칭이 표준화되지 않아 영문직역에 의존했음을 밝힌다.

Computer Programmer (전산프로그래머)

인터넷의 발달로 종이로 보관되었던 정보들이 서버나 편리한 장비 등에 보관되고 사용된다. 또한 이런 변화로 정보관리기술과 새로운 범죄를 예방·해결하기위한 기술력이 요구된다. 개인신상정보나 회사 중요자료들을 효율적으로 관리할 수 있는 프로그램을 개발하는 일 또한 중요한 관건이 된다. 그렇다면 미국에서 이런 직업을 갖기위해 어떠한 교육과 준비가 필요한지 알아보자.

가장 쉬운 예로 Computer Programming Degrees(전산프로그램과정)를 획득하는 것이다. 또한 각종 Online Courses in Programming,

또는 보안 관련 수업을 선택하는 것도 미국에서 computer programmer 가 되는 방법 중 하나이다.

Networking Specialist (네트워크전문가)

전반적인 프로그램을 개발하는 Computer Programmer보다 software 의 여러가지 문제점을 해결하고 장비들을 연결하는 전문인력이 되고 싶 다면 미국에서 급속도로 수요가 증가하고 있는 Networking Specialist 직업을 고려하는 것도 좋은 방법이다. Networking Specialist직업을 준 비할 수 있는 교육과정은 Network Administration & Management Degrees, Network Security Degrees와 Network Training Courses 등이 있다. 또한 직업별로 요구되는 자격증도 있다. 미국에서 인기 있는 IT 포지션에 대해서는 차후에 보다 자세하게 정리해 보도록 하자.

Day Care Provider (가정 돌봄이)

앞에서 언급한 대로 이미 미국에서는 가정관리업무를 전문적으로 기획하 고 처리해주는 직업이 일반화 되어있다. Day Care Provider가 좋은 예이 다. 보통 Day Care Provider는 낮은 연봉에 힘든업무를 담당하지만 보다 전문성을 갖고 수요량도 늘면서 미국의 유망 직종 중 하나로 전망 된다.

Day Care Provider가 되기 위한 교육 과정은 보통 An early childhood special education degree인 Child Development Degree와 Early Childhood Education인 교육 과정이다.

Elder Care Specialist (전문노인돌봄이)

미국에서는 이미 인구 노령화에 따른 많은 전문 직종들이 생겼다.
Elder Care Specialist인 경우, 보다 전문화되면서 많은 전문가들의 수요가 늘고있다. 단순히 거동이 불편한 노인을 관리해 주는 것에 그치지 않고, 노인들의 남은 삶을 전문적으로 관리해 주기 때문에 많은 곳에서 필요로하는 인기직업으로 성장했다. 관련 교육과정에는 Gerontology Degrees, Health Care Administration Degrees, Medical Assisting Courses 등이 있다.

Home Health Aide (재택건강보조원)

인구노령화에 대한 전문인력이 턱없이 부족한 한국과는 달리, 미국은 세부적인 부분을 담당하는 전문인력들이 많이 있다.

많은 사람들이 질병을 앓거나 다쳤을 때 병원에 오래 입원하는것 보다 대부분을 집에서 지내는 것을 선호한다. 비싼 의료비도 문제지만 환자의 심리적 안정과 평안을 위해서다. 이러한 부분을 전반적으로 관리해

주고 well-being을 도와주는 직업이 Home Health Aide이다. Home Health Aide가 되는데 필요한 관련 교육 프로그램에는 Nursing Degree Programs, Medical Assistant Courses 등이 있다.

Physician's Assistant (의료 보조자)

미국인들은 일상에서 자주 Medical treatment(의학적치료)을 찾고 있으며 전문가의 수요가 늘어나고 있다.

　의과대 학력이 필요하지 않은 전문치료사로는 Physician's Assistant(의료 보조자)가 있다. 높은 보험료와 의료비를 부담할 필요없는 장점을 가지고있다. 이 직업은 health care와 병원의 중간 단계의 관리를 의미한다.

　Physician's Assistant는 수년이 걸리는 의과대학 대신, 짧은 기간의 교육과정 이수로 가능하다. 관련 교육과정으로는 Physician Assistant Degrees와 Medical Assistant Programs 등이 있다.

Social Services Coordinator (사회복지 조정자)

미국에서는 은퇴자가 정부에게 보조금을 청구하거나, 대도시를 떠나 소도시로 이주하는 일이 자주 생긴다. 이로인해 정부산하기관과 비영리단체(사회적기업)에서는 Social Services Coordinator의 고용을 증대 하고 있는 사항이다.

Social Services Coordinator의 주요업무는 거주지역에서 받을수 있는 다양한 혜택을 개인별로 상담·모니터링, 관리해준다. 지역사회의 범죄나 각종 위험요소를 미리 예방, 관리하는 업무도 한다. 관련 교육 과정에는 Social Services Degrees가 있다.

나는 미국에서 전문 IT 인력으로 일한다.

세계 최고 IT 강대국 한국

IT 기술을 말한다면 단연코 한국을 빼놓고는 이야기하기 힘들다. 하지만 미국에서는 많은 부분에 있어서 한국 인력수요가 다른 나라의 전문 인력에 뒤처지고 있다. 많은 한국의 전문 IT 기술자들이 자신의 가치나 가능한 직업에 대한 정보가 많이 부족한 것도 다른 나라에 뒤처지는 것에 일조 하고 있다.

단순히 언어 문제 때문만은 아닌 자신의 실력을 어필 할 수 있는 기술이 있다면 굳이 학교를 미국에서 나오지 않아도 충분히 미국에서 전문가가 될 수 있는 것이다.

사회 전반적으로 우리 스스로는 한국의 대학 교육에 대한 회의가 많지만 객관적으로 미국 대학을 졸업한 인력과 한국 대학을 졸업한 인력을 비교 해 봤을 때 충분 한 경쟁력이 있다. 한국의 대학들도 어느 미국 대학 못지않는 교육 시스템을 가지고 있으며 충분히 사회에서 제 몫을 할 수 있는 교육은 받은 인력들이 스스로의 자격을 스스로를 낮추어 자신이 떳떳하게 가질 수 있는 전문가가 되는 길을 포기 하는 것이 안타까울 뿐이다.

미국 10 대 IT 유망 직종

아래에는 미국 전문 리서치 기관 에서 조사한 미국 10 대 IT 유망 직종에 대해 정리 해봤다.

1. Data Analyst (자료분석 전문인)

Data Analysis는 IT 포지션 중 가장 높은 연봉을 받을 수 있는 직업은 아니지만 가장 많이 찾는 포지션이며 미국 대부분의 산업에서 필요로 하는 직업이다. 자료 조사에 의하면 일반적인 연봉은 보통 $68,000 to $74,000 a year 이며 컴퓨터 관련 Bachelor's degree를 가진다면 자격 요건이 되겠지만 차후에 보다 높은 포지션으로 가기 위해서는 Master's degree를 이수 하는 것도 많은 도움이 될 것이다.

2. Network Architect (네트워크 설계사)

Network Architect는 시스템을 개발 하는 것이 아닌 기술 적으로 그 회사에 최적화된 인프라를 구축 하는 것이다. 이는 그 회사의 업무 절차 에서 구조를 이해하고 거기에 적합한 시스템을 개발 하는 것이다. 보통연봉은 $100,000 - $150,000 a year 이다 .

　　Network Architect가 되기위한 교육 과정은 조직의 구조를 이해할 수 있는 Business 경험과 수치 해석을 할 수 있는 Mathematics이나 Engineering 전공이면 유리 하다. 또한 프로그램 언어를 사용할 수 있어야하며 HTML을 기본적으로 많이 사용한다.

3. IT Security Manager (IT보안담당자)

오늘날 있어서 조직체에서 없어서는 안 되는 직업 중 하나가 IT Security Manager이다. 회사 보안 구조를 담당하기 때문이다. IT Security Manager는 일반적으로IT Security Manager는 Network Architects 와 회사 시스템의 보안 문제에 대해 제대로 시스템화되어 있는지에 대해 검토하고 관리한다. 보통 IT Security Manager의 연봉은 $115,000 - $125,000 a year이다. IT Security Manager가 되기 위해서는 전반적으로 IT 관련 경력이 많아야 하며 Bachelor's degree 또는 Master's in Information Technology 혹은 Computer Science를 필요로한다.

4. Lead Applications Director (제품담당 책임자)

IT 직업 중에서 가장 높은 연봉을 받는 직업이 Lead Applications Director 혹은 Product manager이라고 한다. Application을 개발하는 일뿐만 아니라 마케팅 관련 업무도 전반적으로 리드해야 한다. 이 포지션은 보통 Software Developer혹은 Designer 경력을 수년간 쌓은 이후에 될 수 있으며 Programming과 computer science의 경력을 요구 한다. 연봉은 $110,000 to $120,000 a year 이다.

5. Software Engineer (소프트웨어 기술자)

가장 많이 알려지고 많이 필요로 하는 직업 중의 하나는Software Engineer이다. Software Engineering은 단지 coding 업무뿐 아니라 보다 광범위한 일을 한다. code를 만들뿐 아니라 전반적인 조언자 역할도 한다. Designer 와 미팅을 통해 Marketing 전략도 공유 하고 필요로 하는 데이터를 분석 할 수 있도록 도와주는 역할을 한다. 연봉은 $89,000 to $95,000 a year 이다.

아무런 경험이 없이 Software Engineering 직업을 가지기 위해서는 Bachelor's in Information Technology, Software Engineering, Computer Science, 혹은 다른 기술 관련 학위를 가지는 것이 필수 이다.

6. Database Developer (데이타베이스 개발자)

규모가 큰 회사 일수록 더욱 더 중요시 되는 것이 회사의 중요한 정보와 데이터를 효율적으로 관리 하는 것이다. 이러한 업무를 담당 하는 포지션이

Database Developers와 Administrators이다. 회사의 사이즈와 요구 사항에 따라 Databases를 구축 할 뿐 아니라 업무를 효율적으로 할 수 있도록 이 data를 관리 해 주는 업무를 한다. 회사의 업무가 지속 되는 한 지속적으로 요구 되는 포지션이기 때문에 앞으로도 많은 수요가 있을 전망이다. 이와 비슷한 직업으로는 IT Security Managers가 있으며 다른 점은 Database Developers의 업무는 다른 업무와 결부 되며 databases의 보안이 절실히 요구 된다는 점이다. 연봉은 보통 $80,000 to $96,000 a year 이다. 이 직업이 필요로 하는 학위는 A Bachelor's in Data Analysis 혹은 Computer Science 나 Information Technology 이 필수 요구 사항이다.

7. Business Intelligence Analyst (기업정보 분석가)

일반 적으로 회사에서 Database Developers가 database 를 구축하고 IT Security Managers가 보안을 관리 하며 Data Analysts는 이 데이터들을 비즈니스에 사용 할 수 있도록 분석 한다. 하지만 이 분석된 자료 들이 상황에 맞게 사용 될지 여부에 대해 판단하는 역할을 하는 것은 Business Intelligence Analysts 이다. 이 분석들을 올바르게 판단하고 회사가 좋은 이익을 내도록 business 적 판단을 내리는 역할을 하는 것이다. Business Intelligence Analysts 는 일반적으로 C[Chief]-level positions 이며 연봉은 작게는 $80,000 - $90,000 이며 업무 범위에 따라 많게는 두 배가 넘는 연봉을 받기도 한다. Business Intelligence Analysts 가되기 위해서는 전문 적인 지식이 있는 것이 중요 하며 또한

business경험이 풍부해야 한다.

8. Chief Information Officer (최고 정보통신 책임자)

중간 크기의 기업에서 IT분야 에서 가장 높은 포지션이 CIO[Chief Information Officer]이다. Chief Information Officers는 일반적인 IT업무 보다는 회사의 비전을 제시 하여야 한다. 회사의 기술적인 진보와 성과를 관리 하는 업무를 주로 한다. 연봉 $175,000 to $219,000 a year 로 상당히 높은 편이다.

9. Data Warehouse Engineer

데이터 웨어하우스(어떤 업무와 관련하여 기업 활동을 지원하는 대규모 데이터베이스) 기술자

Data Warehouse Engineers 는 infrastructure를 구축하고 Business Intelligence Analysts가 데이터를 분석하고 비즈니스 적으로 판단 가능 하도록 도와주는 역할을 한다. Data Warehouse Engineers 업무는 IT 기술직이기 보다는 business modelling 과 data를 구분 분석 하는 것이다. Data Warehouse Engineers는 IT 기술 분야와 IT사업의 비즈니스 분야를 연결해 주는 다리 역할을 하는 것이다. Data Warehouse Engineering는 일반 적으로 보다 전문 적인 Data Analysis경력을 요구 하며 연봉은 $90,000 a year 이상 이다.

10. Chief Security Officer (최고 정보보안 책임자)

CIO [Chief Information Officer] 가 IT 사업의 비전을 제시 해주는 업

무를 맡고 있다면 Chief Security Officer는 이 IT 사업 비전이 잘 진행될 수 있도록 회사의 보안과 안전 규정이 잘 지켜지게 하는 업무를 담당한다. 회사의 지적 재산을 안전하게 보호 하고 오너쉽이 안전하게 지속 될 수 있게 도와주는 것이다. Chief Security Officers의 연봉은 $125,000 to $195,000 a year 이다.

많은 다른 직업 들이 있고 하는 업무가 비슷하지만 분명히 기술 적으로 구분 된다. 규모가 작은 회사 일수록 한 직업이 담당해야 하는 분야가 많아지고 중간 에서 대규모의 회사 일수록 그 업무가 세분화 되는 것이다. 회사마다 직업 구분이 조금씩 달라짐에 유의 하자.

미국에서 유망한 IT 직업 10 가지에 대해 알아 봤다. 그렇다면 이 직업 들은 어떻게 가질 수 있을까? 취업을 하는 방법에 대한 방법론은 여러 가지가 있지만 그 중 에서 가장 일반 적이라고 생각 되는 방법 에 대하 자세하게 알아보자.

미국에서의 IT 직업, 나도 한번 가져 보자.

도대체 미국에서 IT 직업을 가지려면 어떻게 해야 하는지. 학원을 다녀야 하는지 전문 과외를 받아야 하는지 그 방법에 대해 알아보자.

다음에서 미국 취업을 원하는 사람들의 모임이라는 카페를 운영 하고 있다. 새삼 놀라운 것은 IT 관련 취업을 하려고 하는데 어떤 학원을 다녀야 하는지 문의 하는 글이 올라온다는 것이다. 한국이 얼마나 사교육에 길들여져 있는지 사람들의 삶이 얼마나 수동적인지 가늠 할 수 있다. 어느 학원을 다닌다고, 사 교육을 받는 다고 취업을 할 수 있는 것이 아니다. 물론 그 기술이나 능력이 향상 되어서 업무 능력이 좋아 진다면 취업을 할 수는 있을 것이다. 하지만 그것이 다가 아님을 명심 하자.

미국의 대학 진학률은 한국의 진학률에 비해 터무니없이 낮은 편이다 .물론 문맹률 또한 상당히 높은 편이다. 굳이 학교를 좋은 곳을 나오지 않아도 그 업무를 감당할 능력이 된다면 그리고 올바른 태도로 업무에 임한다면 미국에서 취업을 할 수 있는 것이다.

물론 아이비리그를 나오고 석사 박사 학위를 가지고 있다면 전문 지식을 요구 하는 직업일 경우 취업 할 수 있을지도 모른다. 그리고 인터뷰 당시 면접관들의 관심을 잠시 잡을지도 모를 일이다. 하지만 소위 말하는 그런 스팩 없이도 들어 갈수 있는 더 많은 직업들을 가진 회사들이 있다는 것을 잊어서는 안 된다. 회사는 전문 인력도 필요 하지만 더 많은 부분에 있어서 일반 인력을 필요로 한다. IT 분야도 마찬가지이다 새로운 시스템을 개발해야 하는 포지션은 특정 학위를 요구 하고 자격증을 요구 하지만 일반적인 시스템 문제 해결을 하는 포지션은 회사에서 간단한 트레이닝 이후에도 충분히 할 수 있는 업무 이므로 기본 적인 전문지식만을 요구 하는 경우가 허다하다.

도대체 어떻게 하면 IT 직업을 가질 수 있는 지에 대해 알아보자.

1. 우선 자격 요건을 갖추어라.

자격 요건을 갖추라는 것은 명문대를 나오거나 4년제 대학을 나와야 된다는 것을 의미 하지는 않는다. 면접관이 이력서를 검토 할 때 이 사람이 이 포지션을 담당할 수 있을 정도의 잠재력을 가졌는지에 대한 판단을 할 수 있을 정도의 자격 요건을 말하는 것이다. 굳이 학교를 나오지 않아도 기본적인 IT 관련 툴을 어느 정도 다룰 수 있는지 지원한 포지션에서 어느 정도 기능적인 부분을 담당 할 수 있는지를 충분히 어필 할 수 있으면 되는 것이다.

설사 현재 채용 하고 있는 포지션과 본인의 요건이 100 % 일치 하지 않는다고 지레 겁먹고 인터뷰조차 포기 하는 실수는 저지르지 말자. 부족한 점이 있으면 본인이 어떻게 그 부족한 점을 보안할지 구체적인 계획을 보여 줌으로써 충분히 그 업무를 담당 할 수 있음을 보여 주도록 노력하자. 처음부터 100% 를 다 가지고 시작 하는 사람은 없다는 것을 명심 하자.

일반적으로 가장 많이 요구 하는 언어로는 Java, C/C++, Visual Basic, PHP, Perl and C# 등이 있으며 채용 공고의 자격 요건 란에 필요한 언어 기술에 대해 서술 되어 있다. Windows 뿐 아니라 Macintosh와 Linux 같은 operating systems에 대해 미리 공부 해 두는 것도 좋은 방법 이다. 4년제 대학을 나오지 않았다면

Certificate programs in PC Support/Help Desk 혹은 Local Area Network/Networking or Programming 등을 이수 해 두자. 업무 경력이 없을 경우 학교 에서 구체 적으로 어떤 교육을 이수 했는지 4년제 대학 못지않은 교육은 받았다는 것을 이력서에 설명 해 두는 것이 좋다. 그냥 단순히 이런 certificate programs을 이수 했다라고 적어 둔다면 정확히 어떤 교육을 받았는지 그 내용 만으로 가늠하기 어렵기 때문이다. 또한

Microsoft OS 자격증을 따거나 교육 기간 이수를 하는 것도 좋다.

2. ITIL 을 알아야 하다.

ITIL [Information Technology Infrastructure Library]란 국내 에서는 국제 자격증의 하나로 알려 져 있는데 IT 서비스 관리를 하는데 필요한 워크 프레임을 구현하기 위한 문서들의 집합이다. ITIL은 영국 정부의 지적 소유물이자 등록 상표로 현재 최신판 2011년 버전이 사실상 표준이다.

미국의 중견 기업에서 대기업에서는 과거에는 IT 조직이 내부적으로 기술 중심으로 업무를 집중 하였다면 오늘날은 단지 기술적인 업무 보다 IT 서비스 품질 향상에 역량을 집중 하고 있으며 고객 지향 적인 접근방식을 채택 하고 있으며 이를 효과적으로 정리한 것이 ITIL인 것이다. 그래서 미국 업체에서는 ITIL 의 경험이 있거나 지식이 있는 사람을 선호 하는 편이다. 학위 여부를 떠나 ITIL v3 Foundation Level은 신입 IT 직업을 가지는 데 필수 조건이다. ITIL의 기본 요소에 대해인지 하고 있는지 기본 개념이나 ITIL Service Lifecycle에 대한 전문 용어를 알고 있는지 각Lifecycle stages 연관 관계에 대해 이해하는지Service Management 과정에 대한 지식이 있는지 여부가 중요 하다.

3. 적극적으로 Job hunting을 해라.

오늘 날 대부분의 Job Hunting 을 온라인 공고를 통해 이루어진다. 물론 많은 기회를 잡을 수 있다.   무작정 지원서만 보내지 말고 지원한 포지션

374

을 메모 해 두고 미리 그 회사의 메인 번호를 저장해 두었다면 모르는 번호로 전화가 오더라도 어느 회사에서 전화 온지를 알 수 있으므로 실수 하지 않을 것이다.

4. 질 좋은 이력서를 작성해라.

충분히 좋은 경력과 기술을 가졌음에도 불구하고 왜 나는 회사에서 전화를 받지 못하는 것일까? 이런 질문이 스스로에게 든다면 자신의 이력서를 면접관의 입장이 되어서 검토해 보아야 한다. 철자가 틀렸는지 문법이 잘 못 되었는지 장수가 너무 많아 무슨 일을 하는 사람인지 분간 못하게 만든 건 아닌지 다시 꼼꼼히 재검토 해볼 필요가 있다.

5. Networking 을 시작해라.

오늘 날 온라인 지원 방식 이외에도 다양한 Networking을 통해서 취업을 할 수 있다. 취업 박람회라든지 각종 세미나 그리고 심포지엄 등 다양한 모임을 통해서 전문 인력들을 만날 수 있다. 이런 모임에서 본인이 어느 분야에 전문가 이며 어떤 기술을 가지고 있는지 잘 어필을 할 수 있다면 좋은 IT 포지션을 가질 수 있는 좋은 기회가 될 것이다.

6. 포기 하지 마라.

선택이 되지 않았다고 해서 쉽게 포기해서는 안 된다. Recruiter에게 전화해서 선택이 되지 않은 이유를 물어 보거나 어떻게 하는 것이 더 좋은 방법인지 진지하게 문의 해 보는 것도 좋은 방법 중 하나일 것이다.

미국은 한국과 문화적으로 많이 다른 부분이 있어서 적극적으로 어필 하고 문의 한다고 해서 나쁜 영향은 주지는 않는다. 오히려 제대로 된 조언을 얻을 수 있다. 인터뷰 방법이나 포지션에 대해 보다 더 많은 연구를 하고 이력서를 수정 하고 하나하나 보완해 나간 다면 그 거절 과정 하나하나가 스스로의 교육 과정이 될 수 있을 것이며 언젠가는 원하는 직업을 가질 수 있을 것이다.

7. IT분야 마켓을 조사해라.

우선 본인이 어떤 IT직업을 원하는지 알아야 한다. 그리고 그 포지션이 요구하는 특정기술(자격증)과 조건을 파악한 후, 그 자격 요건을 갖추기 위해서 노력해야 할 것이다. 많은 programming과 help desk(업무지원센터) 포지션이 인도나 중국으로 아웃소싱 하고있다. 반면, Business Analysis, Testing과 Compliance 포지션은 미국에서 인기있는 직업 중에 하나이다. 전반적인 IT 분야 마켓을 조사 하고 구직 활동을 하자.

나는 미국에서 전문 의료인으로 근무 한다.

이제 우리도 미국에서 전문 의료인력이 될 수 있다.

한국의 유명한 병원은 외국인병동이 따로 있을 정도로 많은 외국인들이 의료 서비스를 받기 위해 한국으로 온다. 우리의 의료서비스 및 인력이 다른 나라에 비해 우수 하다는 것을 알 수 있다.

전문 의료인력이라는 단어를 쓸 때 우리는 의사, 간호사를 떠올린다. 하지만 보다 많은 전문 의료직업이 있으며 더 많은 기회를 미국에서 가질 수 있다. 또한 이미 많은 한국의 전문 인력들이 미국에서 전문인으로써 당당히 한몫을 해 내고 있다.

미국의 유망의료 직종에는 어떤것들이 있는지 미국 전문리서치 기관에서 조사한 자료를 정리해 봤다. 최근 미국에서는 인구 고령화를 대비하여 미국의 healthcare(건강관리) system을 보다 개발하고 시설을 증진하는 법이 개정 되면서 사회 전반적으로 의료서비스나 시설에 많은 투자를 하고 있다. 직업이 주는 스트레스 레벨과 환경 등을 고려해 봤을 때 유망한 의료 직업에는 어떤 것이 있는지 알아보자.

1 . Biomedical Engineer (의학생체공학자)

오늘날 Biomedical Engineer가 가장 유망한 직업 중 하나 라는 것은 그리 놀라운 일이 아니다. 의료와 공학이 철저하게 분리되었던 과거와 달리 현재는 의료분야의 해결책을 공학에서 찾아내려는 경향이 있다. 그리고 스트레스 지수가 높은 병원환경이 아닌, 연구소에서 근무한다는 장점이 있다.

연 평균 연봉은 $86,960이다. 또한 매년 직업의 수요가 62%가 증가하고 있을 정도로 인기직업이다. 이 직업의 어려운점은 항상 개발되는 의료지식과 공학요소까지도 늘 새롭게 연구해야 한다는 점이다.

2. Dental Hygienist (치위생사)

Dental hygienist는 편안한 근무 환경과 낮은 스트레스 지수 그리고 지속적으로 늘어나는 수요로 유망한 직업 중 하나이다. 매년 수요량이 38% 증가하고 있으며 인구 고령화로 인해 더욱 증대 될 전망이다. 연 평균 연봉은 $70,210이다. 미국에서 다른 의료 직업에 비해 한국인들이 많이 종사 하는 업종 중 하나이다.

3. Occupational Therapist (작업요법사)

Occupational therapy는 한국의 한방병원에서 흔히 볼 수 있는 의료

행위이지만 미국에서는 독특한 치료 방법으로 다루어진다. 고도의 집중력, 많은 전문기술과 지식을 요구하는 직업이라 다른 직업에 비해 스트레스 지수가 높은 편이다. 직업 수요 증가율은 33%이며 연 평균 연봉은 $75,400이다.

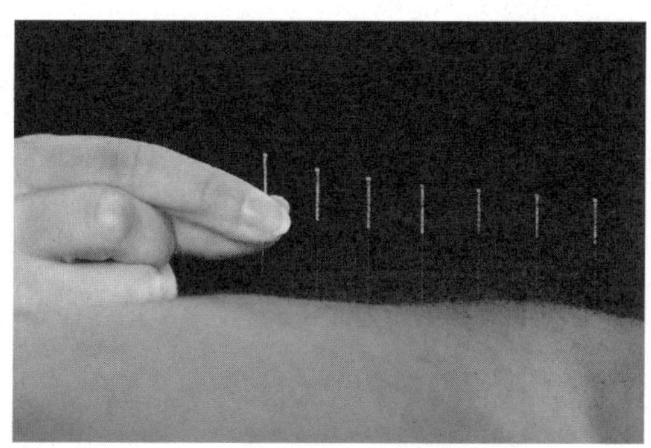

4. Ultrasound Technician (초음파 기술자)

내년의 Ultrasound technicians의 전망은 밝다. 직업 수요 증가율 또한 39%로 높은 편이다. 다른 직업에 비해 스트레스 지수가 높은 근무지는 병원이며 경우에 따라 많은 스케줄을 소화해야 하는 단점이 있다. 연 평균 연봉은 $65,860이다.

5. Optometrist (검안사)

Dental hygienist와 같이 편안한 근무 환경과 낮은 스트레스 지수로 인기 있는 직업 중에 하나가 Optometrist이다. 또한 스케줄대로 따르는 무리없는 업무 일정, 응급환자가 없다는 점 그리고 인구의 노령화로 지속적으로 시력을 측정하는 직업의 수요는 증가할 것이다. 직업 수요의 증가율은 33%이며 연평균 연봉은 $97,820 이다.

6. Physical Therapist (물리치료사)

많은 사람들이 유망 의료직업에서 occupational therapist의 랭킹이 그보다 더 잘 알려져 있는 Physical Therapist 보다 높은 것에 의아해 할 수도 있다. 연 평균 연봉이 $79,860 이며 직업 수요 증가율이 39%로 occupational therapist 보다 조금 더 높은 반면에 높은 스트레스 지수가 높기 때문이다. 또한 Physical therapists는 종종 심리 적인 치료와 감정 치료를 병행함으로써 상처 및 장애를 치유하기도 한다.

7. Chiropractor (척추 지압사)

Chiropractic 치료방법은 관절이나 척추 치료방법으로 수술이나 약물 치료를 대신하는 방법이며 최근들어 광범위하게 알려진 치료 방법이다. 또한 Chiropractor는 조용하고 독립적인 작업 환경에서 근무 할 수 있으며 다른 작업에 비해 스트레스 지수가 낮은 장점 때문에 선호하는 직업 이다 . 직업 수요 증가률은 28% 이며 연 평균 연봉은 $66,160이다.

8. Speech Pathologist (언어 치료사)

Speech pathologist가 된다는 것은 많은 의미를 가진다. 때로는 한 사람의 인생을 바꿀 수 있으며 사회에 잘 적응해서 살아 갈수 있도록 도와주기도 한다. 하지만 다른 직업에 비해 더 많은 헌신과 노력을 요구하는 직업

이기도 하다. 미국의 특정 주에서는 자격증이 필요하기도 하고 특정 교육
과정을 받을 것을 요구하기도 한다. 연 평균 연봉은 $69,870 이며 직업 수
요 증가율은 23% 이다.

9. Respiratory Therapist ^(호흡요법사)

Respiratory therapy는 잘 알려져 있지 않은 직업이지만 고령화된 베이
비 붐 세대를 대비하기 위해 가장 필요한 직업 중 하나이다. 또한 많은 사
람들이 여러 가지 이유에 의해 호흡기 질환을 가지고 있으며 이를 관리 해
줄 전문가가 필요하다. 앞으로 보다 전문화 되어질 것으로 보이며 많은
인력이 필요한 직업이다. 직업 수요 증가율은 28%이며 연 평균 연봉은
$55,870이다. 많은 주에서 관련 Associates 또는 bachelor's degree를
요구 한다.

10. Physician Assistant ^(의료보조자)

한국과 달리 Physician assistant의 연 평균 연봉이 미국에서는 $90,930
로 상당히 높은 편이다. 또한 직업 수요 증가율 또한 30%로 높은 편이다.
한국의 물리 치료사와는 달리 더 많은 책임이 따르는 직업 이며 스트레스
지수 또한 높은 편이다.

미국, Manhattan ……. 그 이름만으로도 무척이나 화려한 도시이다. 하지만 그 이면에는 그 자리를 차지하기 위해 얼마나 많은 처절한 전쟁에서 이겨내야 하는지 또 얼마나 그 자리를 지키기 위해 노력해야 하는지 말로 표현하기 조차 어렵다. 벌써 5년이라는 시간이 흘렀고, 이제는 언제부턴가 매일매일 전쟁을 치루는 삶에 익숙해져 있는 나를 볼 수 있다. 살아남았다는 기쁨과 얼마나 지탱할 수 있을지에 대한 걱정과 외로움, 항상 그 두 가지 상반되는 마음이 양립하고 있다.

미국에서 근무하기 시작한 이후 하루도 맘 놓고 쉬어 본 적이 없는데 좋은 기회가 생겨 한국에서 잠시 지내게 되었다. 전쟁 같은 미국에서의 삶에서 받은 상처와 그리움을 달랠 수 있는 시간들이었다. 갈증, 한국에 대한 갈증 그리고 가족에 대한 ……. 항상 그리웠던 엄마의 음식 만드는 소리, 음성, 한층 어른스러워진 동생 정율이, 항상 조언자 역할을 해주는 흔주 언니 그리고 너무나 귀여운 우리 조카 장호, 그리고 아빠. 많은 사람들 …….

지금 되돌아보면 미국에서의 직장생활로 많은 것들을 잃었지만 또한 많은 것들을 얻었다는 생각이 든다. 미국에서의 삶은 정말 투철한 시간들이었는데 한국에서의 시간들은 5년 전으로 멈춰져 있는 듯하다. 시간을 건너뛰어 버린 후 다시 만난 강군과 양군, 현주 언니, 그리고 내 단짝 친구 정미, 진경, 다인, 순도, 경선 언니 그리고 너무나 보고 싶은 백설향 …….
이렇게 시간은 봄에서 여름으로 접어들고 언제나 그렇듯이 빠르게 소리 없이 지나가 버린다.

IMF 이후 매일 같이 뉴스에서는 실업률이 증가하고 있다는 소식들이 끊이질 않는다. 참 아이러니한 일이다. 많은 회사에서는 지금도 채용을 하지 못해 난리인데 말이다. 모든 사람들이 처음부터 높은 직위 높은 연봉을 받기를 원해서이다. 취업을 하고 어느 정도 경력을 쌓아 차근차근 도달할 수 있는데도 불구하고 모든 과정을 한 번에 넘어서 다 이루려고 한다. 나 또한 그랬으니 말이다.

현실을 인정하기는 싫고 꿈은 높으니 취업을 해도 다시 나와 버리거나, 그런 일은 할 수 없다는 생각에 낮은 포지션으로의 취업을 생각하지도 않는 것이다. "실업률이 높은 것이 경제가 불안정하기 때문이 아니라 구직자들의 현실 인식이 되지 않는 것이 문제인건 아닐까" 라는 생각이 문득 든다.

미국에서의 취업 또한 한국에서의 취업과 별반 다를 것이 없다는 생각이 든다. 한국에서의 현실 도피로 미국에서의 생활을 시작한다면 삶은 별로 나아질 것 같지 않다. 도피처로 생각한 미국이 어쩌면 스스로를 더 궁지로 몰아버릴지도 모르는 일이기 때문이다. 더 이상 피해서는 안 된다. 해결책은 한 가지, 직접 현실과 부딪히는 것에 있는 것이다. 올바른 현실 인식에 의한 준비를 한다면 성공적인 취업을 할 수 있다는 생각이 든다.

이 윤 주 올림

한 권으로 끝내는 미국 취업

초판 1쇄 펴낸 날 2015년 1월 20일

지은이 | 이윤주
펴낸이 | 곽선구
펴낸곳 | 늘푸른소나무

등록일자 | 1997년 11월 3일
등록번호 | 제313-2003-300호(구:제1-3112호)
주소 | 서울시 강북구 인수봉로 79가길 33. 202호
전화 | 02-3143-6763
팩스 | 02-3143-6762
이메일 | ksc6864@naver.com

ISBN 978-89-97558-18-6(13320)

이윤주 2011. Printd in Seoul, Korea